Auswirkungen innerverbandlicher Satzungsverstöße sowie unzulässiger Satzungsgestaltungen von Tarifparteien auf das Außenverhältnis

Europäische Hochschulschriften Recht

European University Studies in Law

Publications Universitaires Européennes de Droit

Band/Volume 6231

Joanna Zoglowek

Auswirkungen innerverbandlicher Satzungsverstöße sowie unzulässiger Satzungsgestaltungen von Tarifparteien auf das Außenverhältnis

PETER LANG

Bibliografische Information der Deutschen Nationalbibliothek
Die Deutsche Nationalbibliothek verzeichnet diese Publikation in der Deutschen Nationalbibliografie; detaillierte bibliografische Daten sind im Internet über http://dnb.d-nb.de abrufbar.

Zugl.: Bonn, Univ., Diss., 2020.

D 5
ISSN 0531-7312
ISBN 978-3-631-83738-2 (Print)
E-ISBN 978-3-631-84934-7 (E-PDF)
E-ISBN 978-3-631-84935-4 (EPUB)
E-ISBN 978-3-631-84936-1 (MOBI)
DOI 10.3726/b18140

Diese Publikation wurde begutachtet.

www.peterlang.com

Vorwort

Die vorliegende Arbeit wurde im Wintersemester 2019/2020 von der Rechts- und Staatswissenschaftlichen Fakultät der Rheinischen Friedrich-Wilhelms-Universität Bonn als Dissertation angenommen. Das Manuskript wurde im September 2020 abgeschlossen; die Disputation fand am 14. Juli 2020 statt. Rechtsprechung und Literatur sind bis August 2020 berücksichtigt.

Mein besonderer Dank gilt meinem Doktorvater, Herrn Professor Dr. Stefan Greiner, für die Anregung zum Thema und die stetige aufmerksame Unterstützung.

Inhaltsverzeichnis

Seite

A. Einführung und Problemstellung

Die industrielle Revolution brachte nicht nur technische Neuerungen mit sich. Desolate Arbeitsverhältnisse brachten die Arbeitnehmer dazu, sich in Gewerkschaften zusammenzuschließen; um dieser geballten Macht etwas entgegen setzen zu können, organisierten sich die Arbeitgeber ihrerseits in Arbeitgeberverbänden.

Intermediäre Verbände zwischen Staat und Gesellschaft, vornehmlich die sozialpolitischen Verbände, empfand man zunächst als Bedrohung für das politische und gesellschaftliche System, sodass man sie durch Gesetz verkappten Konzessionspflichten unterwarf.[1] Diese ablehnende Haltung änderte sich jedoch in der Weimarer Zeit, in der man erkannt hat, dass solche Organisationen zum zentralen Strukturprinzip der demokratischen Gesellschaft gehörten.[2] Den Verbänden wurde nunmehr die freie Entscheidung darüber gelassen, wie sie sich selbst im Rahmen der kollektiven Kräfte organisierten.[3] Nach Überwindung des Nationalsozialismus und mit Inkrafttreten des Grundgesetzes, das an die Grundhaltung der Weimarer Reichsverfassung anknüpfte, wurde der Schutz der Verbände vor staatlichen Eingriffen mit der Vereinigungs- und Koalitionsfreiheit untermauert. Art. 9 Abs. 3 GG garantiert Koalitionen seither ein umfassendes Selbstverwaltungsrecht. Die Koalitionsfreiheit gewährt den Gewerkschaften und Arbeitgeberverbänden die Befugnis, ihre Angelegenheiten selbst zu ordnen und zu gestalten. Ihre Grundbestimmungen manifestieren sie in ihrer jeweiligen Verbandssatzung, über deren Inhalt sie autonom entscheiden.

Teilweise mischen sich Gesetzgeber und Rechtsprechung in die durch Art. 9 Abs. 3 GG geschützte Satzungsautonomie ein, um ein funktionierendes Tarifsystem zu gewährleisten, indem sie besondere Anforderungen an die Satzungen der Koalitionen stellen. Dies ist vor dem Hintergrund erforderlich, als der Staat zur Ausgestaltung der Koalitionsfreiheit verpflichtet ist und hierbei Regeln schaffen muss, die es den Grundrechtsträgern erlauben, das Freiheitsrecht wahrzunehmen.[4]

Was geschieht aber, wenn sich eine Tarifvertragspartei nicht an die vorgegebenen Spielregeln hält? Kann sich der soziale Gegenspieler auf eine unzureichende

---

1 *Reuter*, FS Söllner, S. 937; vgl. dazu: B.IV.2.a).

2 MüKo BGB I 2015/*Reuter*, Vor § 21 BGB Rn. 56.

3 *Reuter*, FS Söllner, S. 937, 938.

4 BVerfG 10.1.1995 – 1 BvF 1/90, 1 BvR 342, 348/90, NZA 1995, 272, 273.

oder gar unzulässige Satzungsgestaltung berufen? Es drängt sich auch die Frage auf, wie mit innerverbandlichen Satzungsverstößen umzugehen ist. Verbleibt der Verstoß nur im Innenverhältnis, das heißt im Wirkungskreis des Verbandes, sodass sich nur Verbandsmitglieder auf den Verstoß berufen können? Oder wirkt sich der Verstoß im Außenverhältnis aus mit der Folge, dass geschlossene Vereinbarungen zwischen den Tarifparteien unwirksam sind oder im Extremfall ein Arbeitskampf als rechtswidrig betrachtet werden kann?

Gewerkschaften und Arbeitgeberverbände stehen vor allem dann im Zentrum der Aufmerksamkeit, wenn ihr Handeln den Rechtskreis Dritter berührt. Umso mehr verwundert es, dass es bislang an rechtswissenschaftlicher Diskussion mangelt, die sich ausführlich mit den externen Rechtsfolgen innerverbandlicher Satzungsverstöße beschäftigt. Die arbeitsrechtliche Rechtsprechung und Literatur schneiden diese Thematik nur vereinzelt an. Da es sich bei Koalitionen um Vereine nach dem bürgerlichen Recht handelt, lohnt sich ein Blick in die vereinsrechtliche Diskussion, die erheblich mehr Antworten rund um das Thema Satzung liefert.

Das zentrale Anliegen dieser Arbeit ist es, ein allgemeines Ergebnis zu der Frage zu finden, ob innerverbandliche Satzungsverstöße oder unzulässige Satzungsgestaltungen von Tarifvertragsparteien Außenwirkung entfalten, beziehungsweise Kriterien zu ermitteln, anhand derer diese Frage beantwortet werden kann. Hierzu bedarf es neben einer vereinsrechtlichen auch einer verfassungsrechtlichen Begutachtung.

Daher werden im ersten Teil die wesentlichen vereinsrechtlichen und verfassungsrechtlichen Prinzipien herausgearbeitet, die für die Untersuchung der eigens zusammengestellten Fallgruppen im zweiten Teil von Relevanz sind. Bei diesen handelt es sich um Sachverhalte und Fragestellungen, die bis dato in Judikatur und Schrifttum diskutiert wurden und den Wirkbereich der Satzung von Tarifparteien unmittelbar oder mittelbar betreffen. Im Vereinsrecht behandelt die Untersuchung im ersten Teil schwerpunktmäßig die Vereinsverfassung – insbesondere ihr Entstehen, ihre Änderung, ihre Durchführung und vor allem die Rechte und Pflichten, die aus ihr resultieren. Die verfassungsrechtliche Seite betrifft die Koalitionsfreiheit nach Art. 9 Abs. 3 GG, wobei der Fokus auf der kollektiven Betätigungsfreiheit der Verbände, vornehmlich auf der Tarifautonomie, liegen wird. Die Verbandssatzung ist – wie noch zu sehen sein wird – ein wichtiger Anknüpfungspunkt für die tarifliche Rechtsetzungsmacht der Koalitionen.

Nach den allgemeinen Ausführungen steht im zweiten Teil die Begutachtung der ausgewählten Fallgruppen im Vordergrund. Da sich die Frage der Außenwirkung von Satzungsverstößen und unzulässigen Satzungsgestaltungen im Rahmen der tariflichen Praxis bereits punktuell gestellt hat, kann eine genauere

Analyse der Sachverhalte wichtige Erkenntnisse liefern. Diese Fallgruppen werden im Rahmen einer induktiven Herangehensweise untersucht und miteinander verglichen, um Parallelen und Widersprüche herauszuarbeiten.

Schließlich erfolgt eine Gesamtbewertung der behandelten Fallgruppen sowie eine Darstellung der grundlegenden Thesen der Arbeit.

B. Teil I: Grundlagen (Koalitions- und Vereinsrecht)

I. Einleitung

Art. 9 Abs. 3 GG gewährt den Tarifparteien im Rahmen ihrer Koalitionsbetätigungsfreiheit Tarif-, Organisations- sowie Satzungsautonomie.[5] In ihren Satzungen sehen Gewerkschaften und Arbeitgeberverbände Regelungen vor, die das Tarifleben maßgeblich beeinflussen können. Das Tarifrecht wird darüber hinaus sowohl von der Gesetzgebung als auch von der Judikatur geformt, wobei der wesentliche Beitrag bei den Gerichten liegt, weil der staatliche Gesetzgeber sich bei der Ausgestaltung der Koalitionsfreiheit, insbesondere im Hinblick auf die Tarifautonomie der Verbände, sehr zurückgehalten hat. Gleichwohl ist es Aufgabe des Staates – in erster Linie der gesetzgebenden Gewalt – die Rahmenbedingungen für ein funktionierendes Tarifsystem zu schaffen.[6] Dies haben die Arbeitsgerichte an diversen Stellen stellvertretend für den Gesetzgeber übernommen und hierbei auch die Satzungen der Verbände näher beleuchtet und verschiedene Anforderungen aufgestellt, die eine Satzung erfüllen muss. Staatliche Einmischungen in den Autonomiebereich der Verbände sind jedoch nicht grenzenlos zulässig. Die Verfassung bestimmt darüber, welchen Verpflichtungen und Einschränkungen die staatlichen Gewalten unterliegen.

Art. 9 GG beinhaltet zwei selbständige Gewährleistungen[7] – namentlich die Vereinigungsfreiheit in Abs. 1 und die Koalitionsfreiheit in Abs. 3. Im Folgenden soll zunächst der verfassungsrechtliche Rahmen der Vereinigungsfreiheit in der erforderlichen Kürze erläutert werden und sodann auf die Koalitionsfreiheit als spezielleres Grundrecht eingegangen werden.

II. Ausgewählte Aspekte der Vereinigungsfreiheit nach Art. 9 Abs. 1 GG

Der Fokus der Arbeit liegt zwar auf der Koalitionsfreiheit als spezielleres Grundrecht für Koalitionen, jedoch soll auch kurz auf die Vereinigungsfreiheit

---

5 Wiedemann/*Thüsing*, TVG, Einleitung Rn. 119, 148 f.

6 Sachs/*Höfling*, GG, Art. 9 Rn. 80; *Waltermann*, Arbeitsrecht, S. 219; vgl. dazu: B.III.2.c)aa).

7 ErfK/*Linsenmaier*, Art. 9 GG Rn. 2.

eingegangen werden, da ausgewählte Aspekte in gleichem Maße für Koalitionen gelten. Zudem ist eine Grundlagenkenntnis für einen im Anschluss vorzunehmenden wertenden Vergleich zwischen denjenigen Vereinigungen, die unter den Schutzbereich des Art. 9 Abs. 1 GG fallen und denjenigen, die dem Schutz des Art. 9 Abs. 3 GG unterliegen, erforderlich. Berufsverbände sind regelmäßig in der Rechtsform des Vereins organisiert, sodass das Vereinsrecht des BGB, das eine gesetzgeberische Ausgestaltung der Vereinigungsfreiheit darstellt, auch für diese anwendbar ist. Wie noch zu sehen sein wird, misst das Vereinsrecht Satzungsverstößen von Vereinen grundsätzlich keine Wirkung im Außenverhältnis bei. Die Untersuchung der Frage, ob diese vereinsrechtlichen Prinzipien bezüglich des Umgangs mit Satzungsverstößen vollumfänglich für Tarifparteien gelten können oder die Besonderheiten, die der Koalitionsfreiheit anhaften, einen anderen Umgang mit der Verbandssatzung rechtfertigen können, bildet einen Schwerpunkt dieser Arbeit.

1. Schutzbereich

Der Begriff der Vereinigung in Art. 9 GG wird weit verstanden. Einigkeit besteht darüber, dass die einfachgesetzliche Definition in § 2 Abs. 1 VereinsG den verfassungsrechtlichen Begriff zutreffend umschreibt.[8] Hiernach ist ein Verein ohne Rücksicht auf die Rechtsform jede Vereinigung, zu der sich eine Mehrheit natürlicher oder juristischer Personen für längere Zeit zu einem gemeinsamen Zweck freiwillig zusammengeschlossen und einer organisierten Willensbildung unterworfen hat. Der Zusammenschluss muss mithin auf die Verwirklichung eines gemeinsamen Zwecks zielen, der thematisch allerdings nicht durch das Grundgesetz vorgegeben wird.[9] Vielmehr ist das Grundrecht von seiner prinzipiellen Zweckoffenheit geprägt – dies ist der wesentliche Unterschied zur Koalitionsfreiheit, die auf den Zweck der Wahrung und Förderung der Arbeits- und Wirtschaftsbedingungen ausgerichtet ist.[10] Eine zwecklegitimierende Wirkung für die Vereinigungsfreiheit hat im Grunde nur die Schranke des Art. 9 Abs. 2 GG, auf deren Grundlage Vereinsverbote zulässig sind. Für das Vorliegen einer

---

8 HK-ArbR/*Hensche*, Art. 9 GG Rn. 2; Maunz/Dürig/*Scholz*, Art. 9 GG Rn. 57; Reichert/*Schiffbauer*, Vereins- und VerbandsR, Kap. 3 Rn. 18; Sachs/*Höfling*, GG, Art. 9 Rn. 8 f.; mit der Einschränkung, dass die einzelnen Begriffsmerkmale der Vereinigung nicht *„traditionalistisch und typenverengt"* ausgelegt werden.

9 Sachs/*Höfling*, GG, Art. 9 Rn. 15.

10 ErfK/*Linsenmaier*, Art. 9 GG Rn. 2; HK-ArbR/*Hensche*, Art. 9 GG Rn. 2; Maunz/Dürig/*Scholz*, Art. 9 GG Rn. 38.

Vereinigung bedarf es außerdem eines Mindestmaßes an Stabilität in zeitlicher und organisatorischer Hinsicht.[11] Die Organisation muss so ausgestaltet sein, dass jedes Mitglied der Vereinigung dem Willen der Gesamtheit unterliegt, der vom einzelnen Mitglied losgelöst ist.[12] Unter den Anwendungsbereich des Art. 9 Abs. 1 GG fällt im Grunde die gesamte Materie des Vereins- und Gesellschaftsrechts.[13]

Nach ganz herrschender Auffassung in der Rechtsprechung[14] und im Schrifttum[15] handelt es sich bei der Vereinigungsfreiheit um ein Doppelgrundrecht, das sowohl individual als auch kollektiv geprägt ist, sodass nicht nur die Vereinsmitglieder unter den Schutzbereich fallen, sondern auch die Vereinigung als solche Schutzgegenstand ist.

Vom grundrechtlich geschützten Tätigkeitsbereich ist nicht nur die positive sondern auch die negative Vereinigungsfreiheit erfasst, die das Recht beinhaltet, von privaten Vereinigungen fernzubleiben.[16] Die positive Vereinigungsfreiheit umfasst ein vielfältiges Spektrum an Verhaltensgarantien, wie zum Beispiel die Gründungsfreiheit samt Entscheidung über den Zweck der Vereinigung, die Beitrittsfreiheit sowie die für diese Ausarbeitung näher zu beleuchtende Organisations- und interne Betätigungsfreiheit.[17] Nach dem BVerfG umfasst der Schutz des Grundrechts:

> *„sowohl für die Mitglieder als auch für die Vereinigungen die Selbstbestimmung über die eigene Organisation, das Verfahren ihrer Willensbildung und die Führung ihrer*

---

11 Sachs/*Höfling*, GG, Art. 9 Rn. 16.

12 BT-Drucks. IV/430, S. 10; Maunz/Dürig/*Scholz*, Art. 9 GG Rn. 67; Reichert/*Schiffbauer*, Vereins- und VerbandsR, Kap. 3 Rn. 3.

13 ErfK/*Linsenmaier*, Art. 9 GG Rn. 2.

14 BVerfG 1.3.1979 – 1 BvR 532, 533/77, 419/78, 1 BvL 21/78, NJW 1979, 699, 706; 15.12.1999 – 1 BvR 2161/93, NJW 2000, 1251; OLG München 11.7.2016 – 34 Wx 187/16, NJW-RR 2017, 77, 79.

15 BeckOK GG/*Cornils*, Art. 9 Rn. 3; ErfK/*Linsenmaier*, Art. 9 GG Rn. 7; HK-ArbR/*Hensche*, Art. 9 GG Rn. 4; Reichert/*Schiffbauer*, Vereins- und VerbandsR, Kap. 3 Rn. 41; a.A. Sachs/*Höfling*, GG, Art. 9 Rn. 27 – ein derartiges Verständnis sei nicht mit der Konzeption des Grundrechtssystems vereinbar, da es zwischen den Individualgrundrechten und Erstreckungsregeln für juristische Personen differenziere – ein Kollektivschutz könne nur über Art. 19 Abs. 3 GG gelten; mit ähnlicher Begründung: Maunz/Dürig/*Scholz*, Art. 9 GG Rn. 23 ff.

16 Sachs/*Höfling*, GG, Art. 9 Rn. 22.

17 Sachs/*Höfling*, GG, Art. 9 Rn. 17; BVerfG 1.3.1979 – 1 BvR 532, 533/77 419/78, 1 BvL 21/78, NJW 1979, 699, 706.

Geschäfte. Denn ohne solche Selbstbestimmung könnte von einem freien Vereinigungswesen keine Rede sein; Fremdbestimmung würde dem Schutzzweck des Art. 9 Abs. 1 GG zuwiderlaufen.“[18]

Vom Schutzbereich der Vereinigungsfreiheit sind grundsätzlich alle spezifisch vereinsmäßigen Verhaltensweisen erfasst.[19] Neben der autonomen Regelungsmöglichkeit über die eigenen Angelegenheiten erfasst die kollektive Vereinigungsfreiheit insbesondere den Schutz der Satzungsautonomie als Bestandteil der Vereinsautonomie, die im Rahmen der Koalitionsfreiheit im weiteren Verlauf dieser Arbeit schwerpunktmäßig besprochen wird.[20] Die Vereinsautonomie umfasst ebenfalls den Schutz vor übermäßiger Fremdbestimmung, da sie mit dem Grundsatz der autonomen Selbstbestimmung unvereinbar ist.[21] Ein gewisses Maß an Fremdbestimmung kann jedoch zulässig sein, insbesondere dann, wenn sie schutzwürdigen Belangen dient und nicht sachwidrig ist.[22]

2. Eingriff, Ausgestaltung und Rechtfertigungsebene

Die Vereinigungsfreiheit stellt ein ausgestaltungsbedürftiges Grundrecht dar. Dem Staat obliegt – zum Beispiel im Wege der Gesetzgebung – die Pflicht, die Voraussetzungen zu schaffen, die erforderlich sind, um den Vereinsmitgliedern und der Vereinigung selbst die Möglichkeit zu gewährleisten, die grundrechtlich garantierten Freiheiten ausüben zu können.[23] Ausgestaltungen des Grundrechts auf Seiten der Gesetzgebung finden sich etwa im Vereins- und Gesellschaftsrecht des BGB, im HGB, im Aktien- und im GmbHG.[24] Die Vereinigungsfreiheit ist im Gegensatz zur Koalitionsfreiheit in erster Linie in ihrer Gewährleistung ein Abwehrrecht gegen den Staat.[25] Belastende Maßnahmen von staatlicher Seite, die nicht mehr dem Zweck einer funktionierenden Vereinigungsfreiheit zu dienen bestimmt sind, sind als Eingriff und nicht als Ausgestaltung zu bewerten.[26]

---

18 BVerfG 1.3.1979 – 1 BvR 532, 533/77 419/78, 1 BvL 21/78, NJW 1979, 699, 706; siehe auch: 12.10.1995 – 1 BvR 1938/93, NJW 1996, 1203.

19 BGH 27.9.1999 – II ZR 305–98, NJW 1999, 3552, 3553 f.; *Jarass*/Kment, Art. 9 GG Rn. 8 f.; Reichert/*Schiffbauer*, Vereins- und VerbandsR, Kap. 3 Rn. 56.

20 Vgl. dazu: B.III.2.b)bb).

21 BVerfG 1.3.1979 – 1 BvR 532, 533/77, 419/78 und 1 BvL 21/78, NJW 1979, 699, 706.

22 *Kissel*, Arbeitskampfrecht, § 4 Rn. 4; vgl. dazu: B.IV.3.a)aa).

23 BVerfG 1.3.1979 – 1 BvR 532, 533/77, 419/78, 1 BvL 21/78, NJW 1979, 699, 707.

24 *Poscher*, RdA 2017, 235.

25 Maunz/Dürig/*Scholz*, Art. 9 GG Rn. 34; Reichert/*Schiffbauer*, Vereins- und VerbandsR, Kap. 3 Rn. 49; Sachs/*Höfling*, GG, Art. 9 Rn. 28.

26 ErfK/*Linsenmaier*, Art. 9 GG Rn. 10.

Daher wären etwa Genehmigungsvorbehalte für Vereinssatzungen als Verkürzung des grundrechtlich geschützten Gewährleistungsbereiches und somit als Eingriff zu bewerten.[27] Wie noch zu sehen sein wird[28], gilt diese Aussage nur eingeschränkt für die Koalitionsfreiheit nach Art. 9 Abs. 3 GG, da der Staat hier in besonderem Maße verpflichtet ist, Grundregeln zu schaffen, die zur Wahrnehmung des durch die Koalitionsfreiheit gewährleisteten Schutzbereichs unerlässlich sind[29] und man daher tendenziell staatliche Maßnahmen in diesem Bereich der Ausgestaltung zuordnet.[30]

Im Gegensatz zur Koalitionsfreiheit fällt die Vereinigungsfreiheit unter den Schrankenvorbehalt des Art. 9 Abs. 2 GG, wonach bestimmte Vereinigungen durch die Exekutive verboten werden können. Im Übrigen können verfassungsimmanente Schranken im Sinne des kollidierenden Verfassungsrechts sowie der Grundsatz der Verhältnismäßigkeit einen Eingriff in die Vereinigungsfreiheit rechtfertigen.[31]

III. Ausgewählte Aspekte der Koalitionsfreiheit nach Art. 9 Abs. 3 GG

1. Einleitung

Auch wenn Berufsverbände im Grunde unter den Schutz des Art. 9 Abs. 1 GG fallen, ist die Koalitionsfreiheit als besondere Vereinigungsfreiheit für Koalitionen das speziellere Grundrecht.[32] Die Koalitionsfreiheit unterscheidet sich in wesentlichen Aspekten von der Vereinigungsfreiheit. Ein elementarer Unterschied zu Art. 9 Abs. 1 GG liegt darin, dass sich die Koalitionsfreiheit nicht nur als Abwehrrecht gegen den Staat auszeichnet, sondern ebenfalls einem besonderen Schutzbedürfnis dient.[33] Sie verlangt, dass die Zweckausrichtung des Vereins in der Wahrung und Förderung der Arbeits- und Wirtschaftsbedingungen liegt.[34] Diese Zweckausrichtung ist maßgebliches Abgrenzungskriterium – es

---

27 Sachs/*Höfling*, GG, Art. 9 Rn. 36.

28 Vgl. dazu: B.III.2.c).

29 Sachs/*Höfling*, GG, Art. 9 Rn. 80.

30 Vgl. dazu: B.III.2.c)bb).

31 BVerfG 24.2.1971 – 1 BvR 438, 456, 484/68, 1 BvL 40/69, NJW 1971, 1123, 1124; HK-ArbR/*Hensche*, Art. 9 GG Rn. 8 ff.

32 ErfK/*Linsenmaier*, Art. 9 GG Rn. 2; Maunz/Dürig/*Scholz*, Art. 9 GG Rn. 1; Sachs/*Höfling*, GG, Art. 9 Rn. 50.

33 ErfK/*Linsenmaier*, Art. 9 GG Rn. 2.

34 BVerfG 26.6.1991 – 1 BvR 779/85 – NJW 1991, 2549.

unterscheidet Koalitionen von Vereinigungen im Sinne des Art. 9 Abs. 1 GG, die im Grunde von einer Zweckoffenheit des Grundrechts der Vereinigungsfreiheit profitieren.

Im Folgenden sollen ausgewählte Aspekte des Gewährleistungsbereichs der Koalitionsfreiheit näher beleuchtet werden, da sie eine wesentliche Grundlage für die Auswertung der Fallbeispiele im zweiten Teil sind und wichtige Erkenntnisse für den Umgang mit Satzungsverstößen und unzulässigen Satzungsgestaltungen liefern können.

2. Grundlagen der Koalitionsfreiheit

a) Schutzbereich und Struktur des Grundrechts

Koalitionen sind Vereinigungen im Sinne des Art. 9 Abs. 1 GG, die jedoch den spezifischen Zweck der Wahrung und Förderung der Arbeits- und Wirtschaftsbedingungen verfolgen und daher unter den Schutz des Art. 9 Abs. 3 GG fallen. Die Koalitionsfreiheit ist in erster Linie als Abwehrecht gegen den Staat konzipiert.[35] Sie ist jedoch gleichzeitig auch sozialstaatlich orientiert.[36] Sie soll der strukturellen Unterlegenheit der Arbeitnehmer entgegenwirken und gewährleistet ein kollektives Ausgleichsverfahren.[37]

Von der Struktur her ist die Koalitionsfreiheit wie die Vereinigungsfreiheit als Doppelgrundrecht konzipiert, sodass sie nicht nur den Einzelnen, sondern auch die Vereinigung selbst in ihren Schutzbereich einbezieht.[38] Das Individualgrundrecht umfasst sämtliche koalitionsspezifischen Verhaltensweisen sowie die Bildung einer Koalition, den Verbleib in einer Koalition, aber auch das Fernbleiben sowie den Austritt.[39] Die kollektive Koalitionsfreiheit erfasst den Schutz der Koalition als solcher, das heißt insbesondere ihren Bestand und ihre koalitionsspezifische Betätigung.[40] Die Betroffenen sollen hierüber grundsätzlich frei vor staatlicher Einflussnahme und zwar in eigener Verantwortung bestimmen

35 HMB/*Engels*, Der Tarifvertrag, Teil 1 Rn. 12.

36 Maunz/Dürig/*Scholz*, Art. 9 GG Rn. 10.

37 ErfK/*Linsenmaier*, Art. 9 GG Rn. 18, 20.

38 BVerfG 26.3.2014 – 1 BvR 3185/09, NZA 2014, 493.

39 BVerfG 11.7.2017 – 1 BvR 1571/15, 1 BvR 1588/15, 1 BvR 2883/15, 1 BvR 1043/16, 1 BvR 1477/16, NZA 2017, 915, 917.

40 BVerfG 11.7.2017 – 1 BvR 1571/15, 1 BvR 1588/15, 1 BvR 2883/15, 1 BvR 1043/16, 1 BvR 1477/16, NZA 2017, 915, 916 f.; 26.6.1991 – 1 BvR 779/85, NZA 1991, 809, 811.

können.[41] Die Koalition ist insbesondere auch in ihrer Ausrichtung und in ihrer Organisation geschützt – das BVerfG bezeichnet die Selbstbestimmung über die innere Ordnung als wesentlichen Teil der Koalitionsfreiheit.[42]

Der Schutz der Koalitionsfreiheit verfestigt sich in Art. 9 Abs. 3 S. 2 GG durch die unmittelbare Wirkung im privatrechtlichen Bereich – eine im Grundrechtssystem einmalige Besonderheit.[43] Die Drittwirkung bewirkt, dass Abreden, die die Koalitionsfreiheit einschränken oder zu behindern suchen, nichtig und hierauf gerichtete Maßnahmen rechtswidrig sind. Das bedeutet, dass nicht nur der Staat, sondern auch andere Rechtssubjekte des Privatrechts durch das Grundrecht gebunden werden.[44]

b) Ausgewählte Aspekte der Kolaitionsbetätigungsfreiheit

Die Betätigungsfreiheit der Koalitionen fällt in den Schutzbereich des kollektiven Teils der Koalitionsfreiheit. Die höchstrichterliche Rechtsprechung, namentlich das BVerfG, das BAG und der BGH haben früher die Ansicht vertreten, dass nur diejenigen Betätigungen verfassungsrechtlich geschützt seien, die für die Erhaltung und Sicherung der Existenz der Koalition unerlässlich sind.[45] Von dieser Kernbereichslehre hat die Rechtsprechung mittlerweile Abstand genommen.[46] Sie legt den Schutzbereich der Koalitionsbetätigungsfreiheit nunmehr weit aus. Erstmalig hat das BVerfG in den neunziger Jahren entschieden, dass sich die Betätigungsfreiheit eben nicht nur auf einen Kernbereich beschränkt, sondern vielmehr alle koalitionsspezifischen Verhaltensweisen erfasst, die die in Art. 9 Abs. 3 GG genannten Zwecke verfolgen.[47] Im Rahmen dieses nunmehr umfassend angelegten Schutzbereiches besteht Koalitionsmittelwahlfreiheit – die Wahl der Mittel zur Erreichung des Zwecks der Wahrung und Förderung

41 BVerfG 11.7.2017 – 1 BvR 1571/15, 1 BvR 1588/15, 1 BvR 2883/15, 1 BvR 1043/16, 1 BvR 1477/16, NZA 2017, 915, 917.

42 BVerfG 11.7.2017 – 1 BvR 1571/15, 1 BvR 1588/15, 1 BvR 2883/15, 1 BvR 1043/16, 1 BvR 1477/16, NZA 2017, 915, 917.

43 Maunz/Dürig/*Scholz*, Art. 9 GG Rn. 4.

44 Maunz/Dürig/*Scholz*, Art. 9 GG Rn. 171, 333.

45 BVerfG 26.5.1970 – 2 BvR 664/65, NJW 1970, 1635; 17.2.1981 – 2 BvR 384/78, NJW 1981, 1829, 1830; BAG 13.11.1992 – 5 AZR 74/91, NZA 1992, 690, 691; BGH 8.7.1982 – III ZR 103/80, NJW 1982, 2369, 2370.

46 Etwa: BVerfG 14.11.1995 – 1 BvR 601/92, NZA 1996, 381, 382 f.

47 BVerfG 14.11.1995 – 1 BvR 601/92, NZA 1996, 381, 382 f.; 11.7.2017 – 1 BvR 1571/15, 1 BvR 1588/15, 1 BvR 2883/15, 1 BvR 1043/16, 1 BvR 1477/16, NZA 2017, 915, 917.

der Arbeits- und Wirtschaftsbedingungen (etwa in Form des Abschlusses von Tarifverträgen) ist den Koalitionen selbst überlassen.[48]

aa) Zweck: Wahrung und Förderung der Wirtschafts- und Arbeitsbedingungen

Im Gegensatz zur Vereinigungsfreiheit, die prinzipiell zweckoffen ausgestaltet ist, eröffnet der Verfassungsgeber den Schutzbereich des Art. 9 Abs. 3 GG nur solchen Vereinigungen, die den Zweck der Wahrung und Förderung der Wirtschafts- und Arbeitsbedingungen verfolgen.[49] Unter den Wirtschafts- und Arbeitsbedingungen werden nach allgemeiner Auffassung sämtliche Bedingungen verstanden, unter denen abhängige Arbeit geleistet und eine sinnvolle Ordnung des Arbeitslebens ermöglicht wird.[50]

Koalitionen ist per Verfassung die öffentliche Aufgabe übertragen worden, im Verein mit dem sozialen Gegenspieler das Arbeitsleben zu ordnen und zu befrieden.[51] Im Grundrecht der Koalitionsfreiheit findet sich das in Art. 20 Abs. 1 GG und Art. 28 Abs. 1 GG verankerte Sozialstaatsprinzip wieder, da die Koalitionsfreiheit durch ihre soziale Schutzwirkung – insbesondere gegenüber den einzelnen Mitgliedern – geprägt ist, denn sie bewirkt, dass diese vor belastenden Maßnahmen der übermächtigen Gegenseite bewahrt werden.[52]

Der verfassungsrechtlich vorgegebene Koalitionszweck definiert die „thematische Reichweite" der Koalitionsbetätigungsfreiheit.[53] Sofern Tarifparteien von ihrer Rechtsetzungsmacht Gebrauch machen, sind sie in ihren Tarifverträgen sachlich auf den Bereich der Arbeits- und Wirtschaftsbedingungen beschränkt.[54] Die vorgegebene Zweckbestimmung bildet die äußerste Grenze der Tarifautonomie.[55] Für die Festlegung dieses Verbandszwecks bietet die Satzung der Verbände die maßgebliche Grundlage: Die Tariffähigkeit von Koalitionen hängt

---

48 BVerfG 14.11.1995 – 1 BvR 601/92, NZA 1996, 381, 382 f.; 26.3.2014 – 1 BvR 3185/09, NZA 2014, 493, 494; 11.7.2017 – 1 BvR 1571/15, 1 BvR 1588/15, 1 BvR 2883/15, 1 BvR 1043/16, 1 BvR 1477/16, NZA 2017, 915 f.

49 ErfK/*Linsenmaier*, Art. 9 GG Rn. 23.

50 ErfK/*Franzen*, TVG, § 1 Rn. 3; ErfK/*Linsenmaier*, Art. 9 GG Rn. 23; *Gamillscheg*, Kollektives Arbeitsrecht, S. 219 ff.; Sachs/*Höfling*, GG, Art. 9 Rn. 90.

51 BVerfG 6.5.1964 – 1 BvR 79/62, NJW 1964, 1267, 1268.

52 Maunz/Dürig/*Scholz*, Art. 9 GG Rn. 10.

53 *Waltermann*, Arbeitsrecht, S. 218.

54 ErfK/*Franzen*, TVG, § 1 Rn. 3.

55 ErfK/*Linsenmaier*, Art. 9 GG Rn. 72.

unter anderem entscheidend davon ab, ob sie in ihrer Satzung das Ziel festgeschrieben haben, die Arbeits- und Wirtschaftsbedingungen ihrer Mitglieder zu wahren und zu fördern.[56]

bb) Organisations- und Satzungsautonomie der Verbände

Die Organisations- und Satzungsautonomie der Verbände ist von enormer Bedeutung – sie ist eine wichtige Ausprägung der Betätigungsfreiheit der Koalitionen.[57] Sie wird als autonomer Aufgabenbereich gewährt.[58] Den Verbänden ist im Rahmen einer autonomen Gestaltung der Satzung erlaubt, über ihre Rechtsform und ihre Organisationsstrukturen selbst zu bestimmen.[59] Über den Inhalt ihrer Satzung entscheiden die Koalitionen frei von staatlicher Einflussnahme, etwa in Form einer Staatsaufsicht.[60]

Das BVerfG stellte zutreffend fest: „*Die Verleihung von Satzungsautonomie hat ihren guten Sinn darin, gesellschaftliche Kräfte zu aktivieren, den entsprechenden gesellschaftlichen Gruppen die Regelung solcher Angelegenheiten, die sie selbst betreffen und die sie in überschaubaren Bereichen am sachkundigsten beurteilen können, eigenverantwortlich zu überlassen, und dadurch den Abstand zwischen Normgeber und Normadressat zu verringern. Zugleich wird der Gesetzgeber davon entlastet, sachliche und örtliche Verschiedenheiten berücksichtigen zu müssen, die für ihn oft schwer erkennbar sind und auf deren Veränderungen er nicht rasch genug reagieren konnte.*“[61]

Einfachgesetzlich ist die Satzungsautonomie unter anderem in § 25 BGB sowie in § 40 BGB verankert. Als Teil der Vereinsverfassung muss die Satzung jedoch alle wesentlichen, das heißt die das Vereinsleben bestimmenden Grundentscheidungen beinhalten.[62] Der Verband regelt in seiner Satzung eigenständig die Rechte und Pflichten seiner Mitglieder und legt dort den Verbandszweck fest.[63] Inhaltlich können die Verbände unter anderem folgende Gegenstände

56 Wiedemann/*Oetker*, TVG, § 2 Rn. 474.

57 HK-ArbR/*Hensche*, Art. 9 GG Rn. 50.

58 *Waltermann*, Arbeitsrecht, S. 236.

59 HK-ArbR/*Hensche*, Art. 9 GG Rn. 50; Schaub/*Treber*, Arbeitsrechts-Handbuch, § 190 Rn. 31.

60 Maunz/Dürig/*Scholz*, Art. 9 GG Rn. 247 f.

61 BVerfG 9.5.1972 – 1 BvR 518/62 und 308/64, NJW 1972, 1504, 1506.

62 BGH 6.3.1967 – II ZR 231/64, NJW 1967, 1268, 1270; 25.10.1983 – KZR 27/82, NJW 1984, 1355; 24.10.1988 – II ZR 311/87, NJW 1989, 1724, 1725.

63 Reichert/*Schiffbauer*, Vereins- und VerbandsR, Kap. 3 Rn. 59.

regeln[64]: die Anforderungen an den Verbandsbeitritt[65], die Ausgestaltung der Verbandsorganisation[66], das Verfahren der verbandsinternen Willensbildung[67] sowie insgesamt die regelbaren Rechtsverhältnisse innerhalb des Verbandes.

Die Satzungsautonomie der Verbände verwirklicht sich etwa im Rahmen der Festlegung der Tarifzuständigkeit. Indem die Tarifpartei in ihrer Satzung ihren Organisationsbereich verbindlich festlegt, definiert sie zugleich selbständig den Radius innerhalb dessen sie wirksam Tarifverträge schließen kann.[68] Auf Gewerkschaftsseite wird etwa satzungsmäßig festgelegt, ob sie nach dem Industrieverbands- oder dem Berufsverbandsprinzip organisiert sein möchten. Nach dem Berufsverbandsprinzip organisieren sich Arbeitnehmer mit der gleichen Berufsgruppe, wohingegen das heute vorherrschenden Industrieverbandsprinzip an die Zugehörigkeit von Arbeitnehmern zu Betrieben und Unternehmen eines Wirtschaftssektors anknüpft.[69] Arbeitgeberverbände organisieren sich grundsätzlich nach dem Industrie- bzw. Fachverbandsprinzip, bei dem Unternehmen der gleichen Branche zusammengefasst werden oder nach einem räumlichen Prinzip, wo Unternehmen des gleichen Gebiets zusammengefasst werden.[70]

Die Satzungsautonomie der Berufsverbände wirkt sich in diversen weiteren Themenbereichen aus. Wie noch zu sehen sein wird, hat die Rechtsprechung jedoch gewisse Anforderungen an die Satzungen der Verbände aufgestellt und verkürzt so ihren Autonomiebereich. Diese richterrechtlich entwickelten Satzungsanforderungen werden schwerpunktmäßig in den Fallbeispielen im zweiten Teil dieser Arbeit untersucht.

---

64 Reichert/*Schiffbauer*, Vereins- und VerbandsR, Kap. 3 Rn. 60.

65 Hinsichtlich der Anforderungen an den Verbandsbeitritt ist im Rahmen der Koalitionsfreiheit etwa an die noch zu besprechende Ausgestaltung einer OT- oder Gastmitgliedschaft bei Arbeitgeberverbänden zu denken, vgl. dazu: C.V.

66 Hier ist etwa an Satzungsregelungen zu denken, die die Vertretungsmacht des Vorstandes beschränken, vgl. dazu: C.VII.2.

67 Hier ist etwa an Satzungsregelungen zu denken, die bei Gewerkschaften die Durchführung einer Urabstimmung vor dem Beginn von Arbeitskampfmaßnahmen vorsehen, wonach in der Regel die überwiegende Anzahl der Vereinsmitglieder der Durchführung eines Streiks zustimmen muss, vgl. dazu: C.II.

68 BAG 17.4.2012 – 1 ABR 5/11, NZA 2012, 1104, 1108.

69 *Gamillscheg*, Kollektives Arbeitsrecht, S. 213.

70 *Gamillscheg*, Kollektives Arbeitsrecht, S. 214.

cc) Tarifautonomie der Verbände

Bestandteil der kollektiven Betätigungsfreiheit, die dem Schutz der Koalitionsfreiheit unterliegt, ist neben der Existenz der Organisations- und Satzungsautonomie ebenfalls die Gewährleistung von Tarifautonomie. Hierunter wird die selbständige und selbstverantwortliche Befugnis der Koalitionen, die Arbeits- und Wirtschaftsbedingungen ihrer Mitglieder in kollektiven Verträgen mit unmittelbarer und zwingender Wirkung zu regeln, verstanden.[71]

Historisch bedingt, resultiert die Koalitionsbildung und die damit einhergehende Tarifautonomie aus dem Schutzbedürfnis der Arbeitnehmer zu Zeiten der industriellen Revolution und des Wirtschaftsliberalismus, wo Arbeitnehmer der strukturellen Unterlegenheit gegenüber dem Arbeitgeber und der Ausbeutung ausgesetzt waren, insbesondere weil sich Arbeitgeber nunmehr an der neuen Wettbewerbssituation ausrichten mussten.[72] Heute gewährt die Tarifautonomie den Arbeitnehmern einen fairen Anteil am gemeinsam erwirtschafteten Gewinn, da gleichstarke[73] Tarifpartner den Interessen aller Mitglieder entsprechende Verträge aushandeln können, wo das Verhältnis von Leistung und Gegenleistung in einen angemessenen Ausgleich gebracht wird.[74] Sie ist daher kein Selbstzweck, sondern zugleich eine dienende Freiheit.[75] Es kann davon ausgegangen werden, dass unmittelbar Betroffene besser als der staatliche Gesetzgeber wissen, aber auch besser aushandeln können, was dem beiderseitigen und dem gemeinsamen Interesse entspricht.[76] So formulierte auch einst das BVerfG: „*Diese Freiheit findet ihren Grund in der historischen Erfahrung, daß auf diese Weise eher Ergebnisse erzielt werden, die den Interessen der widerstreitenden Gruppen und dem Gemeinwohl gerecht werden, als bei einer staatlichen Schlichtung.*“[77] Die Tarifautonomie der Verbände ist folglich ein unabdingbares Fundament koalitionsmäßiger Betätigung, da sie auf kollektiver Stufe für die Realisierung der Schutzpflichten der Berufsverbände sorgt und als Plattform für den Ausgleich

---

71 Wiedemann/*Thüsing*, TVG, Einleitung Rn. 8.

72 Eingehend hierzu: Wiedemann/*Wiedemann*, TVG, 7. Aufl., Einleitung Rn. 3; siehe auch: HK-ArbR/*Hensche*, Art. 9 GG Rn. 13 ff.

73 Gleichwohl kann diese Aussage nur zutreffen, wenn eine gleichartige Verhandlungsstärke der Tarifparteien vorliegt, da sie Voraussetzung von Parität ist, siehe auch: *Greiner*, RdA 2015, 36, 37.

74 *Gamillscheg*, Kollektives Arbeitsrecht, S. 284 ff.

75 *Gamillscheg*, Kollektives Arbeitsrecht, S. 293.

76 BVerfG 27.2.1973 - 2 BvL 27/69, NJW 1973, 1320, 1322.

77 BVerfG 2.3.1993 - 1 BvR 1213/85, NJW 1993, 1379, 1380.

kollidierender Interessen dient. Sie ist zugleich die wichtigste Form der kollektiven Betätigungsfreiheit.

Inhalt der Tarifautonomie ist die Entscheidung hinsichtlich des Obs eines Tarifvertrages, hinsichtlich seines Inhalts und hinsichtlich des Tarifvertragspartners.[78] Grundlegende Voraussetzung der Tarifautonomie ist vor allem, dass den Tarifparteien zu diesem Zweck ein Freiraum autonomer Rechtsgestaltung gewährt wird.[79] Hierbei ist der Aspekt der Autonomie besonders hervorzuheben. Der Abschluss von Tarifverträgen betrifft einen Bereich, in dem der Staat seine Regelungsbefugnis weit zurückgenommen hat, sodass es den Tarifvertragsparteien überlassen ist, Lohn- und sonstige materielle Arbeitsbedingungen eigenverantwortlich und im Wesentlichen ohne staatliche Einflussnahme zu regeln.[80] Damit dieser Raum autonomer Rechtsetzung geschaffen werden kann, trifft den Staat die Pflicht die Funktionsfähigkeit der Tarifautonomie zu sichern und Ausgestaltungen der Koalitionsfreiheit dort vorzunehmen, wo diese zur Wahrnehmung des durch die Koalitionsfreiheit gewährleisteten Schutzbereiches notwendig sind.[81]

Die Regelungen des Tarifvertrages haben normative Wirkung – dies ist der Tatsache geschuldet, dass die Tarifautonomie ein „*kompensatorisches Verfahren für Defizite der Privatautonomie*" ist und nur so der strukturellen Unterlegenheit der Arbeitnehmer entgegentreten kann.[82] Zutreffend wurde die Tarifautonomie in der Literatur bereits als „*vierte Gewalt*" bezeichnet.[83] Dies entspricht dem erheblichen Freiraum der Tarifparteien, der ihnen für die autonome Rechtsgestaltung zusteht. Die Rechtsetzungsbefugnis, die den Tarifparteien als nichtstaatlichen Einrichtungen gebührt, ist im deutschen Recht einmalig.[84]

---

78 ErfK/*Linsenmaier,* Art. 9 GG Rn. 55.

79 Siehe etwa: BVerfG 11.7.2017 – 1 BvR 1571/15, 1 BvR 1588/15, 1 BvR 2883/15, 1 BvR 1043/16, 1 BvR 1477/16, NZA 2017, 915, 918; ErfK/*Linsenmaier,* Art. 9 GG Rn. 51.

80 BVerfG 24.5.1977 – 2 BvL 11/74, NJW 1977, 2255, 2256; 1.3.1979 – 1 BvR 532/77, 1 BvR 533/77, 1 BvR 419/78, 1 BvL 21/78, NJW 1979, 699, 708 f.; 20.10.1981 – 1 BvR 404/78, NJW 1982, 815.

81 Sachs/*Höfling*, GG, Art. 9 Rn. 80; *Waltermann*, Arbeitsrecht, S. 219; vgl. dazu: B.III.2.c) aa).

82 Däubler/*Ulber*, TVG, Einleitung Rn. 270.

83 *Wiedemann*, NZA 2018, 1587, 1589.

84 *Stoppelmann*, Tariffähigkeit und Tarifzuständigkeit, S. 49.

Trotz der Tatsache, dass der Tarifvertrag Rechtsetzungsakt ist und weitreichende Wirkung entfaltet, handelt es sich nach allgemeiner Ansicht bei diesem um ein privatrechtliches Institut.[85] Der Abschluss des Tarifvertrags richtet sich mithin rein privatrechtlich nach den Vorschriften des BGB über den Vertragsschluss, §§ 145 ff. BGB.[86]

dd) Dogmatische Herleitung der Normsetzungsbefugnis

„Die Rechtsnormen des Tarifvertrags, die den Inhalt, den Abschluß oder die Beendigung von Arbeitsverhältnissen ordnen, gelten unmittelbar und zwingend zwischen den beiderseits Tarifgebundenen, die unter den Geltungsbereich des Tarifvertrags fallen", § 4 Abs. 1 TVG. Tarifverträge entfalten mithin normative Wirkung. Die Konsequenzen muss man sich bewusst halten: Die Tarifgeltung setzt weder voraus, dass eine einzelvertragliche Vereinbarung vorliegt, noch, dass die Arbeitsvertragsparteien Kenntnis hierüber haben.[87] Auch Irrtümer auf Seiten der Arbeitsvertragsparteien schaden der Geltung der Tarifnormen nicht.[88] Die Tarifnormen verdrängen ungünstigere rangniedere Regelungen – ihre Rechtsfolgen treten automatisch ein.[89]

Aufgrund dieser enormen Gestaltungsmöglichkeit der individuellen Arbeitsverhältnisse durch die Tarifvertragsparteien bedarf es eines präzisen Blickes auf den Geltungsgrund der Rechtsetzungsbefugnis, zumal jede Art der Normsetzung einer rechtlichen Grundlage bedarf.[90] Seit jeher ist umstritten, wie die Normsetzungsbefugnis der Tarifvertragsparteien zu begründen ist. Sowohl in der Rechtsprechung als auch in der Literatur wurden bislang diverse Ansätze verfolgt. Auch wenn der langjährige Theorienstreit in der Literatur schon als *„überkommen"* beschrieben wurde[91], ist er für diese Arbeit von entscheidender Bedeutung, aber auch ansonsten von enormer praktischer Relevanz: Je nachdem für welche Argumentationslinie man sich entscheidet, kann – wie noch zu sehen

---

85 Däubler/*Nebe*, TVG, § 1 Rn. 36 f.; *Hueck/Nipperdey*, Lehrbuch II 1, S. 341; *Preis/Greiner*, Kollektivarbeitsrecht, § 100 Rn. 877; Wiedemann/*Thüsing*, TVG, § 1 Rn. 13.

86 *Waltermann*, Arbeitsrecht, S. 246.

87 HMB/*Greiner*, Der Tarifvertrag, Teil 9 Rn. 2.

88 HMB/*Greiner*, Der Tarifvertrag, Teil 9 Rn. 4.

89 HMB/*Greiner*, Der Tarifvertrag, Teil 9 Rn. 5, 14.

90 *Giesen*, ZfA 2016, 156.

91 Etwa: *Ricken*, Autonomie und tarifliche Rechtsetzung, S. 109.

sein wird – die Satzung der Verbände ein entscheidender Anhaltspunkt für die Herleitung der Normsetzungsbefugnis sein.

(i) Normsetzung kraft staatlicher Delegation

Dereinst war die Ansicht in Rechtsprechung[92] und Literatur[93] vorherrschend, die Normsetzungsbefugnis der Tarifvertragsparteien werde im Wege des Tarifvertragsgesetzes rein staatlich übertragen, sodass die normative Wirkung der Regelungen des Tarifvertrages auf hoheitliche Gewalt zurückzuführen sei (sog. Delegationstheorie). Die Vertreter dieser Ansicht sind davon ausgegangen, dass die Normsetzungsgewalt durch die Tarifvertragsparteien in eigener Verantwortung und im eigenen Namen ausgeübt werde und zwar im Sinne einer selbständigen Wahrnehmung übertragener Staatsgewalt.[94]

Die Delegationstheorie ist auf erhebliche Kritik gestoßen. Unter anderem wurde ihr vorgeworfen, dass der Staat die Autonomie der Normsetzungsbefugnis nicht übertrage, sondern erst konstituiere und Trägern dieser Autonomie eine Rechtsetzungsquelle erschließe, sodass diese eigenes, mithin nichtstaatliches Recht setzten.[95] Zudem handele es sich bei der Normsetzungsbefugnis um eine Grundrechtsgewährleistung nach Art. 9 Abs. 3 GG und um Grundrechtsgebrauch, was der Ausübung von Hoheitsgewalt widerspreche.[96] Es stehe im Widerspruch, wenn Tarifparteien gleichzeitig Träger von Grundrechten und staatlich beliehene Grundrechtsverpflichtete seien.[97] Außerdem müsse die Delegation staatlicher Kompetenzen dem Bestimmtheitserfordernis entsprechen sowie in einem dem Art. 80 GG vergleichbarem kontrollierten Rahmen erfolgen, was nicht ersichtlich sei.[98] Aufgrund dieser enormen Kritikpunkte hat sich anschließend ein privatrechtlicher Ansatz etabliert.

---

92 BAG 15.1.1955 – 1 AZR 305/54, BAGE 1, 258, 264; 23.3.1957 – 1 AZR 326/56, BAGE 4, 240, 251.

93 Exemplarisch: *Nikisch,* Arbeitsrecht, Bd. 2, S. 47; *Säcker*, ArbuR 1994, 1, 4 f.; *Säcker*, Grundprobleme, S. 74 f.; *Wiedemann*, RdA 1969, 321.

94 Zusammenfassend: Wiedemann/*Thüsing*, TVG, 7. Aufl., § 1 Rn. 45.

95 *Schneider*, FS Möhring, S. 521, 523 ff.

96 Däubler/*Ulber*, TVG, Einleitung Rn. 243, 247 f.; ErfK/*Franzen*, TVG, § 1 Rn. 6.

97 *Löwisch/Rieble*, TVG, § 2 Rn. 121.

98 *Preis/Greiner*, Kollektivarbeitsrecht, § 101, Rn. 880.

(ii) *Normsetzungsbefugnis kraft kollektiv ausgeübter Privatautonomie (auch: Legitimationslehre oder Autonomietheorie*[99]*)*

Heute wird in der herrschenden Lehre[100] – im Einklang mit der jüngeren höchstrichterlichen Rechtsprechung[101] – ein privatrechtlicher Ansatz verfolgt. Die Normsetzung in Gestalt des Tarifvertragsabschlusses wird hiernach als „kollektiv ausgeübte Privatautonomie" verstanden. Legitimierende Grundlage sowie Dreh- und Angelpunkt der Rechtsetzungsbefugnis ist nach diesem Verständnis der privatautonome Verbandsbeitritt der Koalitionsmitglieder, die sich (zumindest gilt dies für Arbeitnehmer) mit dem Beitritt in den Berufsverband der Ausgestaltung ihrer Arbeitsverhältnisse freiwillig unterwerfen.[102] Der Beitritt erfolge nämlich im Vertrauen auf eine sachgerechte Interessenvertretung, der Verhandlungsstärke des Berufsverbandes sowie der Richtigkeitsgewähr seiner Tarifabschlüsse.[103] Hierbei ist noch einmal hervorzuheben, dass der Verbandseintritt als solcher grundsätzlich genügt – einer ausdrücklichen Unterwerfungserklärung der Verbandsmitglieder bedarf es für die Tarifgebundenheit nicht.[104] Grundvoraussetzung der normativen Wirkung ist folglich eine mitgliedschaftliche Legitimation.

Die Auffassung der Normsetzungsbefugnis als kollektiv ausgeübte Privatautonomie wird insbesondere deshalb befürwortet, weil eine privatautonome Legitimation weiter reiche als eine staatlich legitimierte Rechtsetzung – die

---

99 So bezeichnend: *Ricken*, Autonomie und tarifliche Rechtsetzung, S. 107.

100 Exemplarisch: *Bayreuther*, Tarifautonomie, S. 57 ff., insbesondere: 91 ff.; *Dieterich*, FS Schaub, S. 117, 120 ff., 133; *Picker*, ZfA 1998, 573, 679; *Richardi*, ZfA 2003, 655, 657 ff.; *Rieble*, ZfA 2000, 5, 19 ff., 24; *Scholz*, RdA 2001, 193, 195; *Söllner*, RdA 1989, 144, 149; *Zachert*, DB 1990, 986, 987; wohl auch: *Giesen*, ZfA 2016, 156, 157, 193, der aber die Schwierigkeit der Außenseiterwirkung erkennt und den Fall der Drittwirkung über eine staatlich delegierte Normsetzungsbefugnis löst – hierzu sogleich; auch: *Höpfner*, Tarifgeltung, S. 308 ff., 318 ff., 339 f., der die Normsetzungsbefugnis auf eine privatautonome legitimatorische Grundlage durch die Mitglieder, die Normenwirkung als solche auf § 4 Abs. 1 TVG stützt: „*Will man die Tarifgeltung auf eine knappe Formel bringen, lässt sich festhalten: Es handelt sich dabei um autonome Rechtsetzung, aber heteronome Rechtsgeltung.*"

101 BAG 14.10.1997 – 7 AZR 811/96, NZA 1998, 778, 779; 25.2.1998 – 7 AZR 641/96, NZA 1998, 715, 716; 27.5.2004 – 6 AZR 129/03, NZA 2004, 1399, 1401 f.; 23.3 2011 – 4 AZR 366/09, NZA 2011, 920, 924; 27.6.2018 – 10 AZR 290/17, NZA 2018, 1344, 1347.

102 BAG 27.5.2004 – 6 AZR 129/03, NZA 2004, 1399, 1401 f.

103 *Dieterich*, FS Schaub, S. 117, 120, 121.

104 BAG 18.7.2006 – 1 ABR 36/05, NZA 2006, 1225, 1230 f.

selbständige Beschränkung des Grundrechts gehe weiter als der Zwang, staatliche Eingriffe hinzunehmen.[105] Hier werde auch die Schwäche der Delegationstheorie ganz deutlich: Der Staat könne maximal die Rechte übertragen, die ihm selber zustehen, aber niemals mehr.[106] Außerdem agierten Koalitionen im Rahmen des Tarifvertragsabschlusses als gleichstarke Vertragspartner.[107] Diese wüssten als unmittelbar Betroffene besser, was ihren beiderseitigen Interessen und dem gemeinsamen Interesse entspreche, sodass der Tarifvertrag eher dem Charakter eines gebündelten Ausdrucks individueller Selbstbestimmung entspräche.[108]

(iii) Vermittelnder Ansatz (Kombinationslehre)

In jüngerer Zeit hat sich auch eine zwischen beiden Sichtweisen vermittelnde Theorie etabliert, die den delegatorischen Ansatz als auch den soeben beschriebenen privatrechtlichen Ansatz vereinigt. Diese Kombinationslehre geht davon aus, dass sich Delegation sowie mitgliedschaftliche Legitimation als dogmatische Grundlage für die Rechtsetzungsbefugnis nicht zwingend ausschließen, sondern vielmehr im Zusammenspiel Geltungsgrund seien.[109] Sowohl staatliche Delegation der Rechtsetzungskompetenz als auch mitgliedschaftliche Legitimation erzeugen im Rahmen eines kumulativen Nebeneinanders die Fähigkeit zur tariflichen Normsetzung.[110] Ausgangspunkt der Kombinationslehre ist, dass der Abschluss des Tarifvertrags und die Regelsetzung den privatautonomen Vorgang darstellen, wonach die Unterwerfungserklärung der Mitglieder in den Vordergrund legitimierender Faktoren gerückt wird. Die Normenwirkung als solche werde allerdings durch §§ 1 Abs. 1, 4 Abs. 1 TVG, mithin durch staatlichen Geltungsbefehl erlangt[111], erst dieser erklärt die weitreichenden Wirkungen der tariflichen Normen[112] – anders formuliert wird also zwischen Normsetzung

---

105 *Dieterich*, FS Schaub, S. 117, 120, 121.

106 *Greiner*, Rechtsfragen, S. 99.

107 *Dieterich*, FS Schaub, S. 117, 120, 121.

108 *Zachert*, DB 1990, 986, 987.

109 Hierzu grundlegend: *Greiner*, Rechtsfragen, S. 99 ff. und *Waltermann*, FS Söllner, S. 1251, 1262 ff.; siehe auch: *Corzelius*, Grundlagen, S. 23 f.; *Ricken*, Autonomie und tarifliche Rechtsetzung, S. 115 f.; Wiedemann/*Thüsing*, TVG, 7. Aufl., § 1 Rn. 45; wohl auch: *Wiedemann*, BB 2013, 1397, 1400 f., der im Ergebnis feststellt, dass die Tarifautonomie „*gleichermaßen auf der staatlichen Anerkennung wie auf dem rechtsgeschäftlichen Einverständnis der Koalitionen und ihrer Mitglieder*" beruht.

110 *Greiner*, Rechtsfragen, S. 99, 103.

111 *Waltermann*, FS Söllner, S. 1251, 1262 ff.; *Waltermann*, Arbeitsrecht, S. 237; *Waltermann*, ZfA 2000, 53, 65; *Corzelius*, Grundlagen, S. 23 f.

112 *Greiner*, Rechtsfragen, S. 99 f.

(privatautonomer Teil) und Normwirkung (staatlicher Teil) grundsätzlich differenziert. Hervorzuheben ist, dass diese Zweiteilung nicht allzu strikt, sondern vielmehr so zu verstehen ist, dass je nach Ausgangslage der eine Geltungsgrund prägnanter hervortreten kann als der andere.[113]

(iv) Kritische Auseinandersetzung

Der delegatorische Ansatz vermag nicht zu überzeugen: Sofern der Staat eine Delegation seiner Rechtsetzungsbefugnis vornimmt, setzt dies notwendigerweise voraus, dass ihm bezüglich der Rechtsetzung die alleinige originäre Kompetenz zugewiesen ist. Der Staat muss seine Zuständigkeit entweder im Ganzen oder teilweise auf das andere Rechtssubjekt übertragen.[114] Das Grundgesetz stattet die Koalitionen aber bereits in Art. 9 Abs. 3 GG mit der Kompetenz aus, die Arbeits- und Wirtschaftsbedingungen eigenverantwortlich zu regeln, sodass der Staat über Art. 74 Abs. 1 Nr. 12 GG und die Koalitionen über die Koalitionsfreiheit mit dieser Aufgabe betraut worden sind.[115] In diesem Kontext wird auf Seiten der Literatur[116] zutreffend auf die Feststellungen des BVerfG verwiesen, wonach der Staat seine Regelungskompetenz bei dem Abschluss von Tarifverträgen weit zurückgenommen habe und die Tarifvertragsparteien dies eigenverantwortlich und im Wesentlichen ohne staatliche Einflussnahme regelten.[117] Die Tarifvertragsparteien haben zwar kein Normsetzungsmonopol, aber ein Normsetzungsrecht.[118] Die Regelung der Arbeits- und Wirtschaftsbedingungen liegt an erster Stelle im Aufgabenbereich der Tarifvertragsparteien.[119] Eine erstmalige staatliche Delegation der tariflichen Normsetzungsbefugnis ist daher überflüssig – zumindest im Hinblick auf die Aufstellung des Regelwerks (hierzu sogleich).

Auch ein weiterer Aspekt spricht gegen die Annahme, wonach die staatliche Delegation alleiniger Geltungsgrund der normativen Wirkung von Tarifverträgen sei: Die Befürwortung der Delegationstheorie wäre nur bei der Anerkennung einer erga-omnes-Wirkung von Tarifnormen konsequent.[120] In diesem

113 So etwa: *Greiner*, Rechtsfragen, S. 99 f.

114 *Waltermann*, FS Söllner, S. 1251, 1256 f.

115 *Corzelius*, Grundlagen, S. 16; *Waltermann*, FS Söllner, S. 1251, 1257 f.; *Waltermann*, Arbeitsrecht, S. 235; *Waltermann*, ZfA 2000, 53, 65.

116 *Waltermann*, FS Söllner, S. 1251, 1257.

117 Vgl. dazu oben: B.III.2.b)cc).

118 ErfK/*Franzen*, TVG, § 1 Rn. 7.

119 *Ricken*, Autonomie und tarifliche Rechtsetzung, S. 112.

120 *Greiner*, ZfA 2017, 309, 313.

Fall wäre die Tarifbindung komplett losgelöst vom Mitgliederstatus der Tarifunterworfenen. Dies entspricht aber nicht dem geltenden Gesetzesrecht, welches eben auch privatrechtliche Anknüpfungspunkte sucht, weil es hinsichtlich der Normenwirkung grundsätzlich auf die Mitgliedschaft im Berufsverband abstellt, vgl. §§ 3 Abs. 1, 4 Abs. 1 TVG. Die Delegationslehre ignoriert die privatautonomen Ansätze des Gesetzes und widerspricht dem hybrid ausgestalteten System des Tarifwesens.[121]

Auch das Verständnis der Normsetzungsbefugnis als rein kollektiv ausgeübte Privatautonomie hat eine entscheidende Schwachstelle: Sofern der Verbandsbeitritt als maßgeblich legitimierender Faktor der Rechtsetzungsbefugnis herangezogen wird, lässt sich die normative Bindung von Außenseitern nicht hinreichend erklären, da hier ein Abstellen auf den Verbandsbeitritt eben nicht möglich ist.[122] Die Tarifvertragsparteien können nur ihre eigenen Mitglieder der Tarifbindung unterwerfen – eine andere Sichtweise stünde der negativen Koalitionsfreiheit entgegen.[123] Im Gesetz finden sich jedoch an diversen Stellen Außenseiterwirkungen, siehe etwa die Allgemeinverbindlicherklärung in § 5 TVG. Die Erstreckung der Tarifgeltung auf Dritte lassen sich ausschließlich über staatliche Delegation, einer staatlichen Anerkennung privatautonomer Rechtsgestaltung oder staatlicher Anordnung rechtfertigen.[124] Hierbei unterliegt der Eingriff in die Sphäre des Außenseiters einer strikten Verhältnismäßigkeitsbindung – wie es beim staatlichen Gesetzgeber der Fall wäre.[125]

Gegen die Legitimationslehre spricht zudem, dass sie sich ausschließlich auf die Unterwerfungserklärung der Mitglieder, welche einen reinen privatrechtlichen Charakter aufweist, beschränkt; der Verbandsbeitritt soll in jedem Fall einen entscheidenden legitimierenden Faktor begründen, jedoch schenkt dieser Ansatz der Tatsache zu wenig Beachtung, dass der durch die Koalitionsfreiheit gewährleistete Autonomiebereich vor allem der Staatsfreiheit der Tarifvertragsparteien dient und somit den Fokus auch auf den kollektiven Teil der Koalitionsfreiheit legen sollte.[126] Sofern die mitgliedschaftliche Legitimation als alleiniger

---

121 Hierzu sogleich; maßgeblich hierzu: *Greiner*, ZfA 2017, 309, 313; *Greiner*, Rechtsfragen, S. 99 ff.; siehe auch: *Söllner*, RdA 1989, 144, 149.

122 *Waltermann*, Arbeitsrecht, S. 236.; *Waltermann*, FS Söllner, S. 1251, 1269; *Corzelius*, Grundlagen, S. 18 ff.; *Ricken*, Autonomie und tarifliche Rechtsetzung, S. 109.

123 *Scholz*, RdA 2001, 193, 195.

124 *Greiner*, ZfA 2017, 309, 315; *Greiner*, Rechtsfragen, S. 100; *Richardi*, ZfA 2003, 655, 661; *Scholz*, RdA 2001, 193, 195; *Giesen*, ZfA 2016, 156, 160 f.

125 *Greiner*, ZfA 2017, 315.

126 ErfK/*Franzen*, TVG, § 1 Rn. 6.

Geltungsgrund für die Normsetzungsbefugnis herangezogen wird, wird zudem verkannt, dass mit der Tarifautonomie nicht nur der Wille und der Schutz der eigenen Mitglieder verwirklicht werden soll, sondern den Tarifparteien auch eine Ordnungsfunktion auferlegt wird, mit der sie die Interessen der Arbeitnehmer und Arbeitgeber repräsentieren, da sie die Arbeitsbedingungen insgesamt prägen[127] – weil etwa in Arbeitsverträgen individualrechtlich auf Tarifverträge Bezug genommen wird oder Tarifverträge für allgemeinverbindlich erklärt werden und somit auch nichtorganisierte Arbeitnehmer von der Tarifwirkung erfasst werden können.

Gegen die Legitimationstheorie spricht zudem, dass sie nicht undifferenziert auf verbandsangehörige Arbeitgeber übertragen werden kann. Dies hängt mit der Möglichkeit des Arbeitskampfes zusammen: Problematisch ist insofern, dass auf Arbeitgeberseite die Entscheidung, einen Tarifvertrag zu schließen, durch Arbeitskampf erstritten werden kann und dieser – wenn auch rechtmäßige Zwang – bewirkt, dass der Tarifvertragsabschluss nicht mehr viel mit kollektiv ausgeübter Privatautonomie zu tun hat.[128] Man kann für die Arbeitgeberseite daher nicht pauschal behaupten, dass der Beitritt zum Arbeitgeberverband die Tarifnormsetzung unmittelbar legitimieren würde, da die Folgen des Arbeitskampfes diese privatautonome Entscheidung ersetzen können – beim nicht verbandsangehörigen Arbeitgeber kann ein Verbandsbeitritt außerdem naturgemäß nicht Anknüpfungspunkt sein.[129] Zutreffend beschreibt *Greiner* dies als „*Überinterpretation der Beitrittserklärung*".[130] In derartigen Konstellationen (Erzwingung eines Tarifvertrages durch Arbeitskampf) entspricht die tarifliche Normsetzung mit der Zwangswirkung des § 4 Abs. 1 TVG charakteristisch eher eingreifender staatlicher Gesetzgebung – sie kann daher nicht mit der Legitimationslehre, sondern nur mit einem delegatorischen Ansatz erklärt werden.[131] Auch auf Arbeitnehmerseite kann in bestimmten Fällen von einer Überinterpretation der Beitrittserklärung ausgegangen werden: Durch Tarifvertrag ist nämlich auch die Unterschreitung gesetzlicher Mindeststandards möglich (z.B. die Verlängerung der Arbeitszeit, siehe § 7 Abs. 1 Nr. 1 a ArbZG); es kann nicht davon ausgegangen werden, dass Arbeitnehmer diese Unterschreitung durch

127 *Waltermann*, Arbeitsrecht, S. 236.

128 Grundlegend hierzu: *Greiner*, Rechtsfragen, S. 100 f.; sich dem Gedanken anschließend: *Corzelius*, Grundlagen, S. 21 f.

129 *Greiner*, Rechtsfragen, S. 101.

130 *Greiner*, Rechtsfragen, S. 101.

131 *Greiner*, Rechtsfragen, S. 100 f.; *Corzelius*, Grundlagen, S. 22.

Beitritt pauschal legitimieren würden.[132] Zudem ist zweifelhaft, ob mit der bloßen Beitrittserklärung auch der Abschluss künftiger Tarifverträge gerechtfertigt werden kann oder sich die Erklärung ausschließlich auf die bestehenden Tarifverträge bezieht.[133] In soeben bezeichneten Konstellationen kann ebenfalls nur der delegatorische Ansatz die Normenwirkung hinreichend erklären.

(v) Eigene Ansicht

Der in der Literatur zunehmend Beachtung findenden Kombinationslehre soll hier gefolgt werden, da sie eher dem als Mischsystem ausgestalteten Tarifvertragsrecht[134] entspricht. Dieses zeichnet sich schon in der Regelung des § 3 TVG ab – während Abs. 1 einen privatautonomen Ansatz (im Sinne einer mitgliedschaftlich legitimierten Normsetzung) verfolgt, weist die Nachbindungsregelung nach Abs. 3 einen delegatorischen Ansatz auf.[135] Außerdem beseitigt sie die Angriffspunkte, die dem delegatorischen Ansatz und dem rein privatautonomen Ansatz anhaften. Die Kombinationslehre berücksichtigt hinreichend, dass der Gesetzgeber die Entscheidung über eine Tarifbindung in erster Linie bei den Verbandsmitgliedern belässt, die sich im Grunde erst mit dem Beitrittsakt der Normsetzung unterwerfen (privatautonomer Ansatz). Sie vermag aber auch die Kritikpunkte zu überwinden, die gegen den rein privatautonomen Ansatz sprechen. So verhält es sich etwa mit der Außenseiterproblematik, da die Normenwirkung nach der Kombinationslehre aufgrund staatlichen Geltungsbefehls bewirkt wird.[136] Die autonome Rechtsetzung kann eben nur die eigenen Mitglieder binden – sofern Dritte erfasst werden sollen, bedarf es einer staatlichen Anerkennung oder der staatlichen Anordnung (siehe etwa die Allgemeinverbindlicherklärung nach § 5 TVG oder die Rechtsverordnung nach § 7 Abs. 1 AEntG). Die Kombinationstheorie berücksichtigt in hinreichendem Maße, dass Legitimation und staatliche Delegation sich gegenseitig insbesondere dort ergänzen, wo die Normsetzungsbefugnis nicht allein auf die eine oder andere Theorie gestützt werden kann. Dies gilt etwa für Fälle der tariflichen Unterschreitung gesetzlicher Mindeststandards, wo die Legitimationslehre als Geltungsgrund an ihre Grenzen gerät, da die Unterwerfungserklärung der

---

132 *Greiner*, Rechtsfragen, S. 101 f.

133 Däubler/*Ulber*, TVG, Einleitung Rn. 256 ff.; *Preis/Greiner*, Kollektivarbeitsrecht, § 101 Rn. 888.

134 *Greiner*, ZfA 2017, 309, 313; *Greiner*, Rechtsfragen, S. 99 ff.

135 *Greiner*, ZfA 2017, 309, 313.

136 *Waltermann*, Arbeitsrecht, S. 238.

Arbeitnehmer in der Regel den Abschluss schlechterer Arbeitsbedingungen nicht beinhaltet.

Dennoch bedarf auch der vermittelnde Ansatz einer Spezifizierung, sofern der bloße Verbandsbeitritt einen der zwei entscheidenden Geltungsgründe für die Rechtsetzung darstellen soll. An dieser Stelle soll der Fokus auf die Verbandssatzung gerichtet werden: Der Beitrittsakt weist zwar einen erheblichen legitimierenden Faktor für die Rechtsetzung auf, jedoch kann er nicht losgelöst von der Satzung der Verbände betrachtet werden. Richtig ist, dass der Verbandsbeitritt als Unterwerfungserklärung die Normsetzungsbefugnis der Tarifvertragsparteien legitimieren kann. Dies kann jedoch nur dann gelten, wenn der Wille zum Tarifabschluss (Tarifwilligkeit als Teil der Tariffähigkeit[137]) sowie die Reichweite der Rechtsetzungsmacht (vorab festgelegter Organisationsbereich – Tarifzuständigkeit[138]) dem einzelnen Verbandsmitglied bekannt sind, das heißt aus der Satzung des Berufsverbandes hervorgehen, weil sie dort manifestiert sind. Die Verbandsmitglieder müssen schon zum Zeitpunkt des Verbandsbeitritts wissen bzw. die Möglichkeit der Kenntnisnahme darüber haben[139], ob der Verband, in den sie eintreten werden, willens ist, Tarifverträge zu schließen und sie sich in dieser Folge der tariflichen Normsetzung kraft Mitgliedschaft unterwerfen. Sie müssen auch wissen, ob die Verbände im gewünschten Organisationsbereich Tarifverträge schließen werden. Die Kenntnis bzw. die Möglichkeit der Kenntnisnahme über diese Umstände ist umso wichtiger, wenn der Beitrittsakt als Unterwerfungserklärung auch künftige Tarifverträge legitimieren soll.[140] Zudem ist zu beachten, dass die Tarifparteien auch belastende Regelungen für

137 Dazu ausführlich: C.VI.

138 Dazu ausführlich: C.III.

139 Nicht erforderlich ist, dass das betreffende Mitglied die Satzung positiv kennt. Dem Transparenzerfordernis genügt, wenn eine Kenntnisnahmemöglichkeit besteht, vgl. hierzu: B.IV.3.a)dd).

140 Kritisch: Däubler/*Ulber*, TVG, Einleitung Rn. 256 ff., wonach die Legitimation durch Verbandsbeitritt ausschließlich bereits bestehende Tarifverträge, aber niemals den Abschluss künftiger Tarifverträge legitimieren kann, da unvorhersehbare Sachverhalte und Rechtsfolgen eingeschlossen sind. Dieses Argument kann jedoch nach hiesiger Auffassung nicht vollumfänglich überzeugen, wenn man den vermittelnden Ansatz (Kombinationslehre) zu Grunde legt. Für künftige Tarifverträge kann der delegatorische Ansatz der Kombinationslehre diese Problematik überwinden, der in solchen Konstellationen prägnanter hervortritt als der privatautonome Geltungsgrund. Wie soeben dargelegt, ist die Zweiteilung im Rahmen des vermittelnden Ansatzes nämlich nicht allzu strikt zu verstehen.

den einzelnen Arbeitnehmer vereinbaren können. Die Zulässigkeit einer Einwilligung in eine Grundrechtsbeeinträchtigung hängt aber entscheidend davon ab, dass das Eingriffssubjekt diesen Eingriff kennt und legitimiert – völlig unbekannte Inhalte der tariflichen Normen können durch den Verbandsbeitritt nicht legitimiert werden.[141] Nur wenn das Verbandsmitglied schon bei Verbandsbeitritt über alle wesentlichen Umstände (wie über die Tarifwilligkeit und die Tarifzuständigkeit) vollumfänglich informiert ist oder sich über die Satzung hierüber informieren kann, kann davon ausgegangen werden, dass es sich der Tarifmacht der Verbände freiwillig unterworfen hat. Diese Aufgabe wird den Verbandssatzungen als Plattform der Informationserteilung zugewiesen, daher haben sie gewissen Transparenzanforderungen zu genügen.

Ein pauschaler Verweis auf den Verbandsbeitritt als legitimierendes Element der Rechtsetzung kann daher nicht in jedem Falle gelten. Dies gilt umso mehr, wenn man die bundesarbeitsgerichtliche Rechtsprechung zur Tarifwilligkeit und Tarifzuständigkeit zu Grunde legt, wonach die normative Wirkung eines Tarifvertrages entfallen kann, wenn die Voraussetzungen einer transparenten und bestimmten satzungsrechtlichen Fixierung der Tarifwilligkeit oder Tarifzuständigkeit nicht vorliegen oder ein Verband seine satzungsmäßig definierte Tarifzuständigkeit überschritten hat. Dies wird in dieser Arbeit im Rahmen der Fallbeispiele noch schwerpunktmäßig ausgearbeitet werden. Es soll aber jetzt schon angedeutet werden, wieso die Systemfrage, ob es sich bei der Normsetzung um staatlich delegierte Hoheitsgewalt oder auch um kollektiv ausgeübte Privatautonomie handelt, bei der auch dem Verbandsbeitritt eine entscheidende Rolle beigemessen wird, von Relevanz für die Außenwirkung von Satzungsverstößen oder unzulässiger Satzungsgestaltungen ist.

(vi) Fazit

Klarzustellen bleibt, dass nach hiesiger Auffassung die mitgliedschaftliche Legitimation neben dem staatlichen Geltungsbefehl ein wesentliches Element und Grundlage der tariflichen Normsetzung ist. Im Rahmen der Untersuchung der Fallbeispiele im zweiten Teil dieser Arbeit wird diese mitgliedschaftliche Legitimation an diversen Stellen noch einmal aufgegriffen. Vor dem Hintergrund der legitimierenden Wirkung des Beitrittsaktes wird auch die Verbandssatzung eine erhebliche Rolle spielen, da dieser Aufschluss über die Reichweite der tariflichen Normsetzungsmacht gibt. Hieraus ergeben sich erhöhte Transparenzanforderungen an die Ausgestaltung der Verbandssatzung, aber auch erhöhte

141 Däubler/*Ulber*, TVG, Einleitung Rn. 256.

Voraussetzungen an die Wirksamkeit von Tarifverträgen. Der Streitentscheid ist daher von enormer praktischer Bedeutung.

c) Ausgestaltung, Eingriff und Rechtfertigung

aa) Koalitionsfreiheit als ausgestaltungsbedürftiges Grundrecht

Die Koalitionsfreiheit ist ein ausgestaltungsbedürftiges Grundrecht.[142] Die Regelung der Arbeits- und Wirtschaftsbedingungen ist den Koalitionen nach Art. 9 Abs. 3 GG und dem Gesetzgeber in Art. 74 Abs. 1 Nr. 12 GG zugewiesen. Ein ausgestalterisches Tätigwerden des Gesetzgebers dient der Schaffung von Regeln, die es den Grundrechtsträgern erlauben, das Freiheitsrecht wahrzunehmen[143] – dies gilt insbesondere für den Bereich der Tarifautonomie – hier ist der Gesetzgeber im Wege des TVG tätig geworden.[144] Der Staat kann sogar zur Ausgestaltung des Grundrechts verpflichtet sein und zwar dann, wenn sie zur Wahrnehmung des durch die Koalitionsfreiheit gewährleisteten Schutzbereiches unerlässlich ist.[145] Der Gesetzgeber ist aufgefordert, das Tarifvertragssystem sachgemäß fortzubilden.[146] Die Ausgestaltung von staatlicher Seite ist vor allem dann erforderlich, soweit es die Beziehungen zwischen Trägern widerstreitender Interessen zum Gegenstand hat, und insbesondere dann, wenn das Verhältnis der Tarifvertragsparteien zueinander berührt ist, da sie beide vom Schutzumfang des Art. 9 Abs. 3 GG erfasst sind, aber bei der Ausübung des Grundrechts in Gegnerschaft bzw. in „*scharfem Gegensatz*" zueinander stehen.[147] Daher bedarf es koordinierender Regelungen, die die Gewähr dafür bieten, „*dass die aufeinander bezogenen Grundrechtspositionen trotz ihres Gegensatzes nebeneinander bestehen können.*"[148] In erster Linie ist die nähere Ausgestaltung der Koalitionsfreiheit Aufgabe der Gesetzgebung.[149] Sofern der Gesetzgeber dieser Aufgabe

142 BVerfG 26.3.2014 – 1 BvR 3185/09, NZA 2014, 493, 494, gemeint ist hierbei die Ausgestaltung auf Schutzbereichsebene.

143 BVerfG 10.1.1995 – 1 BvF 1/90, 1 BvR 342, 348/90, NZA 1995, 272, 273.

144 *Waltermann*, Arbeitsrecht, S. 219.

145 Sachs/*Höfling*, GG, Art. 9 Rn. 80; *Waltermann*, Arbeitsrecht, S. 219.

146 BVerfG 1.3.1979 – 1 BvR 532, 533/77, 419/78, 1 BvL 21/78, NJW 1979, 699, 709; siehe auch: ErfK/*Linsenmaier*, Art. 9 GG Rn. 83.

147 BVerfG 26.6.1991 – 1 BvR 779/85, NJW 1991, 2549, 2550; 2.3.1993 – 1 BvR 1213/85, NJW 1993, 1379, 1380; 26.3.2014 – 1 BvR 3185/09, NZA 2014, 493, 494 f.

148 BVerfG 2.3.1993 – 1 BvR 1213/85, NJW 1993, 1379, 1380.

149 BVerfG 26.3.2014 – 1 BvR 3185/09, NZA 2014, 493, 495.

nicht nachkommt, liegt es in der Zuständigkeit der Gerichte einen wirksamen Ausgleich zu schaffen – so erläuterte einst das BVerfG:

> *„Die Gerichte sind nicht aus verfassungsrechtlichen Gründen gehindert, die Ausgestaltung der Koalitionsfreiheit vorzunehmen, weil dies allein Sache des Gesetzgebers wäre. Zwar ist es Aufgabe des Gesetzgebers, die Koalitionsfreiheit näher auszugestalten. Soweit es um das Verhältnis der Parteien des Arbeitskampfes als gleichgeordnete Grundrechtsträger geht, muss diese Ausformung nicht zwingend durch gesetzliche Regelungen erfolgen […]. Die Gerichte sind auf Grund des aus dem Rechtsstaatsprinzip abgeleiteten Justizgewährleistungsanspruchs verpflichtet, wirkungsvollen Rechtsschutz zu bieten […]. Sie müssen bei unzureichenden gesetzlichen Vorgaben mit den anerkannten Methoden der Rechtsfindung aus den bestehenden Rechtsgrundlagen ableiten, was im Einzelfall gilt […]. Entschieden die Gerichte für Arbeitssachen arbeitskampfrechtliche Streitigkeiten mit Hinweis auf fehlende gesetzliche Regelungen nicht, verhielten sie sich ihrerseits verfassungswidrig.“*[150]

Insbesondere dort, wo gesetzliche Regelungen wegen einer verfassungsrechtlichen Schutzpflicht notwendig aber nicht vorhanden sind, können die Gerichte aktiv werden – ansonsten können sie nicht *„die ihnen vom Grundgesetz auferlegte Pflicht erfüllen, jeden vor sie gebrachten Rechtsstreit sachgerecht zu entscheiden.“*[151] Daher dürfen Gerichte die maßgebenden Grundsätze selber entwickeln, um Lücken unzureichender Gesetzgebung zu schließen.[152] Diese Rechtsansicht widerspricht auch nicht der eigens vom BVerfG entwickelten Wesentlichkeitstheorie, wonach es in grundlegenden normativen Bereichen, dem Gesetzgeber vorbehalten ist, die wesentlichen Entscheidungen selbst zu treffen.[153] Dieser Grundsatz gilt nämlich nur im Verhältnis zwischen dem Staat und dem Bürger, da der Staat im Rahmen von Eingriffen in grundrechtliche Freiheitssphäre dem Vorbehalt des Gesetzes unterliegt.[154] Soweit es allerdings um das Verhältnis gleichgeordneter Grundrechtsträger geht, hindert die Wesentlichkeitstheorie die Gerichte nicht an der Ausgestaltung des Grundrechts der Koalitionsfreiheit.[155]

Ausgestaltungen der Koalitionsfreiheit seitens der Gerichte auf Schutzbereichsebene finden sich etwa im Rahmen der Voraussetzungen der Tariffähigkeit.[156] Um überhaupt wirksame Tarifverträge schließen zu können, müssen die

150 BVerfG 26.3.2014 – 1 BvR 3185/09, NZA 2014, 493, 495.
151 BVerfG 26.6.1991 – 1 BvR 779/85, NJW 1991, 2549, 2550; 2.3.1993 – 1 BvR 1213/85, NJW 1993, 1379, 1380.
152 BVerfG 26.6.1991 – 1 BvR 779/85, NJW 1991, 2549, 2550.
153 Siehe etwa BVerfG 8.8.1978 – 2 BvL 8/77, NJW 1979, 359, 360.
154 BVerfG 26.6.1991 – 1 BvR 779/85, NJW 1991, 2549, 2550.
155 BVerfG 26.6.1991 – 1 BvR 779/85, NJW 1991, 2549, 2550.
156 Umstritten: vgl. dazu: C.VI.5.a).

Koalitionen eine Reihe von Mindestvoraussetzungen erfüllen, die die Rechtsprechung aufgestellt hat, um die Zuverlässigkeit und Verantwortlichkeit der zur Normsetzung befugten Berufsverbände zu gewährleisten.[157] Da weder der Verfassungsgeber noch der einfache Gesetzgeber hierzu ihre Ausgestaltungsbefugnis in Anspruch genommen haben, sind die Gerichte befugt die Voraussetzungen näher zu konkretisieren, um nur solchen Koalitionen die Teilnahme an der Tarifautonomie zu gewähren, „*die in der Lage sind, den von der staatlichen Rechtsordnung freigelassenen Raum des Arbeitslebens durch Tarifverträge sinnvoll zu gestalten, um so die Gemeinschaft sozial zu befrieden.*“[158]

Ein weiteres Beispiel findet sich im richterrechtlich entwickelten Merkmal der Tarifzuständigkeit als Wirksamkeitsvoraussetzung von Tarifverträgen.[159] Der Geschäftsbereich, innerhalb dessen ein Verband Tarifverträge schließen möchte, muss die Tarifvertragspartei vorab in eindeutig zu bestimmender Weise in ihrer Satzung festlegen. Die satzungsgemäße Festlegung der Tarifzuständigkeit dient vornehmlich den Verbandsmitgliedern, um sie vor Tarifmacht zu schützen, da sie sich mit dem Verbandsbeitritt dieser unterwerfen und daher wissen müssen bzw. zumindest die Möglichkeit haben müssen zu erfahren, wie weit die Normsetzungsbefugnis greift.

Auch in den von der Rechtsprechung entwickelten Satzungsvoraussetzungen, die an die Wirksamkeit einer OT-Mitgliedschaft gestellt werden, findet sich ein weiteres Beispiel eines ausgestalterischen Tätigwerdens der Rechtsprechung.[160] Diese hat die Judikatur zum Zwecke eines funktionierenden Tarifwesens geschaffen, um auf beiden Seiten des Tarifvertrages Verhandlungsparität zu ermöglichen. Dieses noch zu besprechende Beispiel liefert auch die Erkenntnis, dass die Ausgestaltung sich nicht in einem einmaligen Tätigwerden erschöpft, sondern die Veränderung der wirtschaftlichen und sozialen Bedingungen berücksichtigt werden müssen.[161] Mit den Satzungsanforderungen an die Zulässigkeit von OT-Mitgliedschaften hat die Rechtsprechung auf das Wachstum der Anzahl der

157 Siehe zum Beispiel: BAG 31.1.2018 – 10 AZR 695/16 (A), NZA 2018, 876, 878; 14.12.2010 – 1 ABR 19/10, NZA 2011, 289, 295; HMB/*Greiner*, Der Tarifvertrag, Teil 2, Rn. 33, 40; mehr hierzu unter: C.VI.2.

158 BVerfG 20.10.1981 – 1 BvR 404/78, NJW 1982, 815, 816.

159 Vgl. dazu: C.III.

160 Vgl. dazu: C.V.4.

161 Siehe etwa: Wiedemann/*Wiedemann*, TVG, 7. Aufl., Einl. Rn. 102: „*Die Ausgestaltung ist keine einmalige Maßnahme; der staatliche Gesetzgeber bleibt berechtigt und verpflichtet, die bestehenden Regelungen an veränderte wirtschaftliche und soziale Bedingungen anzupassen.*“

OT-Mitgliedschaften reagiert, mit der zunehmend die Gefahr eines ungleichgewichtigen Aushandelns der Tarifverträge einherging, solange OT-Mitglieder – aufgrund der durch Satzung eröffneten Möglichkeit – in den Tarifverhandlungen unmittelbaren Einfluss ausüben konnten.

Wie der staatliche Gesetzgeber müssen sich auch die Gerichte im Rahmen der Ausgestaltung der Koalitionsfreiheit an gewisse Grundsätze halten und sich dabei am Normenziel von Art. 9 Abs. 3 GG orientieren.[162] Zwar wird ihnen ein weiter Handlungsspielraum bei der Ausgestaltung zugetraut – Grenzen finden sich aber im objektiven Gehalt der Koalitionsfreiheit.[163] Das bedeutet, dass der Grundsatz gewahrt bleiben muss, wonach die Tarifparteien ihre Angelegenheiten weiterhin selbstverantwortlich und ohne staatliche Einflussnahme regeln können – die Autonomie der Tarifparteien muss in hinreichendem Maße bestehen bleiben.[164]

Zusammengefasst kommt den Gerichten durch richterliche Rechtsfortbildung die Aufgabe zu, Schutzlücken des einfachen Rechts zu schließen, um dem Justizgewährleistungsanspruch gerecht zu werden. Die Rechtsprechung trifft praktisch die Pflicht, gesetzesvertretend tätig zu werden.[165] Die Rechtsfortbildung wird im Rahmen dieser Ausarbeitung insbesondere dann relevant, wenn das Gericht konkrete Satzungsanforderungen zum Schutz der Mitglieder der Berufsverbände aufstellt.

bb) Abgrenzungsschwierigkeiten: Ausgestaltung oder Eingriff?

Die Betätigungsfreiheit der Koalitionen ist zwar vorbehaltlos aber nicht schrankenlos gewährleistet, da sie den verfassungsimmanenten Schranken unterliegt, soweit sie mit anderen Rechtsgütern kollidiert, denen ebenfalls Verfassungsrang zukommt.[166] Gegenstand umfassender juristischer Diskussionen ist die Frage nach der Abgrenzung, ob ein staatliches Agieren noch eine Ausgestaltung des Grundrechts oder schon ein Eingriff ist. Insbesondere mit Blick auf die Tarifautonomie besteht aufgrund der Doppelrolle des Gesetzgebers einerseits ein funktionierendes Tarifsystem zu schaffen, um den Koalitionen einen Freiraum

162 BVerfG 10.1.1995 – 1 BvF 1/90, 1 BvR 342/901, BvR 348/90, DB 1995, 483.

163 BVerfG 4.7.1995 – 1 BvF 2/86, 1 BvF 1/87, 1 BvF 2/87, 1 BvF 3/87, 1 BvF 4/87, 1 BvR 1421/86, NZA 1995, 754, 756.

164 BVerfG 4.7.1995 – 1 BvF 2/86, 1 BvF 1/87, 1 BvF 2/87, 1 BvF 3/87, 1 BvF 4/87, 1 BvR 1421/86, NZA 1995, 754, 756.

165 ErfK/*Linsenmaier*, Art. 9 GG Rn. 86.

166 BAG 25.1.2005 – 1 AZR 657/03, NJW 2005, 1596, 1597 f.

autonomer Rechtsgestaltung zu ermöglichen und andererseits diesen ausgestalteten Autonomiebereich zu respektieren[167], eine enorme Schwierigkeit, staatliches Handeln richtig einzuordnen. Die Problematik haftet allen normgeprägten Grundrechten an.

Diese Arbeit hat nicht den Anspruch eine umfassende Darstellung der Meinungsstreitigkeiten darzulegen. Obwohl davon ausgegangen werden kann, dass sich eine einheitliche Lösung noch nicht etabliert hat, hat man den Eindruck, dass diese Diskussion weniger geworden und abgekühlt ist und das wissenschaftliche Interesse an einer einvernehmlichen Lösung etwas nachgelassen hat. Dies hat mit Sicherheit auch damit zu tun, dass das BVerfG in seiner jüngeren Judikatur dazu tendiert, dieser Abgrenzung keine allzu große Bedeutung mehr beizumessen. Vielmehr stellt das BVerfG häufig eine freie Rechtsprüfung an, ohne in jedem Falle eine klare Konkretisierung hinsichtlich der Frage vorzunehmen, ob es sich bei einem konkreten staatlichen Handeln um eine Ausgestaltung der Koalitionsfreiheit oder einen Eingriff in das Grundrecht handelt. Dies fällt beispielsweise auf, wenn es im Zusammenhang mit einer Ausgestaltung der Koalitionsfreiheit von einschränkenden Regelungen spricht[168] oder eine Ausgestaltung am Verhältnismäßigkeitsmaßstab prüft.[169]

Die genaue Einordnung spielt für die verfassungsrechtliche Beurteilung wohl kaum noch eine große Rolle, denn auch wenn man eine konkrete staatliche Einmischung in das Grundrecht als Ausgestaltung bewertet, so muss diese trotz alledem dem verfassungsrechtlich vorgegebenen Rahmen gerecht werden.[170] Sowohl Ausgestaltungen als auch Eingriffe müssen den Grundsatz der Verhältnismäßigkeit wahren.[171] Im Rahmen einer Ausgestaltung ist der Gesetzgeber an die verfassungsimmanenten Schranken des Art. 9 Abs. 3 GG gebunden – dabei muss er kollidierende Verfassungsgüter anhand der Grundsätze der praktischen

---

167 ErfK/*Linsenmaier*, Art. 9 GG Rn. 82.

168 BVerfG 14.11.1995 – 1 BvR 601/92, NZA 1996, 381, 382; 7.7.2010 – 4 AZR 549/08, NZA 2010, 1068, 1976; *Papier/Krönke*, ZfA 2011, 807, 829.

169 BVerfG 11.7.2017 – 1 BvR 1571/15, 1 BvR 1588/15, 1 BvR 2883/15, 1 BvR 1043/16, 1 BvR 1477/16, NZA 2017, 915, 918 f.

170 *Greiner*, NZA 2015, 769, 771; kritisch etwa: HMB/*Engels*, Der Tarifvertrag, Teil 1 Rn. 15, der angesichts der Tatsache, dass Grundrechtsausgestaltung und Grundrechtseingriff in einem Verhältnis strenger Exklusivität stehen, eine präzise Abgrenzung auch für die Koalitionsfreiheit fordert.

171 *Poscher*, RdA 2017, 235, 237, der im Übrigen auch feststellt, dass das BVerfG den Verhältnismäßigkeitsgrundsatz bereits in Bezug auf eine Ausgestaltung des Grundrechts angewandt hat, siehe: BVerfG 2.12.1987 – 1 BvR 1291/85, NJW 1988, 1255.

Konkordanz abwägen und das Gebot des nach allen Seiten hin schonendsten Ausgleichs berücksichtigen.[172] Sofern die Rechtsprechung im Rahmen einer Rechtsfortbildung tätig wird, hat sie diese Grundsätze zu wahren. Wegen der Abgrenzungsschwierigkeit ist es zweckmäßig Ausgestaltungen des Grundrechts wie einen rechtfertigungsbedürftigen Eingriff zu prüfen.[173] Es bietet sich folglich an, den Fokus nicht allzu sehr auf die Intensität der Beeinträchtigung, sondern auf das beeinträchtigte Rechtsgut[174] oder gar auf die Zwecke des staatlichen Handelns zu legen.[175] Sofern diesbezüglich also eine Abgrenzung versucht werden soll, hat sich zumindest für den Bereich der Tarifautonomie das Bild ergeben, dass das BVerfG[176] überwiegend von einer Ausgestaltung spricht, wenn es ihm darum geht, die Regelungen der Beziehungen von Trägern widerstreitender Interessen aufzustellen[177] oder für die Grundrechtsträger ein funktionierendes Tarifvertragssystem zu gewährleisten.[178] Dies hat vor allem den Hintergrund, dass der Staat schon im Rahmen der Ausgestaltung das Untermaßverbot berücksichtigen muss – die Ausgestaltung ist nicht dem rechtspolitischen Belieben überlassen, sondern eine verfassungsmäßige Pflicht Funktionsdefizite und Störungen nicht hinzunehmen.[179]

cc) Funktionsfähigkeit der Tarifautonomie

Wie bereits ausgeführt, hat der Gesetzgeber die Befugnis zur Ausgestaltung der Koalitionsfreiheit, vor allem dort, wo es um das Verhältnis der Tarifvertragsparteien zueinander geht. Er soll Rechtsinstitute und Normenkomplexe setzen, die dem Handeln der Koalitionen – insbesondere der Tarifautonomie – Geltung verschaffen.[180] Der Staat ist zur Intervention befugt, wo es struktureller Voraussetzungen bedarf, um zu ermöglichen, dass Tarifverhandlungen einen fairen

172 *Scholz/Lingemann/Ruttloff*, NZA-Beilage 2015, 3, 4.

173 *Poscher*, RdA 2017, 235, 237.

174 *Hromadka*, NZA 2018, 961, 962.

175 *Papier/Krönke*, ZfA 2011, 807, 832.

176 BVerfG 1.3.1979 – 1 BvR 532, 533/77, 419/78, 1 BvL 21/78, NJW 1979, 699, 709; 11.7.2017 – 1 BvR 1571/15, 1 BvR 1588/15, 1 BvR 2883/15, 1 BvR 1043/16, 1 BvR 1477/16, NZA 2017, 915, 918.

177 Vgl. dazu bereits: B.III.2.c)aa); BVerfG 2.3.1993 – 1 BvR 1213/85, NJW 1993, 1379, 1380; *Papier/Krönke*, ZfA 2011, 807, 831 f.

178 *Wiedemann*, NZA 2018, 1587, 1588.

179 ErfK/*Linsenmaier*, Art. 9 GG Rn. 86.

180 BVerfG 11.7.2017 – 1 BvR 1571/15, 1 BvR 1588/15, 1 BvR 2883/15, 1 BvR 1043/16, 1 BvR 1477/16, NZA 2017, 915, 918.

Ausgleich schaffen und angemessene Wirtschafts- und Arbeitsbedingungen hervorbringen können.[181] Die Tarifautonomie erschöpft sich nämlich nicht in einer Aneinanderreihung der kollektiven Koalitionsfreiheiten – ihr Inhalt muss durch den Staat koordiniert, strukturiert und in die Gesamtrechtsordnung integriert werden.[182] Ein funktionierendes Tarifvertragssystem ist deshalb für die Koalitionen so essenziell, weil es ihre Existenz sichert, da ihre Attraktivität entscheidend von ihren tariflichen Erfolgen abhängt.[183] Nur wenn gesichert werden kann, dass die autonome Rechtsetzungsbefugnis weder gestört noch konterkariert wird, können Tarifparteien die erforderlichen Regelungen der Arbeits- und Wirtschaftsbedingungen sinnvoll vereinbaren.[184]

Umgekehrt korreliert mit der Gewährleistung der Tarifautonomie aber auch, dass auf staatlicher Seite ein gewisser Kontrollverlust stattfindet, der einerseits mit einem Missbrauch der Tarifmacht und andererseits mit minderwertiger Rechtsetzung einhergehen kann, die den Anforderungen an zuverlässige und verantwortungsvoll agierende Tarifparteien nicht entspricht.[185] Hervorzuheben ist nämlich, dass die Tarifautonomie zwei verschiedene Rechtsverhältnisse gewährleistet – in einem sind Koalitionen von staatlicher Rechtsetzung betroffen und im anderen Verhältnis sind sie selbst Normengeber.[186] Der Staat soll mithin nicht nur tätig werden, wenn es darum geht, den Koalitionen einen Freiraum autonomer Rechtsetzung zu gewährleisten. Er ist vielmehr auch verpflichtet, die Qualität der Tarifnormen, die die Tarifparteien hervorbringen, zu sichern. Die Tarifautonomie darf deshalb nur solchen Koalitionen zustehen, die in der Lage sind, den von der staatlichen Rechtsordnung frei gelassenen Raum des Arbeitslebens durch Tarifverträge sinnvoll zu gestalten.[187] Tarifverträge genießen gegenüber den einzelnen Arbeitsverträgen nach den Worten des BAG ein „*größeres Richtigkeitsvertrauen*“ und bieten materielle „*Richtigkeitsgewähr*“.[188]

---

181 BVerfG 11.7.2017 – 1 BvR 1571/15, 1 BvR 1588/15, 1 BvR 2883/15, 1 BvR 1043/16, 1 BvR 1477/16, NZA 2017, 915, 918.

182 ErfK/*Linsenmaier*, Art. 9 GG Rn. 54.

183 ErfK/*Linsenmaier*, Art. 9 GG Rn. 52.

184 BVerfG 3.4.2001 – 1 BvL 32/97, NZA 2001, 777, 778.

185 HMB/*Greiner*, Der Tarifvertrag, Teil 2 Rn. 33; *Stoppelmann*, Tariffähigkeit und Tarifzuständigkeit, S. 49.

186 Kritisch: *Wiedemann*, NZA 2018, 1587.

187 BAG 28.3.2006 – 1 ABR 58/04, NZA 2006, 1112, 1116.

188 BAG 24.3.2004 – 5 AZR 303/03, NZA 2004, 971, 973; 28.3.2006 – 1 ABR 58/04, NZA 2006, 1112, 1116; 15.8.2012 – 7 AZR 184/11, NZA 2013, 45, 48.

Sie unterliegen im Grunde keiner gerichtlichen Inhaltskontrolle.[189] Dieses Vertrauen ist dem grundsätzlich bestehenden Kräftegleichgewicht der Tarifvertragsparteien geschuldet. Die Schwächen des einzelnen Arbeitnehmers gegenüber dem Arbeitgeber können durch einen Zusammenschluss im Kollektiv durch organisierte Interessenvertretung kompensiert werden.[190] Im Allgemeinen wird davon ausgegangen, dass Tarifverträge die Interessen beider Seiten ausreichend berücksichtigen und auf keiner Seite ein unzumutbares Übergewicht vermitteln.[191] Dies entspricht auch der Auffassung des BVerfG, wonach ein funktionierendes Tarifvertragssystem darauf angelegt ist, *„die strukturelle Unterlegenheit der einzelnen Arbeitnehmer beim Abschluß von Arbeitsverträgen durch kollektives Handeln auszugleichen und damit ein annähernd gleichgewichtiges Aushandeln der Löhne und Arbeitsbedingungen zu ermöglichen.“*[192] Essenziell für die Funktionsfähigkeit der Tarifautonomie ist das Vorliegen eines *„ungefähren Kräftegleichgewichts“*[193] zwischen den Tarifvertragsparteien.[194] Etwaige Beschränkungen der

---

189 BAG 28.3.2006 – 1 ABR 58/04, NZA 2006, 1112, 1117. Gleichwohl kann dieser Grundsatz keine absolute Geltung beanspruchen. So hat das BAG in jüngeren Entscheidungen erstmalig tarifvertragliche Regelungen wegen Verstoßes gegen den allgemeinen Gleichheitssatz aus Art. 3 Abs. 1 GG für unwirksam erklärt, BAG 21.3.2018 – 10 AZR 34/17, NZA 2019, 622, 626 ff.; vgl. hierzu auch Wiedemann/*Jacobs*, TVG, Einl. Rn. 300.

190 HMB/*Engels*, Der Tarifvertrag, Teil 1 Rn. 31.

191 BAG 28.3.2006 – 1 ABR 58/04, NZA 2006, 1112, 1116.

192 BVerfG 4.7.1995 – 1 BvF 2/86, 1 BvF 1/87, 1 BvF 2/87, 1 BvF 3/87, 1 BvF 4/87 und 1 BvR 1421/86, NZA 1995, 754, 756.

193 BVerfG 4.7.1995 – 1 BvF 2/86, 1 BvF 1/87, 1 BvF 2/87, 1 BvF 3/87, 1 BvF 4/87 und 1 BvR 1421/86, NZA 1995, 754, 756.

194 Das Verhandlungsgleichgewicht soll insbesondere durch die Anforderungen an die Tariffähigkeit von Gewerkschaften gesichert werden. Die Richtigkeitsgewähr, die den ausgehandelten Tarifverträgen zukommt, gilt nur bei Existenz der paritätssichernden Durchsetzungs- und Leistungsfähigkeit. Ob eine Gewerkschaft diese Kriterien erfüllt, ist eine Frage der Umstände des Einzelfalles. Das BAG misst insbesondere der Mitgliederstärke hierbei eine enorme Bedeutung zu: *„Als Indiz für die hinreichende Durchsetzungskraft und Leistungsfähigkeit einer Arbeitnehmervereinigung kommt der Zahl ihrer Mitglieder – als Organisationsstärke im Verhältnis zu dem von ihr selbst gewählten räumlichen und fachlichen Organisationsbereich – in der Regel die entscheidende Bedeutung zu. Diese bestimmt die finanzielle Ausstattung der Arbeitnehmerkoalition und vor allem ihre Fähigkeit, hinreichenden Druck auf den sozialen Gegenspieler aufzubauen, um Verhandlungen über den Abschluss eines Tarifvertrags gegebenenfalls zu erzwingen […]. Lässt der Organisationsgrad zur Überzeugung des Gerichts nicht auf eine hinreichende Durchsetzungsfähigkeit schließen, kann diese ausnahmsweise auch*

Koalitionsfreiheit, die zum Ziel haben, diese Parität herzustellen oder zu sichern, sind daher zulässig.[195]

Ist eine gesetzliche Regelung vom Schutzbereich des Art. 9 Abs. 3 GG umfasst und soll sie die Funktionsfähigkeit der Tarifautonomie herstellen oder sichern, verfolgt sie einen legitimen Zweck und ist daher zulässig.[196] Da es sich bei der Koalitionsfreiheit um ein gesellschaftspolitisch so bedeutsames Grundrecht handelt, kann ein fehlendes gesetzgeberisches Tätigwerden die Funktionsfähigkeit des Koalitionswesens gefährden.[197] Fehlen gesetzliche Regelungen, darf die Rechtsprechung demnach stellvertretend tätig werden.[198]

Wie noch im weiteren Verlauf dieser Arbeit zu sehen sein wird[199], ist die Rechtsprechung zum Zwecke der Sicherung der Funktionsfähigkeit der Tarifautonomie tätig geworden, indem sie beispielsweise mit ihren Anforderungen an die Tariffähigkeit von Koalitionen eine Art Zugangskontrolle geschaffen hat, um die Zuverlässigkeit und die Verantwortlichkeit der Tarifvertragsparteien zu gewährleisten.[200] Gleiches gilt für die Anforderungen, die an die Wirksamkeit einer OT-Mitgliedschaft in Arbeitgeberverbänden gestellt werden, mit der die Rechtsprechung die Verhandlungsparität auf Arbeitnehmer- und Arbeitgeberseite sichert und Störungen im Kräftegleichgewicht verhindert. In den beiden beschriebenen Fällen hat die Judikatur die Satzungen der Verbände als Plattform genutzt, um ihre richterrechtlich entwickelten Anforderungen für die Sicherung der Funktionsfähigkeit der Tarifautonomie zu manifestieren.

---

durch eine langjährige Teilnahme der Arbeitnehmervereinigung am Tarifgeschehen indiziert sein […]. Die eigene aktive und dauerhafte Beteiligung am Prozess der tariflichen Regelung von Arbeitsbedingungen im beanspruchten Zuständigkeitsbereich – oder in einem relevanten Teil davon – ist ein gewichtiger Beleg dafür, dass die Koalition von der Arbeitgeberseite wahr- und ernstgenommen wird." – BAG 26.6.2018 – 1 ABR 37/16, NZA 2019, 188, 194 f.

195 BVerfG 26.6.1991 – 1 BvR 779/85, NJW 1991, 2549.

196 BVerfG 11.7.2017 – 1 BvR 1571/15, 1 BvR 1588/15, 1 BvR 2883/15, 1 BvR 1043/16, 1 BvR 1477/16, NZA 2017, 915, 918.

197 Maunz/Dürig/*Scholz*, Art. 9 GG Rn. 168.

198 Vgl. dazu: B.III.2.c)aa).

199 Vgl. dazu: C.VI.2.

200 HMB/*Greiner*, Der Tarifvertrag, Teil 2 Rn. 33.

IV. Vereinsrecht nach dem BGB

1. Einleitung

Es existiert kein Berufsverbandsrecht[201] nach dessen Regelungen Gewerkschaften und Arbeitgeberverbände agieren müssten. In den siebziger Jahren wurde von der FDP ein Entwurf eines Verbändegesetzes[202] vorgelegt und konnte – trotz der wiederholten Betonung durch die Rechtsprechung[203] nach der Notwendigkeit einer Kodifizierung des Berufsverbandsrechts – nicht durchgesetzt werden.[204] Das BVerfG stellte zutreffend für die Ausgestaltung des Grundrechts nach Art. 9 Abs. 1 GG fest, dass der Gesetzgeber für die verschiedenen Typen von Vereinigungen die Grundlagen für das Leben in diesen Rechtsformen so zu gestalten hat, dass seine Regelung ihre Funktionsfähigkeit, im Besonderen

---

201 Zur Begriffsbestimmung: Wenn im Folgenden von einem Verband gesprochen wird, so ist damit ebenfalls der Verein im Sinne der §§ 21 ff. BGB gemeint. Da es sich nach allgemeinem Verständnis bei Verbänden um Zusammenschlüsse von mehreren Personen oder Personengesamtheiten zur Verfolgung gemeinsamer Interessen handelt und der Verein diese Voraussetzungen erfüllt, verwendet die Rechtsprechung statt des Begriffes des Vereins oftmals den Begriff des Verbandes, wenn dieser besondere Qualifikationsmerkmale aufweist. Bei den qualifizierenden Merkmalen handelt es sich etwa um eine sehr hohe Mitgliederanzahl oder um Vereine, die wirtschaftlich, gesellschaftlich, sozial oder politisch von bedeutsamer Stellung sind – MüHandbuch GesellschR/*Steinbeck*, § 5 Rn. 1, 3. Dies ist bei Gewerkschaften und Arbeitgeberverbänden regelmäßig der Fall; ebenfalls: Reichert/*Wagner*, Vereins- und VerbandsR, Kap. 1 Rn. 15: *„Etymologisch haben die Worte Verein und Verband die gleiche Bedeutung: Sie bezeichnen eine Vereinigung bzw. Verbindung von Personen zur Erreichung eines gemeinsamen Zwecks.*"; siehe ebenfalls die Körperschaftssteuer-Richtlinie nach R 5.7 KStR 2015:
„(1) [1]Berufsverbände sind Vereinigungen von natürlichen Personen oder von Unternehmen, die allgemeine, aus der beruflichen oder unternehmerischen Tätigkeit erwachsende ideelle und wirtschaftliche Interessen des Berufsstandes oder Wirtschaftszweiges wahrnehmen. [2]Es müssen die allgemeinen wirtschaftlichen Belange aller Angehörigen eines Berufes, nicht nur die besonderen wirtschaftlichen Belange einzelner Angehöriger eines bestimmten Geschäftszweiges wahrgenommen werden. [3]Die Zusammenschlüsse derartiger Vereinigungen sind ebenfalls Berufsverbände. […]
(2) Zu den Berufsverbänden ohne öffentlich-rechtlichen Charakter i. S. d. § 5 Abs. 1 Nr. 5 KstG können Berufsverbände der Arbeitgeber und der Arbeitnehmer, z. B. Arbeitgeberverbände und Gewerkschaften […] gehören."

202 Der Entwurf wurde in RdA 1977, 235 ff. veröffentlicht.

203 Etwa: BVerfG 2.3.1993 – 1 BvR 1213/85, NJW 1993, 1379, 1380.

204 *Kissel*, Arbeitskampfrecht, § 4 Rn. 50.

die ihrer Organe, gewährleistet.[205] Diese für die Vereinigungsfreiheit bestimmte Aussage kann unverändert auf die Koalitionsfreiheit übertragen werden.[206] Da der Gesetzgeber den Koalitionen ein Verbändegesetz schuldig geblieben ist[207] und diese in der Regel in der Rechtsform des Vereins organisiert sind, ist das Vereinsrecht nach dem BGB im Ausgangspunkt für sie maßgeblich. Seine für diese Ausarbeitung relevanten Grundlagen sollen daher näher beleuchtet werden, wobei der Schwerpunkt auf der Vereinssatzung liegen wird.

2. Strukturen

a) Organisation

Arbeitgeberverbände sind grundsätzlich als eingetragene Vereine nach § 21 BGB organisiert, wohingegen Gewerkschaften in der Regel nicht rechtsfähige Vereine sind, § 54 S. 1 BGB.[208] Der einzige Unterschied liegt hierbei in der durch Eintragung erlangten Rechtsfähigkeit – damit geht einher, dass es sich bei eingetragenen Vereinen um juristische Personen und bei nicht rechtsfähigen Vereinen um Gesamthandgemeinschaften handelt.[209] Dass sich Gewerkschaften gegen die Eintragung in ein Vereinsregister entschieden haben, hat heute nur noch historische Gründe: Im 19. Jahrhundert und auch noch am Anfang des 20. Jahrhunderts hatten Verwaltungsbehörden die Möglichkeit, Vereinen

---

205 BVerfG 1.3.1979 – 1 BvR 532, 533/77, 419/78, 1 BvL 21/78, NJW 1979, 699, 706.

206 *Oetker*, RdA 1999, 96, 99.

207 Ob die Pflicht des Gesetzgebers ein Verbändegesetz zu schaffen aus Art. 9 Abs. 3 GG hergeleitet werden kann, ist umstritten. Verneinend etwa Oetker, RdA 1999, 96, 99 f.: „*Die aus Art. 9 Abs. 3 S. 1 GG folgende Regelungspflicht verdichtet sich indes nicht soweit, daß der Gesetzgeber ein speziell auf die Koalitionen zugeschnittenes Koalitionsgesetz schaffen müßte. Er kann dies tun, muß es aber nicht, solange die für alle Vereinigungen zur Verfügung gestellten Organisationsmodelle ausreichen, um eine der Koalitionsfreiheit angemessene Grundrechtsausübung zu realisieren. Rechtspolitische Wünschbarkeit und verfassungsrechtliche Handlungspflicht decken sich – wie oftmals – nur selten.*“; bejahend.: *Säcker*, Grundprobleme, S. 88 f.: „*Die institutionelle Garantie der Koalition (Koalitionsbestands- und Koalitionswohlgarantie) verpflichtet den Gesetzgeber, ein Berufsverbandsgesetz zu schaffen, das die für den Status einer Koalition unerläßlichen Mindesterfordernisse […] ausgestaltet.*“

208 *Waltermann*, Arbeitsrecht, S. 227; für die Rechtsform des eingetragenen Vereins haben sich etwa entschieden: ver.di (im Jahr 2001 – 2004), Marburger Bund, Vereinigung Cockpit, GdF und UFO – Schaub/*Treber*, Arbeitsrechts-Handbuch, § 190 Rn. 31.

209 *Schmidt*, Gesellschaftsrecht, S. 664, 733, 736.

unter gewissen Umständen die Eintragung zu verweigern.[210] Dies ermöglichte § 61 Abs. 2 BGB a.F.: „*Die Verwaltungsbehörde kann gegen die Eintragung Einspruch erheben, wenn der Verein nach dem öffentlichen Vereinsrecht unerlaubt ist oder verboten werden kann oder wenn er einen politischen, sozialpolitischen oder religiösen Zweck verfolgt.*" Um eine behördliche Kontrolle zu vermeiden, verzichteten Gewerkschaften folglich auf die Vereinsregistereintragung.[211] Damals empfand man solche intermediären Verbände als Gefahr für die politische und soziale Stabilität – man befürchtete seitens der Mitglieder eine Illoyalität gegenüber den staatlich organisierten Gesellschaften.[212] Diese ablehnende Haltung des Staates gegenüber Verbänden ist in der Weimarer Zeit umgeschlagen – die „*Verbändephobie*" änderte sich in eine „*Verbändeeuphorie*".[213] Mit der Weimarer Reichsverfassung vom 11. August 1919 wurde die Regelung des § 61 Abs. 2 BGB a.F. durch Art. 124 Abs. 2 WRV überlagert: „*Der Erwerb der Rechtsfähigkeit steht jedem Verein gemäß den Vorschriften des bürgerlichen Rechts frei. Er darf einem Vereine nicht aus dem Grunde versagt werden, daß er einen politischen, sozialpolitischen oder religiösen Zweck verfolgt.*" Seither hielten sich Gewerkschaften trotzdem an die Form des nichtrechtsfähigen Vereins, auf den nach § 54 S. 1 BGB grundsätzlich die Vorschriften über die Gesellschaft bürgerlichen Rechts nach §§ 705 ff. BGB Anwendung finden. Jedoch hat auch diese gesetzliche Verweisung ihren historischen Ursprung in dem Versuch, die Vereine unter staatlicher Kontrolle zu halten, da man diese durch die Erschwernisse aufgrund der Verweisung dazu zwingen wollte, die Rechtsfähigkeit zu wählen – die Verweisung gilt in heutiger Zeit daher als überholt: „*Die körperschaftliche Verfassung der auf längere Dauer angelegten nicht rechtsfähigen Vereine (besonders der modernen Großvereine, der Gewerkschaften), die Organe bestellen und auf wechselnde Mitgliederbestände angelegt sind, kann durch das Recht der Gesellschaft bürgerlichen Rechts nicht erfaßt werden, vielmehr sind die für den rechtsfähigen Verein geltenden Vorschriften analog anwendbar, soweit sie sich nicht gerade aus dem Eintragungserfordernis ergeben*".[214] Ausgewählte Vorschriften des Vereinsrechts nach §§ 21 ff. BGB, wie etwa § 25 oder § 26 BGB finden folglich analog auch auf nicht rechtsfähige Vereine und daher auch auf Gewerkschaften Anwendung.

---

210 *Waltermann*, Arbeitsrecht, S. 227.
211 *Waltermann*, Arbeitsrecht, S. 227.
212 *Reuter*, FS Söllner, S. 937.
213 *Reuter*, FS Söllner, S. 937.
214 OLG Frankfurt 19.12.1984 – 9 U 107/83, ZIP 1985, 213, 214.

b) Organe

Das Vereinsrecht sieht zwei notwendige Organe vor: Vorstand und Mitgliederversammlung.[215] Aufgrund seiner Organisationsautonomie steht es dem Verein frei, durch Satzung weitere Organe vorzusehen.[216] In diesem Fall ist erforderlich, dass ihre Funktionen und Kompetenzen durch Satzung festgelegt werden.[217] Von dieser Befugnis machen Berufsverbände regelmäßig Gebrauch.[218]

Verbände mit einer wirtschaftlichen oder sozialen Machtstellung müssen ihre Verfassung demokratisch ausgestalten, das hat zur Folge, dass die Mitgliederversammlung bzw. eine Delegiertenversammlung das höchste Organ sein muss, denn der Gesamtwille des Vereins bildet sich im Wege der Stimmabgabe aller Mitglieder.[219] Dies geschieht in der Mitgliederversammlung durch Beschlussfassung, vgl. § 32 Abs. 1 S. 1 BGB.[220] Hiernach werden die Angelegenheiten des Vereins, soweit sie nicht vom Vorstand oder einem anderen Vereinsorgan zu besorgen sind, der Mitgliederversammlung zugewiesen. Sie ist aufgrund ihrer im Grunde allumfassenden Zuständigkeit oberstes Willensbildungsorgan des Vereins.[221] Diese umfassende Zuständigkeitszuweisung kann durch Satzung zwar erheblich verkürzt, jedoch nicht ganz beseitigt werden.[222] Trotz dieser enormen Gestaltungsmöglichkeit muss der Mitgliederversammlung die sog. Kompetenz-Kompetenz verbleiben – sie muss jederzeit die Möglichkeit haben, die an andere Stellen verteilte Zuständigkeit durch Satzungsänderung wieder an sich zu ziehen.[223]

---

215 MüHandbuch GesellschR/*Waldner*, § 25 Rn. 1 f.

216 MüHandbuch GesellschR/*Waldner*, § 26 Rn. 1.

217 MüKo BGB I 2018/*Leuschner*, § 25 BGB Rn. 23.

218 ver.di verfügt etwa auf Bundesebene über sechs Organe: Bundeskongress (entspricht einer Delegiertenversammlung als Repräsentantin der Mitgliederversammlung), Gewerkschaftsrat, Bundesvorstand (entspricht dem Vorstand im Sinne des § 26 BGB), Beirat, Revisionskommission sowie Kontroll- und Beschwerdeausschuss, siehe § 23 Nr. 1 d) der Satzung von ver.di – online im Internet: https://www.verdi.de/++file++5073a207deb5011af9001810/download/ver.di-Satzung.pdf, Stand: 22.-28.9.2019, Abfrage 2.8.2020.

219 Palandt/*Ellenberger*, BGB, § 25 Rn. 8; Sauter/Schweyer/*Waldner/Wörle-Himmel*, Der eingetragene Verein, 1. Teil Rn. 155.

220 MüHandbuch GesellschR/*Waldner*, § 25 Rn. 1a.

221 *Schmidt*, Gesellschaftsrecht, S. 693.

222 MüHandbuch GesellschR/*Waldner*, § 25 Rn. 6; Sauter/Schweyer/*Waldner/Wörle-Himmel*, Der eingetragene Verein, 1. Teil Rn. 155.

223 MüHandbuch GesellschR/*Waldner*, § 25 Rn. 2, 6; Reichert/*Wagner*, Vereins- und VerbandsR, Kap. 2 Rn. 1144.

Den Vereinen steht es frei, die vom Gesetzgeber in § 32 Abs. 1 S. 1 BGB gewählte Bezeichnung „Versammlung der Mitglieder“ in ihren Satzungen anders zu bezeichnen – so sind etwa neben der Bezeichnung Mitgliederversammlung u.a. auch Haupt-, General- sowie Vollversammlung üblich.[224] Veranlasst durch die Umständlichkeit der unmittelbaren Vereinsdemokratie durch Beschlussfassung in der Mitgliederversammlung bei Großvereinen, können durch Satzung auch Repräsentationsorgane – etwa eine Vertreter- bzw. Delegiertenversammlung – vorgesehen werden, in der die Mitgliederrechte durch Vertreter ausgeübt werden, die von den Mitgliedern selbst bestellt werden.[225] Sie besitzt in der Regel alle Befugnisse, die auch der Mitgliederversammlung zustehen.[226] Voraussetzung ist jedoch, dass durch satzungsmäßige Festlegung des Delegiertenschlüssels eine gleichmäßige Verteilung aller Mitglieder gewährleistet ist.[227]

Der Vorstand, dessen Bestellung gem. § 27 Abs. 1 BGB durch Beschluss der Mitgliederversammlung erfolgt, ist in erster Linie Leitungsorgan des Vereins.[228] Er ist einerseits Vertretungsorgan, d.h. er vertritt den Verein gerichtlich und außergerichtlich, § 26 Abs. 1 S. 2 BGB, wobei diese vollumfängliche Vertretungsmacht nach S. 3 satzungsmäßig mit Wirkung gegen Dritte beschränkt werden kann.[229] Andererseits ist der Vorstand Geschäftsführungsorgan, siehe § 27 Abs. 3 S. 1 BGB. Er ist hierbei an die Weisungen der Mitgliederversammlung

---

224 MüHandbuch GesellschR/*Waldner*, § 25 Rn. 1a.

225 MüHandbuch GesellschR/*Waldner*, § 26 Rn. 16; *Schmidt*, Gesellschaftsrecht, S. 693; Dies ist bei Berufsverbänden absolut üblich: siehe etwa: §§ 37, 38 der Satzung von ver.di, wonach der Bundeskongress das höchste Organ der Gewerkschaft ist und aus einer Versammlung von Delegierten besteht, online im Internet: https://www.verdi.de/++file++5073a207deb5011af9001810/download/ver.di-Satzung.pdf, Stand: 22.-28.9.2019, Abfrage 2.8.2020;
Bei der IG Metall stellt der sog. Gewerkschaftstag die Delegiertenversammlung dar, § 20 der Satzung der IG Metall, online im Internet: https://www.igmetall.de/download/20191231_IGM_Satzung_2020_web_4bc0a0e0054f65e751cf12b6d4b17c76d0a01873.pdf, Stand: 1.1.2020, Abfrage: 2.8.2020.

226 MüHandbuch GesellschR/*Waldner*, § 26 Rn. 29; Sauter/Schweyer/*Waldner/Wörle-Himmel*, Der eingetragene Verein, 1. Teil Rn. 221.

227 OLG Frankfurt 19.12.1984 – 9 U 107/83, ZIP 1985, 213, 215 ff.; MüKo BGB I 2018/*Leuschner*, § 32 BGB Rn. 71 f.; Sauter/Schweyer/*Waldner/Wörle-Himmel*, Der eingetragene Verein, 1. Teil Rn. 216b.

228 *Schmidt*, Gesellschaftsrecht, S. 688.

229 Vgl. dazu ausführlich: C.VII.2.

gebunden, soweit das Gesetz oder eine Satzungsregelung nicht entgegensteht, die dem Vorstand die Eigenkompetenz überlässt, vgl. auch §§ 27 Abs. 3, 665 BGB.[230]

c) Mitgliedschaft und Mitgliederrechte

Das Rechtsverhältnis zwischen Verband und Mitglied beginnt, wenn der Beitrittsantrag durch das zuständige Organ ausdrücklich oder konkludent angenommen wird.[231] Es endet, wenn das Mitglied aus dem Verband ausgetreten ist oder bei wirksamer Kündigung.[232] Durch die Mitgliedschaft entsteht für das Mitglied ein subjektives Recht auf Teilhabe am Verband.[233] Die Rechte der Mitglieder ergeben sich zum Teil aus den gesetzlichen Vorschriften des bürgerlichen Rechts. Das Mitglied kann etwa bei Vorliegen der Voraussetzungen einen Schadensersatzanspruch nach § 280 Abs. 1 BGB geltend machen. Die speziell vereinsrechtlichen Vorschriften zur Mitgliedschaft sind hingegen spärlich ausgestaltet. § 38 BGB besagt lediglich, dass die Mitgliedschaft ein höchstpersönliches Recht ist. Da die Vorschrift des § 40 S. 1 BGB sogar den § 38 BGB zum dispositiven Gesetzesrecht zählt, ergeben sich die Rechte der Mitglieder sowie ihr Verhältnis zum Verein maßgeblich aus den Satzungen, die die Verbände autonom ausgestalten können.[234] Aufgrund der Satzungsautonomie steht es den Verbänden auch frei, zwischen mehreren Arten von Mitgliedschaften zu unterscheiden – bei Arbeitgeberverbänden ist etwa eine Kategorisierung in Vollmitglieder und OT-Mitglieder üblich. Sofern die Satzungen von Berufsverbänden Gastmitgliedschaften vorsehen, handelt es sich hierbei in der Regel nicht um echte Mitglieder im Sinne des Vereinsrechts, da ihnen wesentliche Rechte (etwa das Stimmrecht) nicht zustehen.[235]

Die für alle Mitglieder bestehenden zwingenden Rechte sollen hier jedoch mangels unmittelbarer Relevanz für die Bearbeitung der Fallbeispiele im zweiten Teil nicht vollständig aufgezählt, sondern für ein Grundlagenverständnis nur kategorisiert zusammengefasst werden. Die Rechte, die den Mitgliedern

---

230 *Schmidt*, Gesellschaftsrecht, S. 693.

231 BGH 29.6.1987 – II ZR 295/86, NJW 1987, 2503, 2504; *Gamillscheg*, Kollektives Arbeitsrecht, S. 445.

232 *Gamillscheg*, Kollektives Arbeitsrecht, S. 448.

233 HMB/*Höpfner*, Der Tarifvertrag, Teil 2 Rn. 23.

234 MüKo BGB I 2018/*Leuschner*, § 38 BGB Rn. 1.

235 BAG 26.8.2009 – 4 AZR 285/08, NZA 2010, 230, 232; Kempen/Zachert/*Stein*, TVG, § 2 Rn. 129; Sauter/Schweyer/*Waldner*/*Wörle-Himmel*, Der eingetragene Verein, 1. Teil Rn. 196; vgl. dazu: C.V.4.d).

zustehen, werden im Schrifttum grundsätzlich in vier Kategorien unterteilt: Es existieren Organschaftsrechte (etwa das Teilnahmerecht an der Mitgliederversammlung), Wertrechte (z.B. Benutzungsrechte), Schutzrechte (z.B. das Austrittsrecht aus dem Verband) und Informationsrechte (etwa das Recht auf Einsichtnahme in die Satzung).[236] Als Gegenstand der kollektiven Vereinigungsfreiheit steht die Satzungskompetenz zwar dem Verein als solchen zu. Die Vereinsmitglieder haben hierbei jedoch ein Recht auf Mitwirkung. Die Partizipation an dieser Rechtsetzung ist durch die individuelle Vereinigungsfreiheit garantiert.[237] Sie wird dadurch gesichert, dass die Mitgliederversammlung über Satzungsänderungen entscheidet.

3. Vereinssatzung

a) Grundlegendes

Die Satzung beinhaltet die Regeln, die zunächst von den Vereinsgründern und später von der Mitgliederversammlung als Satzung bzw. Grundlage der Vereinsarbeit festgestellt werden.[238] Die Vereinssatzung prägt das Vereinsleben maßgeblich – insbesondere, weil das Gesetz in vielerlei Hinsicht schweigt, sodass die Vereine im Rahmen ihrer Autonomie und den gesetzlichen Grenzen die Verhältnisse innerhalb des Vereins grundlegend selbst bestimmen.

Im Rahmen der Gründung entsteht der Verein schon mit Errichtung der Satzung.[239] Die Satzung ist mithin „*verbandskonstituierender Organisationsvertrag*"[240] und Entstehungstatbestand.[241] Der eingetragene Verein erlangt seine Rechtsfähigkeit als juristische Person zwar erst mit der Eintragung in das Vereinsregister, jedoch müssen sich die Gründer schon vorher über den Inhalt der Satzung geeinigt haben.[242] Daher sind nach § 59 Abs. 2 BGB mit der Anmeldung des Vereins die Abschriften der Satzung beim Amtsgericht beizufügen. Die Satzung ist aufgrund dieser Publikation im Vereinsregister für jedermann

---

236 MüKo BGB I 2018/*Leuschner*, § 38 BGB Rn. 11 ff.

237 Reichert/*Schiffbauer*, Vereins- und VerbandsR, Kap. 3 Rn. 41, 62 f.

238 HMB/*Höpfner*, Der Tarifvertrag, Teil 2 Rn. 14; Schulze/*Dörner*, BGB, § 25 Rn. 4.

239 MüKo BGB I 2018/*Leuschner*, § 25 BGB Rn. 12.

240 *Schmidt*, Gesellschaftsrecht, S. 77.

241 MüKo BGB I 2018/*Leuschner*, § 25 BGB Rn. 12,

242 *Schmidt*, Gesellschaftsrecht, S. 677; § 57 Abs. 1 BGB bestimmt im Übrigen den zwingenden Inhalt der Satzung: „*Die Satzung muss den Zweck, den Namen und den Sitz des Vereins enthalten und ergeben, dass der Verein eingetragen werden soll.*"

einsehbar, § 79 Abs. 1 S. 1 BGB.[243] Mangels Eintragung gilt dies nicht ohne weiteres beim nicht rechtsfähigen Verein. Die Satzungen von Großvereinen – etwa von Gewerkschaften – finden sich jedoch online wieder.

Die nachfolgenden Erwägungen sind zwar auf den eingetragenen Verein zugeschnitten, gelten jedoch ebenfalls für den nicht rechtsfähigen Verein, da auf diesen, trotz der Verweisung des § 54 S. 1 BGB auf die §§ 706 ff. BGB, viele Bestimmungen der §§ 21 ff. BGB entsprechend anzuwenden sind.[244] Daher wird im Folgenden eine konkrete analoge Anwendung dieser Rechtsnormen auf den nicht rechtsfähigen Verein nicht besonders hervorgehoben, es sei denn, eine konkrete Vorschrift gilt nur für den eingetragenen Verein. In keinem Fall sind jedoch diejenigen Vorschriften des Rechts der eingetragenen Vereine anwendbar, die eine Eintragung voraussetzen – das sind insbesondere die Publizitätsvorschriften der §§ 68 ff. BGB.[245]

aa) Ausgewählte Aspekte der Vereins- und Satzungsautonomie

Grundlegendes Fundament vereinsrechtlichen Wirkens ist die durch Art. 9 Abs. 1 GG garantierte Vereinsautonomie – aus ihr folgt das Recht des Vereins seine Angelegenheiten selbst zu ordnen und zu gestalten.[246] Sowohl Konstituierung und Organisation als auch die Wahrnehmung der Vereinsangelegenheiten müssen auf den Willen der Vereinsmitglieder zurückzuführen sein.[247] Aus der Vereinsautonomie entspringt die Satzungsautonomie der Verbände. Sie gibt dem Verein das Recht, die Satzung selbständig zu gestalten und die das Vereinsleben bestimmenden Grundentscheidungen frei zu bestimmen.[248] Sie zielt auf die Freiheit der Verbandsverfassung und ist notwendiger Inhalt ihrer Selbstbestimmung.[249]

---

243 BAG 21.1.2015 – 4 AZR 797/13, NZA 2015, 1521, 1525.

244 BGH 2.4.1979 – II ZR 141/78 (KG), NJW 1979, 2304, 2305; OLG Nürnberg 31.1.2011 – 4 U 1639/10, BeckRS 2011, 34541 Rn. 30; vgl. auch: *Reuter*, FS Söllner, S. 937, 954; Da die Rechtsprechung nicht eingetragene Vereine im Grunde fast vollständig nach den Vorschriften des §§ 21 ff. BGB behandelt und trotz des Gesetzeswortlauts des § 54 S. 1 BGB die Vorschriften der §§ 705 ff. nicht anwendet, wurde die Verweisung in der vereinsrechtlichen Literatur bereits als „*gegenstandslos*" bezeichnet – so etwa: Sauter/Schweyer/*Waldner/Wörle-Himmel*, Der eingetragene Verein, 1. Teil Rn. 619.

245 *Schmidt*, Gesellschaftsrecht, S. 743.

246 BayObLG 23.12.1998 – 3Z BR 257/98, MittBayNot 1999, 305.

247 BVerfG 5.2.1991 – 2 BvR 263/86, NJW 1991, 2623, 2625.

248 MüHandbuch GesellschR/*Wagner*, § 19 Rn. 22.

249 *Schmidt*, Gesellschaftsrecht, S. 83 f.

Die Satzungsautonomie darf demnach grundsätzlich nicht in fremde Hände gelegt werden.[250] Nicht jeder Dritteinfluss vermag die Vereinssouveränität jedoch auszuhöhlen, denn der Schutz der Vereinsautonomie erfasst ebenfalls das Recht, das Selbstverwaltungsrecht des Vereins durch Satzung zu beschränken, da auch eine solche Beschränkung als Ausübung von Autonomie qualifiziert wird.[251] Eine derartige Beschränkung hat jedoch ihre Grenzen: Sie ist solange zulässig, wie dem Verein ein Mindestmaß an Eigenständigkeit verbleibt[252], denn mit der Vereinsautonomie ist eine Entäußerung, die die eigene Willensbestimmung nahezu vollständig zum Erliegen bringt, nicht mehr vereinbar.[253] In jedem Falle muss sichergestellt sein, dass der Mitgliederversammlung die Kompetenz verbleibt, durch Satzungsänderung die Fremdbestimmung aufzuheben und zu einer uneingeschränkten Selbstbestimmung zurück zu gelangen.[254] Die Errichtung und die Änderung der Satzung müssen insofern auf den Mitgliederwillen zurückzuführen sein.[255]

Diese Thematik wird bei solchen Vereinen relevant, die Mitglied eines Dachverbandes sind und dessen Satzung unterliegen. Derartige Konstellationen finden sich etwa im Verhältnis zwischen dem Deutschen Gewerkschaftsbund und seinen Mitgliedern wieder, da der DGB zum Teil die Durchführung eines Zustimmungsverfahrens verlangt, wenn eine Mitgliedsgewerkschaft ihre Satzung ändern möchte. Inwieweit diese Grundsätze auch mit der Koalitionsfreiheit vereinbar sind, wird im Rahmen der Fallbeispiele dargestellt.[256]

bb) Vereinsverfassung und Satzung: Grundlagen, Inhalt und Änderung

Jeder Verein muss eine Verfassung haben, in der die Grundordnung bzw. die das Vereinsleben bestimmenden Grundentscheidungen bestimmt werden.[257] Nach § 25 BGB wird die Verfassung eines rechtsfähigen Vereins, soweit sie nicht auf den nachfolgenden Vorschriften beruht, durch die Vereinssatzung bestimmt.

---

250 *Schmidt*, Gesellschaftsrecht, S. 83 f.

251 BVerfG 5.2.1991 – 2 BvR 263/86, NJW 1991, 2623, 2625; BAG 27.9.2005 – 1 ABR 41/04, NZA 2006, 273, 278; ebenso: MüHandbuch GesellschR/*Wagner*, § 19 Rn. 27; Sauter/Schweyer/*Waldner*/*Wörle-Himmel*, Der eingetragene Verein, 1. Teil Rn. 39a.

252 MüHandbuch GesellschR/*Wagner*, § 19 Rn. 27.

253 BVerfG 5.2.1991 – 2 BvR 263/86, NJW 1991, 2623, 2625.

254 BAG 12.11.1996 – 1 ABR 33/96, BeckRS 9998, 153931.

255 MüHandbuch GesellschR/*Steinbeck*, § 5a Rn. 22.

256 Vgl. dazu: C.IV.2.

257 BGH 6.3.1967 – II ZR 231/64, NJW 1967, 1268, 1270; 25.10.1983 – KZR 27/82, NJW 1984, 1355; 24.10.1988 – II ZR 311/87, NJW 1989, 1724, 1725.

Rechtsgrundlage der Verfassung ist neben den vereinsrechtlichen Vorschriften der §§ 26 ff. BGB also die Satzung der Verbände.[258] Die Satzung ist folglich Bestandteil der Verfassung des Vereins, sodass Verfassung und Satzung nicht deckungsgleich sind.[259] Aus § 25 BGB folgt auch ein Satzungsvorbehalt – das bedeutet, dass die Grundordnung des Vereins nicht im unterrangigen Vereinsrecht – etwa in Geschäftsordnungen geregelt werden kann, sodass sichergestellt ist, dass Änderungen der Grundordnung nur in einem für Satzungsänderungen vorgesehenen formalisierten Verfahren stattfinden.[260] Aus § 40 BGB ergibt sich das Verhältnis zwischen den gesetzlichen Vorschriften und der Vereinssatzung – nur ausgewählte Vorschiften sind dispositiv, ansonsten hat das Gesetz Vorrang vor den satzungsrechtlichen Bestimmungen.[261] Wo es jedoch keine gesetzlichen Vorschriften[262] gibt, kann nur die Satzung Grundlage für die im Verein herrschenden Verhältnisse sein. In §§ 25 und 40 BGB wird der Grundsatz der Vereinsautonomie, deren Ausfluss die Satzungsautonomie ist, daher deutlich. Sie lässt einen erheblichen Gestaltungsspielraum der Vereine zur Regelung der Vereinsverhältnisse[263] erkennen – zumal das Gesetz in vielerlei Hinsicht schweigt, sodass dessen Lücken häufig durch Satzung gefüllt werden müssen. Spitzzüngig, aber zutreffend, wurde der durch § 40 BGB vermittelte Eindruck des einfachen Rechts bereits als „*kaum gezügelte Satzungsautonomie*" bezeichnet.[264] Die autonome Gestaltung des Vereinslebens umfasst das gesamte Organisationsrecht, jedoch ergibt sich für die Grundentscheidungen bzw. für die Grundordnung des Vereins, dass sie zwingend in der Satzung manifestiert sein muss, – es sei denn, sie weicht nicht vom geltenden Gesetzesrecht ab.[265] Dies ergibt sich aus § 25 BGB.

Die folgenden Grundentscheidungen der Vereinsverfassung müssen durch Satzung festgelegt sein: Zweck und Mittel des Vereins, die Voraussetzungen und die Folgen einer Mitgliedschaft, seine Zusammensetzung, seine Organe samt

---

258 BeckOK BGB/*Schöpflin*, § 25 BGB Rn. 3; *Schmidt*, Gesellschaftsrecht, S. 684 f.

259 MüKo BGB I 2018/*Leuschner*, § 25 BGB Rn. 11; Schulze/*Dörner*, BGB, § 25 Rn. 4.

260 MüKo BGB I 2018/*Leuschner*, § 25 BGB Rn. 16, 19.

261 *Schmidt*, Gesellschaftsrecht, S. 684.

262 Zum Gesetzesrecht gehört jede Rechtsnorm – Gewohnheitsrecht (sog. Observanz) ist hierin eingeschlossen – *Schmidt*, Gesellschaftsrecht, S. 685.

263 BeckOK BGB/*Schöpflin*, § 25 BGB Rn. 5; MüHandbuch GesellschR/*Wagner*, § 19 Rn. 22.

264 *Oetker*, RdA 1999, 96, 97.

265 *Schmidt*, Gesellschaftsrecht, S. 685.

Bildung, Bestellung und ihrem Wirkungskreis sowie der Sitz und der Name des Vereins.[266]

Ansonsten beschreibt § 57 BGB die Mindesterfordernisse und § 58 BGB die Sollinhalte[267], die von der Vereinssatzung eines Vereins, der eingetragen werden soll, verlangt werden. Die Regelung des § 57 BGB zählt u.a. den Vereinszweck auf, der nach allgemeiner Meinung aber auch schon zu den Grundentscheidungen des Verbandes zählt, die schon wegen § 25 BGB in der Satzung stehen müssen. Auch der nichtrechtsfähige Verein muss in seiner Satzung den Zweck festlegen.[268] Will eine Koalition als Tarifvertragspartei agieren, so wird sie – wie noch zu sehen sein wird[269] – den Willen, für ihre Mitglieder Tarifverträge zu schließen (sog. Tarifwilligkeit), in ihrer Verbandssatzung festlegen müssen.

Sofern die Satzung keine andere Zuständigkeitsverweisung enthält, vgl. § 40 S. 1 BGB, obliegt die Satzungsänderung der Mitgliederversammlung. Die Voraussetzungen für eine Satzungsänderung sind in § 33 BGB geregelt. Hiernach bedarf ein wirksamer satzungsändernder Beschluss der Mitgliederversammlung einer Mehrheit von drei Vierteln der abgegebenen Stimmen, § 33 S. 1 BGB. Noch strenger sind die Voraussetzungen an die Zweckänderung des Vereins, die in der Satzung manifestiert sein muss. Nach S. 2 bedarf sie der Zustimmung aller Mitglieder. Die nicht erschienenen Mitglieder müssen nach S. 3 ihre Zustimmung schriftlich erteilen. Handelt es sich um einen eingetragenen Verein, müssen zusätzlich die in § 71 BGB genannten Voraussetzungen erfüllt werden. Nach S. 1 sind die beabsichtigten Satzungsänderungen erst wirksam, wenn sie in das Vereinsregister eingetragen werden.[270] Hierdurch wird sichergestellt, dass die Öffentlichkeit über den jeweiligen Inhalt der Satzung unterrichtet wird.[271] Nach S. 3 sind der Eintragungsanmeldung eine Abschrift

---

266 Staudinger/*Schwennicke*, BGB, § 25 Rn. 3.

267 Während es sich bei § 57 BGB um eine sog. Mussvorschrift handelt, fällt § 58 BGB unter die Kategorie der Sollvorschriften. Die Eintragung des Vereins kann bei der Verletzung beider Vorschriften verweigert werden. Wird ein Verein eingetragen, obwohl er gegen eine Sollvorschrift verstoßen hat, heilt der Eintragungsakt diesen Fehler. Die Verletzung einer Mussvorschrift berechtigt hingegen zur Löschung des Vereins von Amts wegen – *Schmidt*, Gesellschaftsrecht, S. 677.

268 HMB/*Höpfner*, Der Tarifvertrag, Teil 2 Rn. 14.

269 Vgl. dazu: C.VI.

270 Die Eintragung im Vereinsregister kann fehlerhafte – weil auf Verfahrensfehler beruhende – Satzungsbeschlüsse jedoch nicht heilen, MüHandbuch GesellschR/*Wagner*, § 24 Rn. 9 f.

271 BGH 11.11.1985 – II ZB 5/85 (KG), NJW 1986, 1033.

des die Änderung enthaltenden Beschlusses und der Wortlaut der Satzung beizufügen. Aus § 59 Abs. 2 BGB folgt, dass die Satzung des eingetragenen Vereins schriftlich vorliegen muss.[272] Ein derartiges Erfordernis existiert beim nicht rechtsfähigen Verein nicht, wobei in der Beratung davon abgeraten wird, diese nicht schriftlich zu fixieren.[273] Mangels Schriftformerfordernisses kann eine Satzungsänderung bei diesem auch durch schlüssiges Verhalten bzw. Vereinsgewohnheitsrecht (sog. Observanz) entstehen.[274] Die Vereinsverfassung kann also durch bloße Übung rechtsverbindlich verändert werden.[275] Entscheidend ist hierbei, dass die Übung für einen längeren Zeitraum besteht und dem Willen der Mitglieder entspricht.[276] Insofern wird auf die Einhaltung der Regelungen der §§ 32, 33 BGB verzichtet, die eine Beschlussfassung der Mitgliederversammlung voraussetzen, denn die verbindliche Geltung der Übung entspricht dem Willen der Mitglieder.[277]

cc) Rechtsnatur der Satzung

Umstritten ist, welche Rechtsnatur die Satzung hat. Für ein grundlegendes Verständnis der Satzung und ihrer Wirkungen soll hierauf im Rahmen eines kurzen Exkurses eingegangen werden. Im Verlauf der juristischen Diskussionen um die Rechtsnatur der Satzung, haben sich im Wesentlichen drei Meinungen etabliert: Nach einer Ansicht ist die Satzung objektive Rechtsetzung (sog. Normentheorie oder korporationsrechtliche Auffassung), die aus der Vereinsautonomie

---

272 *Schöpflin,* Verein, S. 223.

273 *Schöpflin,* Verein, S. 223; Im Übrigen: Vor dem Hintergrund tariflicher Rechtsetzungsmacht, über die Tarifparteien verfügen, wäre eine Nichtverschriftlichung der Satzung nach hiesiger Auffassung auch äußerst problematisch, da sich die Mitglieder über den Umfang der Normsetzungsbefugnis informieren können müssen. Zudem verlangt die höchstrichterliche Rechtsprechung ohnehin, dass die Tarifwilligkeit und die Tarifzuständigkeit zwingend in der Satzung der Gewerkschaften manifestiert sein müssen, vgl. dazu: C.III sowie C.VI.

274 MüKo BGB I 2018/*Leuschner,* § 25 BGB Rn. 65 u. § 54 Rn. 25; *Löwisch/Rieble,* TVG, § 2 Rn. 265; *Schöpflin,* Verein, S. 224 f.

275 MüKo BGB I 2018/*Leuschner,* § 25 BGB Rn. 65 u. § 54 Rn. 25; *Löwisch/Rieble,* TVG, § 2 Rn. 265.

276 OLG Frankfurt a. M. 19.12.1984 – 9 U 107/83, WM 1985, 1466, 1468; Für die OHG: BGH 17.1.1966 – II ZR 8/64, NJW 1966, 826, 827.

277 *Schöpflin,* Verein, S. 225.

resultiert.[278] Nach einer anderen Ansicht (sog. Vertragstheorie) handelt es sich bei der Satzung um einen Akt des Privatrechts, der aus der Privatautonomie der Vereine gründet, hiernach ist die Satzung also rein rechtsgeschäftlicher Natur.[279] Eine letzte vorherrschende Ansicht[280] kombiniert die zuvor genannten Theorien[281]: Nach der sog. modifizierten Normentheorie handelt es sich bei der Satzung zunächst um einen von den Gründern geschlossenen Vertrag – sobald der „*Verein ins Leben getreten ist*", gilt die Satzung jedoch nicht mehr als Vertrag, sondern als seine Verfassung, der sich die Mitglieder unterworfen haben und die für sie kraft Korporationsrechts gilt – dies hat aber nicht zur Folge, dass der Verfassung Rechtsnormqualität zukommt.[282] Es wird mithin einerseits zwischen der Satzungserrichtung, die den Vertragsschluss darstellt und andererseits der Satzung als Verfassung des Verbandes – also praktisch dem Gesellschaftsvertrag – unterschieden.[283] Dieser Ansicht folgt auch die höchstrichterliche[284] und die unterinstanzliche[285] Rechtsprechung. So formulierte das BayObLG[286] einst – in sonst kaum zu treffender Deutlichkeit – zur Rechtsnatur und Bedeutung der Vereinssatzung:

> *„Die Vereinssatzung ist zunächst ein von den Gründern geschlossener Vertrag. Mit der Entstehung des Vereins löst sie sich von der Person der Gründer. Sie erlangt ein unabhängiges rechtliches Eigenleben, wird zur körperschaftlichen Verfassung des Vereins und objektiviert fortan das rechtliche Wollen des Vereins als der Zusammenfassung seiner*

---

278 Vertreten durch: *Ebenroth*, JZ 1987, 265, 267; MüKo BGB I 2015/*Reuter*, § 25 BGB Rn. 18; PWW/Schöpflin, § 25 BGB Rn. 4 f.; *von Gierke*, Deutsches Privatrecht, S. 142 ff., 484 f.

279 Vertreten durch: MüHandbuch GesellschR/*Steinbeck*, § 5 Rn. 32; MüKo BGB I 2018/*Leuschner*, § 25 BGB Rn. 15; Soergel BGB/*Hadding*, § 25 Rn. 17; Staudinger/*Weick*, 2005, BGB, § 25 Rn. 15.

280 In der Lit. etwa vertreten durch: MüHandbuch GesellschR/*Wagner*, § 19 Rn. 29; Palandt/*Ellenberger*, BGB, § 25 Rn. 3; Reichert/*Wagner*, Vereins- und VerbandsR, Kap. 2 Rn. 25, 368; Sauter/Schweyer/*Waldner*/*Wörle-Himmel*, Der eingetragene Verein, 1. Teil Rn. 36; *Schmidt*, Gesellschaftsrecht, S. 77 f.; *Schöpflin*, Verein, S. 219 f.; Stöber/Otto, Vereinsrecht, Rn. 55.

281 MüKo BGB I 2018/*Leuschner*, § 25 BGB Rn. 13.

282 BGH 4.10.1956 – II ZR 121/55, NJW 1956, 1793.

283 *Schmidt*, Gesellschaftsrecht, S. 76.

284 BGH 4.10.1956 – II ZR 121/55, NJW 1956, 1793; 6.3.1967 – II ZR 231/64, NJW 1967, 1268, 1271.

285 OLG Frankfurt 19.12.1984 – 9 U 107/83, ZIP 1985, 213, 215; OLG Hamm 4.8.1992 – 15 W 202/92, OLGZ 1993, 24, 27 f.

286 BayObLG 14.1.1977 – RReg. 2 Z 246/75, BayObLGZ 1977, 6, 9 f.

Mitglieder. Gründerwille und Gründerinteresse treten zurück; an ihrer Stelle gewinnen der Vereinszweck und die Mitgliedsinteressen die rechtsgestaltende Kraft, auf die es allein noch ankommen kann. Diese Wandlung bewirkt – da die Satzung für einen unbestimmten Personenkreis, insbesondere die künftigen Mitglieder, bestimmend und auch für das Verhältnis des Vereins zu Dritten maßgebend ist -, daß die Satzung nur aus ihrem Inhalt heraus ausgelegt werden kann und daß hierzu Willensäußerungen oder Interessen der Gründer und sonstige Vorgänge aus der Entstehungsgeschichte nicht verwertet werden dürfen […]. Dies alles bedeutet aber nicht, daß eine Vereinssatzung dadurch den Charakter einer Rechtsnorm erhielte, also in ihrer Rechtsqualität staatlichen (oder örtlichen) Gesetzen entspräche […]. Denn die oben dargelegte Wandlung der Satzung von einem privatrechtlichen Vertrag zur körperschaftlichen Verfassung des Vereins ändert nichts daran, daß es sich bei der Satzung um einen Ausfluß privater Willensbetätigung handelt […]. Da die Vereinsautonomie Privatautonomie ist, kann den Vereinssatzungen nicht der Rang von – staatlichen oder örtlichen (Gemeindesatzungen) – Gesetzen entsprechenden Rechtssätzen zuerkannt werden.“

Die modifizierte Normentheorie ist vorzugswürdig: Der privatautonome Ansatz ergibt insofern Sinn, als schon die Gründung eines Vereins auf rechtsgeschäftlicher Grundlage stattfindet[287], da sie der Einigung der Gründer bedarf, sodass der Satzung die privatrechtliche Entstehung nicht abgesprochen werden kann. Die Satzung kann aber nicht vollumfänglich als ein bloß privatrechtlicher Vertrag qualifiziert werden, da sie sich – wie der BGH[288] zutreffend darlegt – mit der Vereinsentstehung völlig von diesem löst und nunmehr ein unabhängiges rechtliches Eigenleben führt und zur körperschaftlichen Verfassung des Vereins wird, siehe auch § 25 BGB. Sie objektiviert fortan das rechtliche Wollen des Vereins als der Zusammenfassung seiner Mitglieder, in der Gründerwillen und -interessen zurücktreten und stattdessen Vereinszweck und die Mitgliederinteressen die rechtsgestaltende Kraft gewinnen, auf die es nur noch ankommt.[289] Zudem begründet die Satzung normähnliche Wirkung und zwar nicht nur für die gegenwärtigen, sondern auch für die zukünftigen Mitglieder, indem sie etwa die Beitrittsvoraussetzungen regelt oder bewirkt, dass satzungsmäßige Schiedsklauseln auch für künftige Mitglieder verbindlich sind, ohne dass sie diesen individuell zustimmen müssen, was wiederum der Normentheorie entspricht.[290]

Der Streit ist insofern von praktischer Relevanz, als nur die Vertragstheorie die unmittelbare Anwendbarkeit der rechtsgeschäftlichen Regelungen in Bezug auf die Verbandssatzung, wie etwa von § 139 BGB zulässt.[291] Konsequenterweise

287 MüKo BGB I 2018/*Leuschner*, § 25 BGB Rn. 15.
288 BGH 6.3.1967 – II ZR 231/64, NJW 1967, 1268, 1271.
289 BGH 6.3.1967 – II ZR 231/64, NJW 1967, 1268, 1271.
290 *Schmidt*, Gesellschaftsrecht, S. 78.
291 MüKo BGB I 2018/*Leuschner*, § 25 BGB Rn. 14.

verzichtete der BGH, der der modifizierten Normentheorie folgt, auf die Anwendbarkeit dieser Norm.[292] Die Anwendung der allgemeinen Regeln der Rechtsgeschäftslehre kann zudem in vielen Fällen dem verbandsrechtlichen Charakter der Satzung entgegenstehen, da sie oft unpassend sind.[293] Beispielsweise sind die Rechtsfolgen der Nichtigkeit eines Vertrages nicht auf die Verfassung übertragbar, wenn es um die mitgliedschaftlichen Verhältnisse im Verband geht, da eine mitgliedschaftliche Verbandsverfassung weder einfach außer Vollzug noch rückabgewickelt werden kann.[294] Zudem ist einer vertragsrechtlichen Konstruktion fremd, dass Satzungen per Gesetz schon durch Mehrheitsbeschluss geändert werden können, denn die Änderung eines Vertrags kann grundsätzlich nur durch alle Vertragspartner vorgenommen werden.[295]

Aus den vorstehenden Gründen kann nur die modifizierte Normentheorie überzeugen. Da die Rechtsprechung den Satzungsregeln normähnliche Qualität zusagt, stellt sie bei der Auslegung der Satzungen der Verbände auf den objektivierten und nicht auf den wirklichen oder hypothetischen Willen der Satzungsgeber gem. §§ 133, 157 BGB ab[296], sodass die für die Auslegung von Individualverträgen entwickelten Grundsätzen keine Anwendung finden.[297] Weil auch insbesondere künftige Mitglieder den Satzungsinhalt verstehen müssen, die sich nur auf den Satzungstext berufen können und der wirkliche Wille der Satzungsgeber zumeist nicht ermittelbar ist, ist es konsequent, die Satzung aus ihrem objektiven Inhalt heraus auszulegen, sodass der Wortlaut hierbei eine maßgebliche Rolle einnimmt.[298]

dd) Verbandsbeitritt als Unterwerfungsakt

Jedes Tätigwerden des Vereins erfordert eine mitgliedschaftliche Legitimation.[299] Trotz der Streitigkeit um die Rechtsnatur der Satzung ist – wie schon an anderer Stelle dargelegt[300] – nach allgemeiner Ansicht anerkannt, dass sich

292 BGH 6.3.1967 – II ZR 231/64, NJW 1268, 1271.

293 *Schmidt*, Gesellschaftsrecht, S. 76, 140.

294 *Schmidt*, Gesellschaftsrecht, S. 76, 140.

295 *Schöpflin*, Verein, S. 278.

296 Vgl. dazu ausführlich: C.III.3.a).

297 MüHandbuch GesellschR/*Wagner*, § 19 Rn. 53.

298 MüHandbuch GesellschR/*Wagner*, § 19 Rn. 54 ff.

299 *Bötticher*, ZfA 1979, 3, 44 ff.; HMB/*Höpfner*, Der Tarifvertrag, Teil 2 Rn. 25; *Käppler*, NZA 1991, 745, 751 f.; *Schmidt*, Gesellschaftsrecht, S. 450 f.

300 Zum Beitrittsakt als Unterwerfung unter die tarifliche Normsetzungsmacht, siehe: B.III.2.b)dd).

die Mitglieder durch Beitritt freiwillig der Vereinsgewalt und der Vereinssatzung inklusive seiner gestaltenden Wirkung unterwerfen.[301] Der Beitritt zum Verein wird als Vertrag zwischen dem Beitretenden und dem Verein gesehen.[302] Durch Satzung kann der Verein hierfür ein bestimmtes Verfahren bestimmen – wie etwa das Erfordernis der Aushändigung einer Satzungsurkunde für den Erwerb der Mitgliedschaft, vgl. § 58 Nr. 1 BGB.[303] Im Falle der erstmaligen Vereinsgründung erfolgt die Unterwerfung durch Teilnahme an dieser Gründung unter gleichzeitiger Akzeptanz der Satzung.[304]

Dass die Satzung mit dem Beitrittsakt verbindlich wird, setzt nicht voraus, dass das Mitglied den Inhalt der Satzung positiv kennt.[305] Notwendig, aber auch ausreichend ist, dass zumindest die Möglichkeit der Kenntnisnahme besteht.[306] Insofern steht dem Mitglied auch ein Recht auf Einsichtnahme bzw. Aushändigung einer Kopie der Satzung zu.[307] Dieser Anspruch folgt aus einer Nebenpflicht aus dem Mitgliedschaftsverhältnis, die ihm das Recht zur Zurverfügungstellung der Vertragsurkunde gewährt.[308] Die Zugänglichmachung auf einer Website genügt jedoch auch.[309] Zukünftige Mitglieder von eingetragenen Vereinen können sich zudem durch Einsichtnahme im Vereinsregister über den Inhalt der Satzung informieren, siehe § 79 Abs. 1 S. 1 BGB. Aufgrund dieser Kenntnisnahmemöglichkeit muss der Verein im Rahmen der Satzungsgestaltung den Bestimmtheitsgrundsatz wahren, ansonsten ist die unbestimmte Regelung unwirksam.[310]

Die Mitgliedschaft ist durch den Willen des einzelnen Mitglieds unmittelbar legitimiert – für die Beschlüsse der Mitgliederversammlung gilt dies aber nicht in jedem Fall.[311] Naturgemäß kann es zu der Konstellation kommen, in

301 *Ebert*, Zuständigkeit, S. 120; HMB/*Höpfner*, Der Tarifvertrag, Teil 2 Rn. 25; *Käppler*, NZA 1991, 745, 751 f.

302 BayObLG 24.11.1959 – BReg. 2 Z 164/59, BayObLGZ 1959, 457, 463; BGH 29.6.1987 – II ZR 295/86, NJW 1987, 2503, 2504; *Schmidt*, Gesellschaftsrecht, S. 702.

303 *Schmidt*, Gesellschaftsrecht, S. 702.

304 HMB/*Höpfner*, Der Tarifvertrag, Teil 2, Rn. 25.

305 BGH 6.3.1967 – II ZR 231/64, NJW 1967, 1268, 1269 f.

306 BGH 6.3.1967 – II ZR 231/64, NJW 1967, 1268, 1269 f.; Reichert/*Wagner*, Vereins- und VerbandsR, Kap. 2 Rn. 435.

307 LG Karlsruhe 12.11.1986 – 1 S 113/86, Rpfleger 1987, 164.

308 LG Karlsruhe 12.11.1986 – 1 S 113/86, Rpfleger 1987, 164.

309 Reichert/*Wagner*, Vereins- und VerbandsR, Kap. 2 Rn. 435.

310 BVerfG 25.5.1993 – 1 BvR 345/83, NJW 1993, 2599, 2600; Reichert/*Wagner*, Vereins- und VerbandsR, Kap. 2 Rn. 371.

311 *Höpfner*, Tarifgeltung, S. 316.

der die Mitgliederversammlung – als willensbildendes Organ des Vereins – einen Beschluss fasst, der nicht unmittelbar dem Willen des einzelnen Mitglieds entspricht. Dies ist allerdings insofern unbeachtlich, als das Mitglied mit dem Verbandsbeitritt auch sein Einverständnis zum gesetzlich bestimmten Mehrheitsprinzip erklärt.[312] Nach § 32 Abs. 1 S. 3 BGB kommt es nämlich hinsichtlich der Beschlussfassung über die Vereinsangelegenheiten durch die Mitgliederversammlung auf die Mehrheit der abgegebenen Stimmen an. Strenger sind sogar die Anforderungen an eine Satzungsänderung. Hier verlangt § 33 Abs. 1 S. 1, 2 BGB eine Mehrheit von drei Vierteln der abgegebenen Stimmen und für die Änderung des Vereinszwecks die Zustimmung aller Mitglieder. Nach § 40 S. 1 BGB sind die Bestimmungen der §§ 32, 33 BGB jedoch dispositiv und können durch Satzung geändert werden. Die Mitglieder unterwerfen sich mithin dem gesetzlichen oder dem satzungsmäßigen Prozedere der Willensbildung des Verbandes – hiervon sind auch diejenigen Verbandsbeschlüsse erfasst, die ohne oder gegen den Willen des Mitglieds gefasst werden.[313] Die Unterwerfungserklärung unter die Vereinsgewalt wird sogar so weit interpretiert, dass sie den Fall erfasst, dass durch Satzung Gestaltungsrechte an andere Vereinsorgane delegiert werden.[314] Hervorzuheben ist noch einmal: Die Mitglieder unterwerfen sich nicht nur einem konkreten Verbandsbeschluss, sondern eben dem gesamten Verfahren der verbandlichen Willensbildung, sofern dieses gesetzes- oder satzungskonform durchgeführt wird.[315] Die Mitgliederhoheit sichert daher nur den Einfluss in der Mitgliederversammlung, sie kann aber nicht garantieren, dass alle individuellen Interessen im Rahmen der Willensbildung zum Tragen kommen.[316]

b) Innenwirkung der vereinsrechtlichen Satzung

Da die Satzung die vereinsinterne Organisation und das Verhältnis zwischen dem Verein, den Mitgliedern und den Organen regelt, entfaltet sie in erster Linie Wirkungen im Innenverhältnis.[317]

Im Innenverhältnis gilt, dass die Mitglieder des Verbandes aufgrund ihrer mitgliedschaftlichen Stellung und die Organe des Verbandes aufgrund ihrer

312 MüKo BGB I 2018/*Leuschner*, § 25 BGB Rn. 15.
313 *Höpfner*, Tarifgeltung, S. 317.
314 *Bötticher*, ZfA 1979, 3, 45.
315 *Höpfner*, Tarifgeltung, S. 317.
316 *Reuter*, FS Söllner, S. 937, 946.
317 MüKo BGB I 2018/*Leuschner*, § 25 BGB Rn. 52; Soergel BGB/*Hadding*, § 25 Rn. 33.

Amtsstellung die Satzung berücksichtigen müssen.[318] Die Mitglieder haben sich mit der Beitrittserklärung der Satzung des Verbandes unterworfen und unterliegen ab diesem Zeitpunkt auch den Wirkungen ihrer Regelungen.[319] Diese Wirkungen enden grundsätzlich mit Beendigung der Mitgliedschaft, jedoch sind Nachwirkungen möglich, wenn sich ein Sachverhalt bereits während der Mitgliedschaft ereignet hat und auch der Verbandsaustritt eine Umgehung hieraus resultierender Rechtsfolgen nicht erlaubt – dieser Fall liegt etwa vor, wenn gegen ein Mitglied wirksame Vereinsstrafen ausgesprochen werden.[320]

Umgekehrt gilt, dass die Mitglieder ein Recht auf gesetzes- und satzungsmäßige Behandlung durch den Verband und seine Organe haben.[321] Dass einzelne Organe ihre Ämter im Übrigen rechtmäßig erfüllen, kann aber nur der Verband geltend machen.[322] Verbandsmitglieder haben kein einklagbares Recht auf Satzungseinhaltung durch die Verbandsorgane.[323] So kann ein einzelnes Mitglied grundsätzlich nicht verlangen, dass der Vorstand ein satzungswidriges Verhalten unterlässt, wenn es nicht unmittelbar in seinen Rechten betroffen ist[324] – eine derartige Unterlassungsklage würde eine unzulässige Popularklage darstellen.[325] Das Mitglied muss unzulässige oder verbandswidrige Maßnahmen jedoch nicht befolgen.[326] Leitet eine Gewerkschaft etwa Arbeitskampfmaßnahmen ohne die Durchführung einer Urabstimmung ein, obwohl ihre Satzung dies verlangt,

---

318 MüHandbuch GesellschR/*Wagner*, § 19 Rn. 15.

319 Soergel BGB/*Hadding*, § 25 Rn. 34.

320 MüKo BGB I 2018/*Leuschner*, § 25 BGB Rn. 52; Soergel BGB/*Hadding*, § 25 Rn. 34.

321 MüKo BGB I 2015/*Arnold*, § 38 BGB Rn. 30; MüKo BGB I 2018/*Leuschner*, § 38 BGB Rn. 16; BGH 4.10.1956 – II ZR 121/55, NJW 1956, 1793, 1794.

322 MüKo BGB I 2015/*Arnold*, § 38 BGB Rn. 30; MüKo BGB I 2018/*Leuschner*, § 38 BGB Rn. 16.

323 MüHandbuch ArbR/*Rieble*, § 224 Rn. 61; *Schmidt*, Gesellschaftsrecht, S. 649 f.; siehe ebenfalls BGH 11.2.1980 – II ZR 41/79, NJW 1980, 1463, 1464 f. – für die GmbH & Co.KG;. a.A. *Vorderwülbecke*, Rechtsform der Gewerkschaften, S. 152 – *„so erweist sich die Notwendigkeit innergewerkschaftlicher Rechtskontrolle durch Eröffnung von Klagemöglichkeiten des einzelnen Mitglieds gerade angesichts der besonderen Bedeutung der Gewerkschaften für das gute Funktionieren des Staates.“*

324 *Schmidt*, Gesellschaftsrecht, S. 649 f.

325 *Gamillscheg*, Kollektives Arbeitsrecht, S. 459.

326 MüHandbuch ArbR/*Rieble*, § 224 Rn. 60.

können Gewerkschaftsmitglieder von den Arbeitskampfmaßnahmen Abstand nehmen, ohne Sanktionen zu erwarten.[327]

c) Außenwirkung der vereinsrechtlichen Satzung

aa) Auffassung von Lehre und Rechtsprechung

Nach allgemeiner Ansicht in Rechtsprechung[328] und Literatur[329] hat die Vereinssatzung keine Wirkung gegenüber Außenstehenden, d.h. vereinsfremden Dritten. Hieraus folgt, dass ein Außenstehender keinen Anspruch gegen den Verein hat, der Satzung entsprechend zu handeln – ein solcher Anspruch ist lediglich Mitgliedern vorbehalten[330], wenn die unmittelbar und zwingende Wirkung der Satzung diese trifft.[331] Die Satzung regelt die innere Verfassung des Vereins – ihre Erstellung oder Anpassung vollzieht sich nicht im Rahmen eines kontradiktorischen Verfahrens zwischen unterschiedlichen Rechtssubjekten.[332] Sofern eine Person eine Organstellung im Verein innehat, aber nicht gleichzeitig Mitglied des Vereins ist, kann sie ebenfalls weder beanspruchen, dass die Satzung eingehalten wird, noch geltend machen, dass sie nicht beachtet wurde.[333] Wird also durch ein handelndes Organ gegen die Satzung verstoßen, kann ein Dritter hieraus keine Ansprüche herleiten.[334] Die Satzung wirkt folglich nur im Innenverhältnis, da sie nicht die Rechtsverhältnisse zu Dritten regelt, sondern nur für den Verein selbst und solche zwischen dem Verein und seinen Mitgliedern.[335]

Satzungsverstößen und unzulässigen Satzungsgestaltungen wird nach vereinsrechtlichen Grundsätzen keine Außenwirkung beigemessen!

---

327 *Bauer/Röder*, DB 1984, 1096, 1098; Däubler/*Reinfelder*, Arbeitskampfrecht, § 15 Rn. 37; *Kissel*, Arbeitskampfrecht, § 40 Rn. 18; *Rieble*, in: FS Canaris, S. 1439, 1442 f.; *Seiter*, Streikrecht, § 32, S. 511.

328 Siehe schon: RG 23.11.1922 – IV 167/22, RGZ 106, 120, 122 ff., 126 ff.; BGH 18.9.1958 – II ZR 332/56, NJW 1958, 1867, 1868; 29.6.1987 – II ZR 295/86, NJW 1987, 2503, 2504.

329 BeckOK BGB/*Schöpflin*, § 25 BGB Rn. 2, 15, 18; *Bayreuther*, Tarifautonomie, S. 195; *Ebert*, Zuständigkeit, S. 120; MüHandbuch GesellschR/*Wagner*, § 19 Rn. 16; MüKo BGB I 2015/*Reuter* § 25 BGB Rn. 28 f., 33; PWW/Schöpflin, § 25 BGB Rn. 4; Soergel BGB/*Hadding*, § 25 Rn. 1, 33; Staudinger/*Weick*, BGB, 2005, § 25 Rn. 10; Staudinger/*Schwennicke*, BGB, § 25 Rn. 35 ff.

330 BGH 29.6.1987 – II ZR 295/86, NJW 1987, 2503, 2504.

331 MüKo BGB I 2015/*Reuter* § 25 BGB Rn. 18.

332 *Bayreuther*, Tarifautonomie, S. 195.

333 MüHandbuch GesellschR/*Wagner*, § 19 Rn. 16.

334 BGH 29.6.1987 – II ZR 295/86, NJW 1987, 2503, 2504.

335 BeckOK BGB/*Schöpflin*, § 25 BGB Rn. 2; Soergel BGB/*Hadding*, § 25 Rn. 1.

Nur ausnahmsweise kann sich ein Dritter unmittelbar auf die Satzung berufen und zwar dann, wenn sie ihm ein eigenes Recht einräumt.[336] Dem Verband steht es frei, seine Satzung auch auf Dritte zu erstrecken.[337] Dieses Recht folgt unmittelbar aus Art. 9 Abs. 1 GG.[338] Eine Drittwirkung bzw. Dritterstreckung der Satzung kann ausschließlich auf rechtsgeschäftlicher Vereinbarung beruhen – mitgliedschaftliche Rechte und Pflichten werden dabei nicht begründet.[339] Beispielsweise können Dritte kraft Einzelvereinbarung einen Anspruch auf Teilnahme an einer Vereinsveranstaltung erlangen.[340] Möglich ist auch die Anspruchsentstehung auf satzungsgemäße Leistung über § 328 BGB zu begründen.[341]

Umgekehrt können sich Dritte auch rechtsgeschäftlich dazu verpflichten, die Satzung einzuhalten.[342] Verstößt der Verbandsfremde gegen die Satzung, stellt dies in erster Linie eine Vertragsverletzung und keinen Satzungsverstoß dar.[343]

bb) Bewertung

Der Ansicht von Rechtsprechung und Literatur betreffend der fehlenden Außenwirkung von Satzungsregelungen von Vereinen ist vollumfänglich zuzustimmen.

Dies ergibt sich aus dem Gedanken zweier Rechtsinstitute: Zum einen aus der im Delikts- und Schadensersatzrecht anzufindenden Lehre vom Schutzzweck der Norm und aus der im öffentlichen Recht anzufindenden Schutznormtheorie. Nach der im Privatrecht anerkannten Lehre vom Schutzzweck der Norm kann ein Anspruchssteller nur dann Rechtsfolgen aus der Verletzung einer Norm herleiten, wenn er zum geschützten Personenkreis gehört.[344] Gleiches gilt nach der Schutznormtheorie, die im Rahmen der Klagebefugnis gem. § 42 Abs. 2 VwGO diskutiert wird. Hiernach ist die Rechtsschutzgarantie auf den Kreis derjenigen beschränkt, die vom Schutzbereich der maßgeblichen Normen erfasst werden.[345]

---

336 BGH 29.6.1987 – II ZR 295/86, NJW 1987, 2503, 2504.

337 Soergel BGB/*Hadding*, § 25 Rn. 35.

338 MüKo BGB I 2015/*Reuter* § 25 BGB Rn. 29.

339 BGH 28.11.1994 – II ZR 11/94, NJW 1995, 583, 585 f. – „*die dazu nötige Unterwerfung kann nur durch rechtsgeschäftlichen Einzelakt erfolgen*“; MüKo BGB I 2018/*Leuschner*, § 25 BGB Rn. 60; MüKo BGB I 2015/*Reuter* § 25 BGB Rn. 29.

340 BeckOK BGB/*Schöpflin*, § 25 BGB Rn. 18.

341 BeckOK BGB/*Schöpflin*, § 25 BGB Rn. 18.

342 BGH 28.11.1994 – II ZR 11/94, NJW 1995, 583, 584.

343 MüHandbuch GesellschR/*Wagner*, § 19 Rn. 20; Reichert/*Wagner*, Vereins- und VerbandsR, Kap. 2 Rn. 722.

344 Palandt/*Sprau*, BGB, § 823 Rn. 59.

345 BeckOK VwGO/*Schmidt-Kötters*, § 42 Rn. 110.

Aus dem Grundgedanken dieser Institute lässt sich ableiten, dass nicht jeder aus einer Rechtsnorm bzw. aus ihrer Verletzung Rechte ableiten kann, sondern der Anspruchssteller in den persönlichen Schutzbereich der Norm fallen muss. Zwar kommt der Satzung eines Vereins auch nach der modifizierten Normentheorie keine Rechtsnormqualität zu, jedoch hat sie normähnliche Wirkung[346], sodass dieser Rechtsgedanke bzw. diese rechtliche Wertung auch auf sie übertragen werden kann. Sofern ein Dritter aus einer Satzungsregelung Ansprüche herleiten will und er sich nicht auf eine Individualvereinbarung berufen kann, muss sich aus der konkreten Regelung ergeben, dass auch ein vereinsfremder Dritter von ihrem Schutzumfang erfasst werden soll. Ergibt sich dies nicht aus der Satzungsregelung, kann nicht davon ausgegangen werden, dass die Satzung das Einbeziehen von Fremden intendiert und es bleibt beim Grundsatz, dass vereinsfremde Dritte außen vor bleiben.

Zu demselben Ergebnis gelangt man, wenn man erneut einen Blick auf die Rechtsnatur der Verbandssatzung als Teil der Verbandsverfassung wirft: Nach der hier vertretenen modifizieren Normentheorie entsteht die Satzung zunächst als Vertrag und erlangt mit Vereinsentstehung normähnliche Wirkung. Entsprechend dem Gedanken des § 311 Abs. 1 BGB ist für die Begründung eines rechtsgeschäftlichen Schuldverhältnisses, aus dem man Rechte herleiten will, ein Vertrag zwischen den Beteiligten erforderlich. Ein solcher entsteht aber nur zwischen den Mitgliedern und dem Verein durch Beitritt.[347] Diese Unterwerfungserklärung liegt bei vereinsfremden Dritten eben nicht vor, sodass sie aus der Satzung keine Ansprüche herleiten können. Umgekehrt kann der Verein auch keine Regelungen setzen, die einen Vereinsfremden betreffen, da mit dem fehlenden Beitrittsakt die mitgliedschaftliche Legitimation zur Regelungssetzung fehlt – sie kann nur durch eine vertragliche Legitimation ersetzt werden.[348] Die Satzung ist eben nicht ein bloßer Vertrag, sondern vielmehr Grundlage des Vereinslebens, die den wechselnden Voraussetzungen des Vereinswohls ständig gerecht werden und dabei das Urteil der Mitgliedermehrheit berücksichtigen muss.[349] Dies gilt umso mehr für Gewerkschaften und Arbeitgeberverbände, da sie als Interessenverband die vielfältigen Interessen ihrer Mitglieder zu einem verhandlungsfähigen Interesse der repräsentierten Gesamtheit zusammenfassen

346 Vgl. dazu: B.IV.3.a)cc).

347 BayObLG 24.11.1959 – BReg. 2 Z 164/59, BayObLGZ 1959, 457, 463; BGH 29.6.1987 – II ZR 295/86, NJW 1987, 2503, 2504; *Schmidt*, Gesellschaftsrecht, S. 702.

348 MüKo BGB I 2015/*Reuter* § 25 BGB Rn. 30.

349 MüKo BGB I 2015/*Reuter* § 25 BGB Rn. 33.

müssen.[350] Die Verbandssatzung ist eben nicht darauf ausgerichtet Drittbelangen nachzukommen, weshalb sich Nichtmitglieder – ohne entsprechende individualvertragliche Grundlage – auch nicht auf die Satzung berufen können sollten.

Auch die Gesetzessystematik des Vereinsrechts spricht für sich: So bestimmt das Gesetz in § 26 Abs. 1 S. 3 BGB, dass die gesetzlich vorgesehene vollumfängliche Vertretungsmacht des Vereinsvorstandes *„durch die Satzung mit Wirkung gegen Dritte beschränkt werden"* kann. Aus dem Umkehrschluss folgt, dass sich der Wirkbereich von Satzungsregeln nur auf das Innenverhältnis im Verband beschränkt, sonst hätte der Gesetzgeber dies für eine Außenwirkung nicht ausdrücklich hervorheben müssen. Hieraus kann man herleiten, dass es sich um einen Ausnahmefall handelt. Eine ähnlich lautende Vorschrift findet sich im Vereinsrecht im Übrigen nicht ein zweites Mal.

4. Übertragbarkeit des Vereinsrechts auf Berufsverbände

Im Ausgangspunkt finden die dargestellten vereinsrechtlichen Vorschriften und Grundsätze auch auf Tarifparteien Anwendung. Die Tatsache, dass die Satzung der Verbände normähnliche Wirkung entfaltet und weder nur ein Vertrag noch eine Rechtsnorm ist und als Teil der Verfassung die das Vereinsleben bestimmenden Grundentscheidungen beinhalten muss sowie die Erkenntnis, dass der Verbandsbeitritt die Satzungsgewalt des Verbandes legitimiert, solange das Mitglied sich Kenntnis über den Inhalt der Satzung verschaffen kann, begründen wichtige Leitgedanken, die im Rahmen der Fallbeispiele Anknüpfungspunkt sein werden.

Ob sich allerdings alle im Vereinsrecht geltenden Prinzipien, insbesondere die Tatsache, dass der Verbandssatzung lediglich verbandsinterne Wirkung beigemessen wird, vollumfänglich auf das Tarifrecht übertragen lassen, ist zweifelhaft, da das Vereinsrecht des BGB nicht auf Gewerkschaften und Arbeitgeberverbände mit ihren gesellschaftlich bedeutsamen Aufgaben und Funktionen ausgerichtet ist. Drastisch formulierte einst der Reichstagsabgeordnete *Stadthagen*, dass das Vereinsrecht ein Recht für *„Skat-, Kegel-, Sauf- und Rauchvereine"* sei.[351] *Oetker*[352] wählte die Formulierung, wonach Gewerkschaften und Arbeitgeberverbände sowie ihre Mitglieder *„in das Prokrustesbett des privaten Vereinsrechts gezwungen"* seien, weil es *„auf den Typus des lokalen Geselligkeitsvereins*

350 *Reuter*, FS Söllner, S. 937, 941.

351 *Mugdan*, Einführungsgesetz und Allgemeiner Teil, S. 995; *Reuter*, FS Söllner, S. 937; *Löwisch/Rieble*, TVG, § 2 Rn. 121.

352 *Oetker*, RdA, 1999, 96.

zugeschnitten" sei und diese die vereinsrechtlichen Vorgaben als normativen Rahmen für ihre Betätigung akzeptieren müssten, was „*mit erheblichen Friktionen verbunden*" sei. Daher könnten Koalitionen nur durch „*Ausschöpfung aller Gestaltungsspielräume per Satzungsrecht (§ 40 BGB) den Anforderungen an effizient agierende Massenorganisationen angepaßt werden*".[353]

Im Folgenden sollen – insbesondere die funktionalen – Unterschiede zwischen Vereinigungen im Sinne des Art. 9 Abs. 1 GG, dessen Schutzbereich durch das Vereinsrecht ausgestaltet wird, und Koalitionen im Sinne des Art. 9 Abs. 3 GG dargelegt werden, da sie den unterschiedlichen Umgang mit Satzungsverstößen und unzulässigen Satzungsgestaltungen, die im zweiten Teil dieser Arbeit näher beschrieben werden, rechtfertigen können.

a) Funktionale Unterschiede zwischen Vereinigungen im Sinne des Art. 9 Abs. 1 GG und Koalitionen

Es lassen sich erhebliche Unterschiede – insbesondere in Bezug auf die Funktionalität der Verbände erkennen: An erster Stelle betrifft es ihre Zweckausrichtung. Der Wirkbereich gewöhnlicher Vereine erstreckt sich zumeist auf die Teilnahme im allgemeinen Rechtsverkehr, wohingegen Koalitionen von der Verfassung weitere Pflichten zugeteilt werden, da sie ihrem verfassungsrechtlichen Auftrag der Wahrung und Förderung der Arbeits- und Wirtschaftsbedingungen entsprechen müssen.[354] Ihr Tätigwerden wird im Allgemeinen von der breiten Masse viel stärker wahrgenommen, da sie als Interessenverband und Repräsentant der Arbeitnehmer und Arbeitgeber gegenüber der Öffentlichkeit und gegenüber der Politik auftreten und hierbei wichtigen öffentlichen Aufgaben und Funktionen nachkommen.[355] Während das Grundrecht der Vereinigungsfreiheit im Wesentlichen als Abwehrrecht gegen den Staat ausgestaltet ist, geht die Funktion der Koalitionsfreiheit weiter: Zwar dient die Koalitionsfreiheit ebenfalls dem Schutz des einzelnen Grundrechtsträgers vor staatlichen Eingriffen, sie hat darüber hinaus aber ebenfalls die Beziehung zwischen Trägern widerstreitender Interessen zum Gegenstand und schützt diese auch insoweit vor staatlicher Einflussnahme.[356] Zudem verfügen Gewerkschaften und Arbeitgeberverbände über zentrale Zuständigkeiten innerhalb der Arbeitsordnung und der rechtlichen

---

353 *Oetker*, RdA, 1999, 96.
354 *Reuter*, FS Söllner, S. 937; *Löwisch/Rieble*, TVG, § 2 Rn. 121.
355 *Reuter*, FS Söllner, S. 937, 939.
356 BVerfG 2.3.1993 – 1 BvR 1213/85, NJW 1993, 1379, 1380.

Arbeitsverfassung.[357] Ihnen obliegt die im öffentlichen Interesse übertragene Aufgabe, im Verein mit dem sozialen Gegenspieler das Arbeitsleben zu ordnen und zu befrieden.[358] Durch Wahrnehmung dieser öffentlichen Aufgabe entlasten Tarifparteien zugleich den Staat, der die Ordnung der Arbeitsbedingungen kaum besser bewältigen könnte, da er auf die Besonderheiten eines Arbeitsplatzes zumeist nicht entsprechend reagieren können wird.[359] Den Verträgen von Tarifparteien kommt der Auftrag einer breitflächigen Interessenwahrnehmung zu, etwa in Gestalt der Verteilungsfunktion, die von Lohngerechtigkeit im Geltungsbereich des Tarifvertrages und von Einkommensgerechtigkeit in der gesamten Bevölkerung geprägt ist.[360] Ihnen haftet ebenfalls eine Friedensfunktion[361] an, weil beispielsweise während der Laufzeit des Tarifvertrages grundsätzlich Kampfmaßnahmen zu unterlassen sind.[362] Tarifvertragsparteien tragen demnach eine hohe Verantwortung für wirtschaftliche und gesellschaftliche Entwicklungen und entlasten in dieser Funktion den Staat.[363] Diese konzeptionelle Vorstellung des Verfassungsgebers wird durch die Regelung der unmittelbaren Drittwirkung nach Art. 9 Abs. 3 S. 2 GG, wonach Abreden, die die Koalitionsfreiheit einschränken oder zu behindern suchen, nichtig und hierauf gerichtete Maßnahmen rechtswidrig sind, noch einmal verdeutlicht, da sie die Absicherung der Koalitionsfreiheit auch zum sozialen Gegenspieler und nicht nur gegenüber staatlicher Eingriffe bewirkt – eine vergleichbare Regelung findet sich für die Vereinigungsfreiheit in Art. 9 Abs. 1 GG nicht.[364]

Die Koalitionsfreiheit ist nicht nur singulär ausgerichtet – sie ist auch gegnerbasiert, da auch die Interessen des tariflichen Gegenspielers und diejenigen der betroffenen Arbeitnehmer stets in ein Gleichgewicht zu bringen sind – ein stetiges „Hin- und Herschaukeln“ zwischen den Interessen der Gewerkschaft, der Arbeitnehmer und Arbeitgeberverbände ist prägend für das Grundrecht.

---

357 Maunz/Dürig/*Scholz*, Art. 9 GG Rn. 10.

358 BVerfG 6.5.1964 – 1 BvR 79/62, NJW 1964, 1267, 1268.

359 *Gamillscheg*, Kollektives Arbeitsrecht, S. 291 f.

360 Wiedemann/*Wiedemann*, TVG, 7. Aufl., Einl. Rn. 5, 7 f., 9 ff.

361 Eine befriedende Wirkung wird etwa im Rahmen der Daseinsvorsorge sichtbar: Die Friedensfunktion wirkt sich hier im besonderen Maße gegenüber denjenigen Bürgern aus, die von staatlichen Einrichtungen (etwa: Kindertagesstätten) profitieren. Etwaige Kampfmaßnahmen im Bereich der Daseinsvorsorge treffen die Allgemeinheit besonders schwer.

362 Wiedemann/*Wiedemann*, TVG, 7. Aufl., Einl. Rn. 20.

363 ErfK/*Linsenmaier*, Art. 9 GG Rn. 20.

364 Maunz/Dürig/*Scholz*, Art. 9 GG Rn. 10.

Sie bietet mithin nicht wie die anderen Grundrechte in erster Linie Schutz vor staatlicher Gewalt, sondern ist – gerade was das Verhältnis des Arbeitnehmers zum Arbeitgeber anbelangt – sehr auf die Auseinandersetzung mit dem Gegner gerichtet.[365] Insbesondere vor dem Hintergrund, dass Arbeitnehmer in der Regel strukturell die unterlegene Rolle einnehmen, ist der Verantwortungsbereich der Gewerkschaften als Berufsverband von übergeordneter Bedeutung, da sie im Kollektiv die Interessen der Arbeitnehmer besser verteidigen können.

Ein essentieller Unterschied liegt zudem in der Befugnis zur tariflichen Normsetzung, die den Koalitionen vorbehalten ist. Die Arbeitsbedingungen, die Koalitionen verhandeln, betreffen eine Vielzahl von abhängig Beschäftigten. Ihr Tätigwerden, insbesondere im Bereich der Tarifautonomie, wirkt sich gesamtgesellschaftlich aus.[366] Aufgrund der einschneidenden Wirkungen (auch für verbandsfremde Außenseiter), die Tarifnormen mit sich bringen, und der Tatsache, dass Arbeitnehmer die Ausgestaltung ihrer Arbeitsverhältnisse in die Hände der Koalitionen legen, kann in Fällen der koalitionsmäßigen Machtausübung ein besonderes Interesse an staatlicher Einmischung im Sinne einer Ausgestaltung oder eines Eingriffs vorliegen. Es besteht ein erhöhter Bedarf an der richterlichen Ausgestaltung des Koalitionsrechts, insbesondere im Tarifwesen, da der Gesetzgeber – anders als bei der Ausgestaltung der Vereinigungsfreiheit – in vielen Teilen untätig geblieben ist. Im Sinne einer funktionierenden Tarifautonomie in Gestalt einer Zugangskontrolle und der Sicherstellung der Verhandlungsparität der Tarifparteien ist eine Ausgestaltung aber unerlässlich. Die richterliche Ausgestaltung des Grundrechts ist an diversen Stellen in den Anforderungen zu finden, die an die Verbandssatzungen der Tarifparteien gestellt werden.

Ihre gesamtgesellschaftliche Funktion erschöpft sich nicht nur in der Ausübung ihrer Koalitionsbetätigungsfreiheit durch den Abschluss von Tarifverträgen. Koalitionen werden zum Teil auch an der staatlichen Gesetzgebung beteiligt, da in vielen arbeitsrechtlichen Gesetzen bestimmt wird, dass Durchführungsverordnungen oder Verwaltungsvorschriften, nur nach vorheriger Abstimmung mit den Berufsverbänden erlassen werden können.[367] Sie beeinflussen nicht nur Gesetzgebung und Wirtschaft, sondern auch die Verwaltung – etwa, wenn sie nach § 20 Abs. 2 ArbGG bei der Berufung der ehrenamtlichen Richter in der Arbeitsgerichtsbarkeit mitwirken.[368] Ihr Aufgabenbereich ist mannigfaltig und

---

365 HK-ArbR/*Hensche*, Art. 9 GG Rn. 24.

366 *Waltermann*, Arbeitsrecht, S. 229.

367 *Waltermann*, Arbeitsrecht, S. 229 f.; siehe etwa § 11 ArbnErfG.

368 *Waltermann*, Arbeitsrecht, S. 230.

erschöpft sich daher nicht in der Verwirklichung der Interessen ihrer Mitglieder, wie es in der Regel bei sonstigen Vereinen der Fall ist.

b) *Zwischenfazit*

Das BGB-Vereinsrecht, das eine gesetzliche Ausgestaltung des Grundrechts der Vereinigungsfreiheit darstellt und von der Systematik her Satzungsverstöße im internen Bereich belässt[369] – insbesondere die ablehnende Haltung der Rechtsprechung und der Literatur gegenüber der Außenwirkung von Verstößen gegen Satzungen „gewöhnlicher" Vereine – lassen sich aus oben genannten Aspekten nicht undifferenziert auf Koalitionen übertragen. Im Gegensatz zur Vereinigungsfreiheit, die der Gesetzgeber, etwa durch das Vereins- und Gesellschaftsrecht umfassend geprägt hat, hat er sich bei der Ausgestaltung der Koalitionsfreiheit, insbesondere im Hinblick auf die Tarifautonomie sehr weit zurückgehalten – diese Aufgabe erfüllt stattdessen in großen Teilen die Judikative.[370] Die die Koalitionsfreiheit betreffenden verfassungsrechtlichen Prinzipien, die die Rechtsprechung im Laufe ihrer Judikatur fortentwickelt hat, können einen anderen Umgang mit Verstößen gegen Satzungen der Berufsverbände rechtfertigen – ein Abstellen auf die Prinzipien des BGB-Vereinsrechts ist nicht in jedem Falle möglich. Insbesondere der durch § 40 BGB vermittelte erste Eindruck, dass Verbände in ihrer Satzungsautonomie praktisch völlig frei sind, ist zu revidieren, da Art. 9 Abs. 3 GG ihr Schranken setzen kann.[371]

Die nachfolgenden Fallbeispiele verdeutlichen, wie sich wesentliche Grundlagen der Koalitionsfreiheit – etwa die Sicherung der Funktionsfähigkeit der Tarifautonomie samt Zugangskontrolle und Verhandlungsparität auf Fragen rund um die Verbandssatzung auswirken können. Die Normgeprägtheit und Ausgestaltungsbedürftigkeit des Grundrechts der Koalitionsfreiheit wird in der nachfolgenden Untersuchung der Fallbeispiele deutlich. Zum Schutz der koalitionsrechtlichen Grundlagen ist es teilweise unumgänglich, erhöhte Transparenzanforderungen an die Ausgestaltung der Verbandssatzung zu stellen. Auch die Außenwirkung eines Verstoßes kann ein probates Mittel für eine hinreichende Absicherung der koalitionsrechtlichen Ansprüche sein. Besteht eine besondere Rechtfertigung für die Außenwirkung von Satzungsregelungen nicht, verbietet die verfassungsrechtlich garantierte Vereinsautonomie die Annahme einer Außenwirkung, es sei denn der Verband hat eigenmächtig eine Drittwirkung

---

369 Vgl. dazu: B.IV.3.c).

370 *Poscher*, RdA 2017, 235, 236.

371 *Oetker*, RdA 1999, 96, 97.

geschaffen, indem er beispielsweise Dritte individualvertraglich in den Wirkungskreis der Satzungsregelungen einbezogen hat.

C. Teil II: Fallbeispiele

I. Einführung

Die Untersuchung der Fallbeispiele, in denen sich die Frage der Außenwirkung von Satzungsverstößen und unzureichenden Satzungsgestaltungen in der tariflichen Praxis bereits gestellt hat, ist Schwerpunkt dieses Teils der Arbeit. Sie soll Erkenntnisse über den allgemeinen Umgang mit den Satzungen von Berufsverbänden liefern.

Die nachfolgenden Beispiele behandeln sechs ausgewählte Sachverhalte und Konstellationen, die mittelbar oder unmittelbar den Wirkungskreis der Satzung betreffen. Das erste Beispiel setzt sich mit den Folgen für die Rechtmäßigkeit eines Streiks bei Verstoß gegen ein satzungsmäßig fixiertes Urabstimmungserfordernis auseinander. Das zweite Beispiel beleuchtet die Frage, was mit Tarifverträgen passiert, wenn eine Gewerkschaft oder ein Arbeitgeberverband ihre bzw. seine satzungsmäßig definierte Tarifzuständigkeit ignoriert. Der dritte Fall geht in eine ähnliche Richtung, fokussiert aber auf die Konstellation, dass ein Dachverband die Änderung der Tarifzuständigkeit von vorherigen Genehmigungserfordernissen abhängig macht, gegen die eine Mitgliedsgewerkschaft verstößt. Fall vier behandelt die Voraussetzungen, die eine Arbeitgeberverbandssatzung erfüllen muss, um wirksame OT-Mitgliedschaften anbieten zu können. Das fünfte Fallbeispiel behandelt die Voraussetzungen, die eine Koalitionssatzung erfüllen muss, um Tariffähigkeit beanspruchen zu können. Der letzte Fall behandelt schließlich die Anforderungen, die an eine Satzung zu stellen sind, wenn der Verband die Vertretungsmacht des Vereinsvorstandes wirksam beschränken möchte.

II. Fallbeispiel 1: Verstoß gegen die satzungsmäßig geforderte Urabstimmung vor einem Streik

1. Einleitung

Bevor es zu einer Arbeitsniederlegung kommt, verlangen Gewerkschaftssatzungen oftmals die Durchführung einer geheimen Urabstimmung, nachdem die Verhandlungen über einen Tarifvertrag für gescheitert erklärt worden sind und unter Umständen ein Schlichtungsversuch stattgefunden hat. Im Rahmen der Urabstimmung entscheiden Gewerkschaftsmitglieder über die Durchführung oder Fortsetzung eines Streiks.

Im Fokus dieses Abschnitts steht die Beantwortung der Frage, ob Gewerkschaften „nach außen hin" gegenüber ihrem tariflichen Gegenspieler zur Durchführung ihrer satzungsmäßig verankerten Urabstimmung verpflichtet sind, also insbesondere, ob die Urabstimmung Rechtmäßigkeitsvoraussetzung des Arbeitskampfes ist. Es stellt sich also die Frage nach den Rechtsfolgen eines Satzungsverstoßes.

2. Satzungsrechtliche Verankerung der Urabstimmung

Diverse Gewerkschaftssatzungen beinhalten die Pflicht zur Durchführung einer Urabstimmung. So schreibt § 22 Nr. 3, 4 der Satzung der IG Metall[372] vor:

> *„[…] Der Antrag auf Arbeitseinstellung […] muss abgelehnt werden, wenn nicht mindestens 75 Prozent der für die Bewegung in Betracht kommenden Gewerkschaftsmitglieder in der vom Vorstand beschlossenen geheimen Urabstimmung für die Arbeitseinstellung gestimmt haben. […]. Tritt während eines anerkannten Streiks nach Auffassung des Vorstandes eine wesentliche Änderung der Situation ein, so muss erneut eine geheime Urabstimmung unter den an dieser Streikbewegung beteiligten Mitgliedern durchgeführt werden. Der Vorstand darf der Fortführung der Bewegung nur dann zustimmen, wenn mindestens 75 Prozent der für die Bewegung in Betracht kommenden Gewerkschaftsmitglieder sich dafür ausgesprochen haben."*

Auch bei ver.di finden sich in der Satzung[373] i.V.m. den ver.di-Arbeitskampfrichtlinien[374] Urabstimmungsklauseln. Die Durchführung ist jedoch nur im Falle einer Streikbeendigung obligatorisch, wenn zuvor eine Urabstimmung über die Durchführung eines Streiks ergangen ist:

> *„§ 70 Arbeitskampf*
> *1. Über Urabstimmungen und Arbeitskampfmaßnahmen entscheidet der Bundesvorstand.*
> *2. Der Bundesvorstand kann im Falle kurzzeitiger, befristeter Arbeitsniederlegungen und Warnstreiks sein Entscheidungsrecht delegieren. 3. Fachbereiche und Ebenen stimmen sich auch auf Bezirks- und Landesbezirksebene rechtzeitig über bevorstehende und laufende Tarifbewegungen und Arbeitskämpfe ab. 4. Das Nähere regelt eine vom Gewerkschaftsrat erlassene Richtlinie (Arbeitskampfrichtlinie).*

---

372 Online im Internet: https://www.igmetall.de/download/20191231_IGM_Satzung_2020_web_4bc0a0e0054f65e751cf12b6d4b17c76d0a01873.pdf, Stand: 1.1.2020, Abfrage: 2.8.2020.

373 Online im Internet: https://www.verdi.de/++file++5073a207deb5011af9001810/download/ver.di-Satzung.pdf, Stand: 22.-28.9.2019, Abfrage 2.8.2020.

374 Online im Internet: https://www.grundeinkommen.de/wp-content/uploads/2016/02/Arbeitskampfrichtlinie-gultig-ab-1.-Januar-2011.pdf, Stand: 30.9.2010, Abfrage: 2.8.2020.

§ 4 Urabstimmung und Mitgliederbefragung
1. Beantragung von und Entscheidung über Urabstimmungen
Über die Durchführung und über die Beendigung eines Erzwingungsstreiks kann eine Urabstimmung durchgeführt werden. Die Urabstimmung ist durch den Bundesvorstand zu beschließen. [...]
3. Urabstimmung vor der Durchführung eines Erzwingungsstreiks
Sprechen sich mehr als 75 % der zur Urabstimmung aufgerufenen und nicht verhinderten Mitglieder für einen Streik aus, entscheidet der Bundesvorstand nach § 3 über die Einleitung und Durchführung eines Erzwingungsstreiks. Werden unmittelbar nach einer Urabstimmung, aber vor Ausrufung oder Beginn des Arbeitskampfes, die Verhandlungen wieder aufgenommen, so ist nach deren Scheitern keine neue Urabstimmung erforderlich.
4. Urabstimmung über die Beendigung eines Erzwingungsstreiks
Ist dem Arbeitskampf eine Urabstimmung nach § 4 Ziffer 3 vorausgegangen, so findet grundsätzlich auch vor seiner Beendigung eine Urabstimmung statt, wenn das Verhandlungsergebnis von den Forderungen abweicht. Der Arbeitskampf ist zu beenden, wenn sich mehr als 25% der zur Urabstimmung aufgerufenen und nicht verhinderten Mitglieder für die Annahme des Verhandlungsergebnisses entscheiden. [...]"

Hinter dem Erfordernis der Urabstimmung steht der Gedanke, dass ein Streik von der gewerkschaftlich organisierten Mehrheit getragen und mitverantwortet wird.[375] Die Abstimmung ist ein Instrumentarium für die demokratische Willensbildung[376] der Arbeitnehmer in Bezug auf einen Streik.[377]

3. Verstoß gegen die Satzung

Kritisch wird es, wenn das satzungsmäßige Verfahren zur Urabstimmung nicht eingehalten wird. Denkbare Fälle sind beispielsweise, dass ein Streik ohne vorherige Urabstimmung ausgerufen oder fortgesetzt wird oder, dass gestreikt wird, obwohl die erforderliche Mehrheit im Rahmen der Abstimmung nicht erreicht wurde. Trotz der hohen praktischen Bedeutung und der einschneidenden Folgen eines Streiks fehlen bislang höchstrichterliche Entscheidungen zu dieser Thematik. Auch die unterinstanzliche Rechtsprechung musste sich bislang nur

---

375 *Hettlage*, NJW 2004, 3299.

376 Ob das Postulat innerverbandlicher Demokratie jedoch so weit führt, dass zwingend vor einem Streik eine außenrechtliche Notwendigkeit einer basisdemokratischen Beteiligung erforderlich ist, ist zweifelhaft. Schließlich sieht das Vereinsrecht vor, dass die Befugnisse der Organe durch Satzung festgelegt werden können, sodass auch ein repräsentativ-demokratisches Konzept der demokratischen Binnenstruktur genügt, *Greiner*, Das arbeitskampfrechtliche Verhältnismäßigkeitsprinzip, S. 112 f.

377 Däubler/*Wolter/Schubert/Rödl*, Arbeitskampfrecht, § 16, Rn. 12.

sporadisch mit den Rechtsfolgen einer fehlenden, aber satzungsrechtlich geforderten, Urabstimmung auseinandersetzen.

Das BAG[378] hat die Frage, ob die vorherige Durchführung einer Urabstimmung Rechtmäßigkeitsvoraussetzung für den Arbeitskampf ist, offengelassen. Lediglich für kurze Warnstreiks hat es entschieden, dass sie nicht erforderlich ist, da sie den Warnstreik praktisch unmöglich mache und der organisatorische Aufwand in keinem Verhältnis zur beabsichtigten Maßnahme stünde, insbesondere weil auch der Überraschungseffekt genommen werde.[379]

Die unterinstanzliche Rechtsprechung hat sich gegen die Rechtswidrigkeit von Arbeitskampfmaßnahmen ohne vorherige Urabstimmung ausgesprochen. Das Arbeitsgericht Düsseldorf verneinte dies im Wesentlichen mit der Begründung, dass es keinen Automatismus im Sinne einer „gebotenen einheitlichen Betrachtungsweise" gebe, wonach sich eine verbandsinterne Rechtswidrigkeit im Verhältnis zum Kampfgegner erstrecke.[380] Auch ein Verstoß gegen den verfassungsrechtlich verankerten Verhältnismäßigkeitsgrundsatz sei nicht gegeben – dass die Urabstimmung faktisch auch im Interesse der Arbeitgeberseite liege, weil sie die Phase des Arbeitskampfes verzögere und dem Arbeitgeber mehr Vorbereitungszeit gebe, reiche nicht aus, um einen Verstoß gegen das Prinzip fairer Kampfführung anzunehmen.[381] Auch das LAG Hessen verneinte die Außenwirkung und begründete seine Auffassung damit, dass die Einleitung von Arbeitskampfmaßnahmen ohne Vorliegen einer satzungsmäßigen Urabstimmung lediglich den verbandsinternen Bereich beträfe und somit Verstöße gegen die Satzung für das Verhältnis zum Gegner keine Bedeutung hätten.[382]

Gar nicht wurde bislang entschieden, ob eine generelle Unterscheidung zwischen dem Erzwingungs- und dem Warnstreik erforderlich ist oder gar, ob eine Privilegierung des Warnstreiks vorzunehmen wäre, soweit es um die Frage der Durchführung einer Urabstimmung geht. Dies soll ebenfalls Gegenstand der Untersuchung sein. Das hat insbesondere den Hintergrund, dass viele Satzungen ein Urabstimmungserfordernis nur für den Erzwingungsstreik vorsehen.

---

378 BAG 17.12.1976 – 1 AZR 605/75, NJW 1977, 1079, 1080.

379 BAG 17.12.1976 – 1 AZR 605/75, NJW 1977, 1079, 1080.

380 ArbG Düsseldorf 21.8.1972 – 7 Ca 1995/71, DB 1973, 876, 877, es ging hierbei jedoch um einen Fall, in dem die Satzung der Gewerkschaft eine Urabstimmung nicht vorsah.

381 ArbG Düsseldorf 21.8.1972 – 7 Ca 1995/71, DB 1973, 876, 877.

382 LAG Hessen 9.8.2011 – 9 SaGa 1147/11, BeckRS 2011, 75508; 6.11.2019 – 16 SaGa 1304/19, BeckRS 2019, 37935.

Die Fragestellung, ob eine grundsätzliche Pflicht zur Durchführung einer Urabstimmung besteht, unabhängig davon, ob die Gewerkschaftssatzung dies fordert, ist nicht Gegenstand dieser Ausarbeitung, wird aber im Schrifttum überwiegend verneint.[383] Unter anderem wird aufgeführt, dass es hierfür keine gesetzliche Grundlage gebe.[384] Weiter wird begründet, dass es ausschließlich im Ermessen der Gewerkschaften stehe, eine Urabstimmung in ihren Satzungen vorzusehen – dies folge aus der Verbandsautonomie.[385] Zudem sei es wegen der Freiheit des innerverbandlichen Bildungsprozesses verfassungsrechtlich bedenklich, die Gewerkschaft zu einer Urabstimmung zu verpflichten.[386]

Im Mittelpunkt der Untersuchung steht vielmehr die Beantwortung der Frage, ob eine satzungsmäßig vorgesehene Urabstimmung eine reine verbandsinterne Angelegenheit darstellt oder Rechtmäßigkeitsvoraussetzung des Arbeitskampfs ist, das heißt ihr Unterbleiben sich unmittelbar im Außenverhältnis auswirkt. In diesem Fall würde der Verstoß auch den Rechtskreis des Arbeitgebers berühren, der sich dann auf die Rechtswidrigkeit des Streiks berufen könnte.

a) Inner- und außerverbandliche Konsequenzen

Werden Arbeitskampfmaßnahmen eingeleitet, obwohl die nach der Satzung geforderte Urabstimmung nicht oder nicht rechtmäßig durchgeführt wurde, sind sie innergewerkschaftlich unzulässig, mit der Folge, dass Gewerkschaftsmitglieder hiervon Abstand nehmen können, ohne Sanktionen erwarten zu müssen.[387] Teilweise wird sogar ein innerverbandlicher Anspruch des Mitglieds

---

383 Däubler/*Reinfelder*, Arbeitskampfrecht, § 15 Rn. 36; *Gamillscheg*, Kollektives Arbeitsrecht, S. 1153; *Greiner*, Das arbeitskampfrechtliche Verhältnismäßigkeitsprinzip, S. 112 ff.; *Kissel*, Arbeitskampfrecht, § 40 Rn. 16, 19; *Lieb/Jacobs*, Arbeitsrecht, § 7 Rn. 602; Schaub/*Treber*, Arbeitsrechts-Handbuch, § 192 Rn. 37; *Schüren*, Legitimation der tariflichen Normsetzung, S. 276 ff.; a.A. *Bauer/Röder*, DB 1984, 1096 f., (mit Ausnahme des „kurzen“ Warnstreiks); *Reuter*, RdA 1975, 275, 282; *Rieble*, in: FS Canaris, S. 1439, 1443, 1450; *Vorderwülbecke*, BB 1987, 750, 758.

384 *Kissel*, Arbeitskampfrecht, § 40 Rn. 1 ff.

385 Däubler/*Reinfelder*, Arbeitskampfrecht, § 15 Rn. 36; *Kissel*, Arbeitskampfrecht, § 40 Rn. 17.

386 Däubler/*Reinfelder*, Arbeitskampfrecht, § 15 Rn. 36; *Kissel*, Arbeitskampfrecht, § 40 Rn. 26.

387 *Bauer/Röder*, DB 1984, 1096, 1098; Däubler/*Reinfelder*, Arbeitskampfrecht, § 15 Rn. 37; *Kissel*, Arbeitskampfrecht, § 40 Rn. 18; *Rieble*, in: FS Canaris, S. 1439, 1442 f.; *Seiter*, Streikrecht, § 32 S. 511; eine ausführliche Darstellung verbandsinterner Konsequenzen liefert: *Michlik*, Urabstimmung, S. 213 ff.

gegen die Gewerkschaft auf vorherige Durchführung der Urabstimmung anerkannt[388] und die Möglichkeit eines gerichtlichen Vorgehens gegen den unzulässigen Streik bei fehlender Urabstimmung diskutiert.[389]

Sofern es um die Auswirkungen auf den tariflichen Gegenspieler geht, wird im Schrifttum darüber gestritten, ob sich ein Verstoß darüber hinaus auch im Außenverhältnis auswirken kann. Bejaht man eine derartige Durchschlagskraft, könnte sich der Arbeitgeber auf die Rechtswidrigkeit der Arbeitskampfmaßnahme berufen.

Zum Teil wird die Durchführung der satzungsmäßig geforderten Urabstimmung zur Wirksamkeitsvoraussetzung des Streiks gemacht. Überwiegend wurde diese Meinung jedoch vor einigen Jahrzehnten vertreten. Begründet wurde dies unter anderem mit der Rechtsmissbräuchlichkeit gewerkschaftlichen Handelns im Falle der satzungsrechtlichen Verankerung des Urabstimmungsverfahrens[390] oder mit einer der Gewerkschaft fehlenden Zurechenbarkeit des Streiks im Falle eines satzungswidrigen Handelns durch das zuständige Organ.[391] Andere forderten eine Urabstimmung, weil erst dann von der Ausschöpfung aller Verhandlungs- und Schlichtungsmöglichkeiten ausgegangen werden konnte, was Voraussetzung für einen rechtmäßigen Arbeitskampf war.[392] Teilweise wurde ihrem Unterbleiben dann verbandsexterne Bedeutung beigemessen, wenn ihre Durchführung mit der Vertretungsmacht des Vorstandes verbunden war.[393] Dem wurde aber entgegengehalten, dass der Aufruf zum Streik eben keine rechtsgeschäftliche Handlung darstelle.[394] In jüngerer Zeit vertritt *Rieble* die Auffassung, dass die Urabstimmung zum Schutze des tariflichen Gegenspielers angesichts der schädlichen Langzeitwirkungen eines Streiks auch im Außenverhältnis geboten sei; dies sei auch vor dem Hintergrund des im Arbeitskampf

---

388 *Vorderwülbecke*, Rechtsform der Gewerkschaften, S. 195.

389 *Kissel*, Arbeitskampfrecht, § 40 Rn. 18; Nach hiesiger Ansicht, kann ein einzelnes Mitglied grundsätzlich nicht verlangen, dass ein Organ ein satzungswidriges Verhalten unterlässt, es sei denn, das Mitglied ist unmittelbar in seinen Rechten betroffen, vgl. dazu: B.IV.3.b). Dass der Arbeitskampf für die Gewerkschaftsmitglieder mit Belastungen einhergehen kann, ist als mittelbare Auswirkung zu bewerten und dürfte für einen Unterlassungsanspruch noch nicht genügen.

390 *Heßler*, Kampfmaßnahmen ohne Urabstimmung, S. 49 ff.

391 *Winter*, Streik ohne Urabstimmung, S. 13 ff.

392 *Brandner*, BB 1957, 1281, 1283.

393 *Löwisch*, Arbeitskampfrecht 170.2 Rn. 68, 132.

394 *Kissel*, Arbeitskampfrecht, § 40 Rn. 20.

geltenden Ultima Ratio Grundsatzes erforderlich – erst die Urabstimmung legitimiere die Scheiternserklärung der Gewerkschaft nach außen.[395]

Die überwiegende Ansicht in der Literatur[396] verneint die Durchschlagskraft des Verstoßes gegen die Satzung im Außenverhältnis mit der Folge, dass der Arbeitgeber keine Unterlassung des Streiks verlangen kann. So wird im Wesentlichen vorgebracht, dass die Rechtsordnung die Durchführung einer Urabstimmung nicht vorsehe und ihr Fehlen als rein verbandsinterne Angelegenheit und als interner Vorgang der innerverbandlichen Willensbildung daher keine Auswirkung auf die Zulässigkeit eines Streiks haben könne.[397] Der soziale Gegenspieler habe keinen Anspruch darauf, dass der Verband seine innerverbandlichen Regelungen einhalte.[398] Unabhängig von einer internen Kontrolle dürfe keine externe Rechtmäßigkeitskontrolle durch Dritte über das innergewerkschaftliche Leben und das innerverbandliche Handeln stattfinden – dies folge unmittelbar aus der Koalitionsfreiheit.[399] Zudem wird die Lehre vom Schutzzweck der Norm herangezogen: der Arbeitgeber gehöre im Gegensatz zu den Verbandsmitgliedern nicht zum geschützten Personenkreis einer Gewerkschaftssatzung, sodass der verbandswidrige Streik nur im Innenverhältnis gegenüber den Gewerkschaftsmitgliedern Rechtsfolgen erzeugen könne.[400] Ob ein Streik rechtswidrig sei, bestimme sich allein nach den von Rechtsprechung und Literatur entwickelten Grundsätzen.[401]

b) Bewertung

Das vielfältige Meinungsspektrum weist auf die Brisanz der Thematik hin. Nicht zu übersehen ist aber, dass der Diskussionsstand zum Teil veraltet ist, weil er

---

395 *Rieble*, in: FS Canaris, S. 1439, 1443 f., 1448, 1453.

396 *Bauer/Röder*, DB 1984, 1096, 1098; Däubler/*Reinfelder*, Arbeitskampfrecht, § 15 Rn. 36 f.; Däubler/*Wolter/Schubert/Rödl*, Arbeitskampfrecht, § 16 Rn. 13; ErfK/*Linsenmaier*, Art. 9 GG Rn. 137; *Gamillscheg*, Kollektives Arbeitsrecht, S. 1153; *Kissel*, Arbeitskampfrecht, § 40 Rn. 19; MüHandbuch ArbR/*Ricken*, § 272 Rn. 34; Schaub/*Treber*, Arbeitsrechts-Handbuch, § 192 Rn. 37; *Schüren*, Legitimation der tariflichen Normsetzung, S. 276 ff.; Thüsing/Braun/*von Steinau-Steinrück*, Tarifrecht, 3. Kap. Rn. 78 f.; *Vorderwülbecke*, Rechtsform der Gewerkschaften, S. 22.

397 Däubler/*Reinfelder*, Arbeitskampfrecht, § 15 Rn. 36; *Kissel*, Arbeitskampfrecht, § 40 Rn. 19 f.; Thüsing/Braun/*von Steinau-Steinrück*, Tarifrecht, 3. Kap. Rn. 78 f.

398 Däubler/*Reinfelder*, Arbeitskampfrecht, § 15 Rn. 37.

399 *Vorderwülbecke*, Rechtsform der Gewerkschaften, S. 22.

400 *Gitter*, JZ 1965, 197, 201.

401 *Gitter*, JZ 1965, 197, 201.

im Wesentlichen vor der neueren Entwicklung zum Arbeitskampfrecht der letzten 30 Jahre geführt wurde und den aktuellen Umständen nicht mehr gerecht wird. Insbesondere vor dem Hintergrund, dass das BAG heute nicht mehr strikt zwischen dem Warn- und Erzwingungsstreik differenziert – die meisten Gewerkschaftsatzungen eine Urabstimmung aber explizit noch für den Erzwingungsstreik verlangen – und das Gericht die Voraussetzungen an das Ultima Ratio Prinzip im Arbeitskampf herabgesetzt hat[402], bietet sich eine erneute Beleuchtung der Thematik an.

aa) Aufgabe der strikten Trennung zwischen Warn- und Erzwingungsstreik

Würde man die Außenwirkung eines Verstoßes gegen die Urabstimmung bejahen, ergäbe sich eine enorme Rechtsunsicherheit hinsichtlich der Frage, ob eine Urabstimmung nach den Satzungen der Gewerkschaften überhaupt geboten war. Die meisten Satzungen der Gewerkschaften sehen eine Urabstimmung nur für den Fall des Erzwingungsstreiks vor. Dies rührt vor allem daher, dass früher streng zwischen dem Erzwingungs- und dem Warnstreik unterschieden wurde. Abgrenzungsmerkmal war das Scheitern der Tarifverhandlungen.[403] Während der Warnstreik nach dem klassischen Vorstellungsbild im Zuge laufender Tarifverhandlungen eher milden Druck ausüben sollte, zeitlich befristet und räumlich eng begrenzt war, war der Erzwingungsstreik nach der Scheiternserklärung von deutlich intensiverer Dynamik und präsentierte sich grundsätzlich in zeitlich und räumlich breit angelegter Hinsicht.[404] Nachdem die scharfe Trennung aufgrund diverser Kritikpunkte im Schrifttum beanstandet wurde, verabschiedete sich das BAG[405] im Jahr 1988 mit seinem Warnstreikurteil von der klaren Trennlinie, die es zuvor zur Abgrenzung beider Varianten des Streiks gezogen hatte. Das Gericht begründete seine Entscheidung unter anderem damit, dass sich Warn- und Erzwingungsstreiks in äußerer Form nicht mehr voneinander unterschieden – zudem seien Dauer und Häufigkeit des Streiks sowie Höhe des verursachten Schadens keine verlässlichen Abgrenzungsmerkmale. Gleiches gelte für die Scheiternserklärung – auch hier lasse sich nicht zuverlässig ermitteln, ob eine Verhandlungs- und Kompromissbereitschaft der Tarifvertragsparteien

---

402 Vgl. dazu: C.II.3.b)bb).

403 *Greiner*, Das arbeitskampfrechtliche Verhältnismäßigkeitsprinzip, S. 91 f.

404 BAG 21.6.1988 – 1 AZR 651/86, NZA 1988, 846, 847 f; *Greiner*, Das arbeitskampfrechtliche Verhältnismäßigkeitsprinzip, S. 20, 91 f.

405 BAG 21.6.1988 – 1 AZR 651/86, NZA 1988, 846, 847 ff.

noch bestehe – insbesondere, weil es sich bei diesen Merkmalen um innere Tatsachen handle.[406] Somit stellte das BAG den Warnstreik dem Erzwingungsstreik rechtlich gleich.[407]

Wie das Gericht herausgearbeitet hat, ist eine klare Grenzziehung zwischen Warn- und Erzwingungsstreik nicht möglich, sodass sich auch eine dahingehende terminologische Unterscheidung eigentlich erübrigt. Jedoch bleibt es den Gewerkschaften selbst überlassen in ihren Satzungen eine Unterscheidbarkeit – etwa durch das Differenzierungsmerkmal der Streikunterstützung, die beim Erzwingungsstreik anfällt – herzustellen.[408] Dies stellt eine Ausprägung ihrer Satzungsautonomie dar.

Ist eine derartige Differenzierung in den Satzungen jedoch nicht erkennbar, wäre es fragwürdig, wenn man von dieser Unterscheidung im Ergebnis die Rechtmäßigkeit eines Streiks abhängig machen würde. Mit der Erkenntnis, dass die Unterscheidung zwischen Warn- und Erzwingungsstreik – zumindest außerrechtlich – eigentlich gar nicht möglich ist, würde man die Rechtmäßigkeit eines Streiks dann von einer Auslegungsfrage abhängig machen, die gerade keiner klaren Auflösung zugänglich ist. Zu befürchten wäre, dass die gegnerische Tarifpartei bei einer solchen Sichtweise jedem ohne Urabstimmung ausgerufenen Warnstreik entgegenhält, dass es sich in Wahrheit um einen verkappten Erzwingungsstreik handele, der mangels Urabstimmung rechtswidrig sei. Würde man also die Außenwirkung des Fehlens einer satzungsgemäß vorgesehenen Urabstimmung bejahen, hinge die Rechtmäßigkeit eines Streiks von der überholten und kaum durchführbaren Differenzierung zwischen Warn- und Erzwingungsstreik ab. Es scheint sehr zweifelhaft, ob eine unbestimmte Satzungsbestimmung im Hinblick auf das Urabstimmungserfordernis eine außenrechtliche Bindung begründen kann.[409]

---

406 BAG 21.6.1988 – 1 AZR 651/86, NZA 1988, 846, 848; zu der Rechtssprechungsentwicklung des BAG umfassend: *Greiner*, Das arbeitskampfrechtliche Verhältnismäßigkeitsprinzip, S. 91 ff.

407 *Greiner*, Das arbeitskampfrechtliche Verhältnismäßigkeitsprinzip, S. 95; ErfK/*Linsenmaier*, GG, Art. 9 Rn. 163.

408 *Greiner*, Das arbeitskampfrechtliche Verhältnismäßigkeitsprinzip, S. 20.

409 *Greiner*, Das arbeitskampfrechtliche Verhältnismäßigkeitsprinzip, S. 118 f.

bb) Verhältnismäßigkeit und das Ultima Ratio Prinzip

Es könnte jedoch dem Ultima Ratio Prinzip widersprechen einen Streik ohne vorausgehende Urabstimmung zuzulassen, wenn dieser in der Satzung vorgesehen ist.

Die Durchführung einer Urabstimmung könnte nämlich dem Verhältnismäßigkeitsgrundsatz durch Ausschöpfung aller Verständigungsmöglichkeiten gerecht werden. Dieser Grundsatz ist im Bereich des Arbeitskampfrechts fest verankert und richtet sich als privatrechtliches Übermaßverbot auch unmittelbar an die Kampfparteien.[410]

Die älteren Entscheidungen des BAG[411] stellten Arbeitskampfmaßnahmen noch unter einen sehr strengen Verhältnismäßigkeitsvorbehalt. Diese Leitlinie statuierte insbesondere der Große Senat in einer seiner Grundsatzentscheidungen[412] zum Arbeitskampfrecht im Jahr 1971:

> *„Arbeitskämpfe dürfen nur insoweit eingeleitet und durchgeführt werden, als sie zur Erreichung rechtmäßiger Kampfziele und des nachfolgenden Arbeitsfriedens geeignet und sachlich erforderlich sind. Jede Arbeitskampfmaßnahme – sei es Streik, sei es Aussperrung – darf ferner nur nach Ausschöpfung aller Verständigungsmöglichkeiten ergriffen werden; der Arbeitskampf muß also das letzte mögliche Mittel (ultima ratio) sein."*[413]

Diese strenge Linie hat das BAG[414] in seinen jüngeren Entscheidungen jedoch wieder aufgeweicht[415] – insbesondere nachdem im Schrifttum erhebliche Kritik geäußert wurde. Als Hauptargument wurde eingewandt, dass ein derartiges Verständnis des Verhältnismäßigkeitsgrundsatzes einer Tarifzensur gleichkäme, da eine Angemessenheitskontrolle der Tarifziele durch die Arbeitsgerichte stattfinden würde – die Bewertung der tarifpolitischen Kampfstrategien sei aber Sache der Tarifparteien.[416]

Nach neuerer Rechtsprechung[417] beschränkt sich das Verhältnismäßigkeitsprinzip teilweise nur noch auf eine Evidenzprüfung:

---

410 *Kalb*, RdA 1994, 385, 389.

411 BAG 21.4.1971 – GS 1/68, NJW 1971, 1668, 1669; 10.6.1980 – 1 AZR 822/79, NJW 1980, 1642, 1650 f.

412 BAG 21.4.1971 – GS 1/68, NJW 1971, 1668, 1669.

413 BAG 21.4.1971 – GS 1/68, NJW 1971, 1668, 1669.

414 BAG 21.6.1988 – 1 AZR 651/86, NZA 1988, 846, 847 ff.

415 *Greiner*, Das arbeitskampfrechtliche Verhältnismäßigkeitsprinzip, S. 107.

416 *Kalb*, RdA 1994, 385, 389; *Hensche/Wolter*, GS Zachert, S. 544, 548 f.

417 Z.B. BAG 19.6.2007 – 1 AZR 396/06, NZA 2007, 1055, 1056 ff.; 22.9.2009 – 1 AZR 972/08, NJW 2010, 631, 635 f.

„Zentraler Maßstab für die Beurteilung von Arbeitskampfmaßnahmen ist der Grundsatz der Verhältnismäßigkeit. Eine Arbeitskampfmaßnahme ist dann rechtswidrig, wenn sie bezogen auf das Kampfziel offensichtlich ungeeignet, offensichtlich nicht erforderlich oder unangemessen ist. Hinsichtlich der Geeignetheit und der Erforderlichkeit hat die den Streik führende Gewerkschaft eine Einschätzungsprärogative.“[418]

Prinzipiell könnte der Ultima Ratio Grundsatz als Ausfluss des Verhältnismäßigkeitsprinzips die Durchführung einer Urabstimmung erfordern, wenn sie satzungsgemäß verankert ist. In dem Moment, in dem die Gewerkschaft ein derartiges Abstimmungsverfahren zu ihrem innerverbandlichen Recht gemacht hat, könnte sie selbst eine letzte Verständigungsmöglichkeit geschaffen haben, deren Durchführung Rechtsmäßigkeitsvoraussetzung des Streiks wäre. Eine Gewerkschaft könnte praktisch aufgrund einer Selbstbindung, im Sinne einer selbstgeschaffenen satzungsrechtlichen Hürde, zur Durchführung der Urabstimmung verpflichtet sein.

Dies ist jedoch abzulehnen. Wie soeben beschrieben, hat das BAG seine frühere Rechtsprechung, wonach jede Arbeitskampfmaßnahme nur nach Ausschöpfung aller Verständigungsmöglichkeiten ergriffen werden darf – der Arbeitskampf also das letzte mögliche Mittel sein muss, revidiert. Da die Verhältnismäßigkeitskontrolle sich nach heutiger höchstrichterlicher Rechtsprechung nunmehr nur noch – zumindest in Bezug auf die Geeignetheit und Erforderlichkeit des Kampfmittels – als eine Art Exzesskontrolle[419] darstellt, indem sie offensichtlich ungeeignete bzw. nicht erforderliche Kampfmittel ausschließt[420] – und der Gewerkschaft eine Einschätzungsprärogative hinsichtlich dieser Aspekte zugebilligt wird – kann nur noch die offensichtliche Überflüssigkeit des Kampfmittels[421] der Rechtmäßigkeit des Streiks entgegenstehen. Die Ausschöpfung aller Verständigungsmöglichkeiten ist mithin nicht mehr erforderlich – im Übrigen ist schon äußerst zweifelhaft, ob die Urabstimmung überhaupt eine solche Verständigungsmöglich darstellt, da die Gewerkschaftsmitglieder einen Streik eben auch befürworten können.[422] Ein direkter Einstieg in den Arbeitskampf ohne Abstimmung macht den Streik daher nicht offensichtlich überflüssig.

---

418 BAG 19.6.2007 – 1 AZR 396/06, NZA 2007, 1055, 1056 ff.

419 Die Exzesskontrolle verhindert den Einsatz exzessiver Arbeitskampfmittel, die unabhängig von den einzelnen Besonderheiten der Kampfsituation entweder schon als nicht geeignet zur Herstellung der Verhandlungsparität erscheinen oder unverhältnismäßig in die verfassungsrechtlich geschützten Güter des Gegners eingreifen, *Greiner*, Das arbeitskampfrechtliche Verhältnismäßigkeitsprinzip, S. 33.

420 *Greiner*, Das arbeitskampfrechtliche Verhältnismäßigkeitsprinzip, S. 32 ff., 86 ff.

421 ErfK/*Linsenmaier*, GG, Art. 9 Rn. 130 a.

422 Dazu mehr weiter unten im gleichen Abschnitt.

Schon im Warnstreikurteil im Jahre 1988 hat das BAG die Anforderungen an den Ultima Ratio Grundsatz gelockert. Im benannten Urteil skizzierte das Gericht die Schwierigkeit, das Scheitern der Tarifverhandlungen und die Frage, ob alle Verständigungsmöglichkeiten tatsächlich in Anspruch genommen worden sind, exakt festzustellen. Nur die Tarifvertragsparteien selbst könnten bestimmen, ob und wie lange sie zu verhandeln haben.[423] Die Anforderungen an den Ultima Ratio Grundsatz definiert das Gericht wie folgt:

> *„Das ultima-ratio-Prinzip ist eine Ausformung des Grundsatzes der Erforderlichkeit. Arbeitskampfmaßnahmen sind erst erforderlich, wenn ohne sie ein Tarifabschluß im Wege der Verhandlungen nicht zu erreichen ist. Damit setzt die Zulässigkeit jeder Arbeitskampfmaßnahme voraus, daß zuvor Forderungen für den Inhalt des abzuschließenden Tarifvertrages erhoben worden sind und daß in der Regel über diese Forderungen auch Tarifvertragsverhandlungen geführt wurden […]. Das ultima-ratio-Prinzip verbietet daher den Arbeitskampf um des Arbeitskampfes und der Demonstration einer Stärke willen und zu einem Zeitpunkt, zu dem noch nicht einmal der Standpunkt der Gegenseite zur Kenntnis genommen worden ist. Das ultima-ratio-Prinzip ist damit, […] ein formales Prinzip, das lediglich die Einhaltung von „Minimalanforderungen" für die Zulässigkeit von Arbeitskampfmaßnahmen voraussetzt. Es ist lediglich mit einer begrenzten inhaltlichen Mißbrauchskontrolle verbunden."*[424]

In den Leitsätzen führt das Gericht zudem aus:

> *„In der Einleitung von Arbeitskampfmaßnahmen liegt vielmehr die freie und nicht nachprüfbare Entscheidung der Tarifvertragspartei, daß sie die Verhandlungsmöglichkeiten ohne begleitende Arbeitskampfmaßnahmen als ausgeschöpft ansieht."*[425]

Die strengen Anforderungen, die das BAG früher zur Voraussetzung der Verhältnismäßigkeit des Arbeitskampfes im Hinblick auf den Ultima Ratio Grundsatz aufgestellt hat, wurden somit revidiert. Ausreichend sind nunmehr eine Tarifforderung und ihre Zurückweisung.[426]

Da es in der Entscheidungsgewalt der Gewerkschaft liegt, wann sie die Verständigungsmöglichkeiten als ausgeschöpft ansieht, erübrigt sich auch eine gerichtliche Prüfung der Frage, ob es in einem konkreten Fall der Urabstimmung als letzter Verständigungsmöglichkeit bedurft hätte. Das entscheidet einzig und allein die Gewerkschaft. Wenn nach neuerer Rechtsprechung also nur

---

423 BAG 21.6.1988 – 1 AZR 651/86, NZA 1988, 846, 848.

424 BAG 21.6.1988 – 1 AZR 651/86, NZA 1988, 846, 849.

425 BAG 21.6.1988 – 1 AZR 651/86, NZA 1988, 846, 849; erneut bestätigt: 18.2.2003 – 1 AZR 142/02, NZA 2003, 866, 869.

426 ErfK/*Linsenmaier*, Art. 9 GG Rn. 133.

noch eine Missbrauchskontrolle stattfindet, dann kann das bloße Unterlassen einer satzungsmäßig geforderten Urabstimmung nicht einen Verstoß gegen den Ultima Ratio Grundsatz begründen. Es ist eben nur erforderlich, dass die Gewerkschaft ihre Forderungen für den Tarifvertrag kundgetan hat und diese auf Seiten des Arbeitgebers zurückgewiesen wurden.

Diejenigen Stimmen[427], die aus dem Unterlassen der satzungsrechtlich vorgesehenen Urabstimmung einen Verstoß gegen das Ultima Ratio Prinzip begründen wollten, stammen im Übrigen überwiegend aus der Zeit vor der Rechtsprechungsänderung – mithin vor der Aufweichung des Verhältnismäßigkeitsgrundsatzes. Hervorzuheben ist allerdings auch, dass es schon damals Literaturstimmen gab, die die Durchführung einer Urabstimmung als Bedingung der Wirksamkeit eines Arbeitskampfes ablehnten. Das taten sie im Wesentlichen mit der Begründung, dass es sich bei der Urabstimmung um einen Akt der internen Willensbildung des Verbandes handle – von dessen Durchführung die Erforderlichkeit des Arbeitskampfes gegenüber dem tariflichen Gegenspieler nicht abhängig gemacht werden könne.[428]

Auch weitere Argumente sprechen gegen eine Verletzung des Ultima Ratio Grundsatzes im Falle einer Nichtdurchführung der (satzungsmäßig vorgesehenen) Urabstimmung. Wie bereits angemerkt, ist es nämlich durchaus zweifelhaft, ob die Urabstimmung überhaupt eine Verständigungsmöglichkeit darstellt und damit – ganz unabhängig von der Rechtsprechungsänderung und der Aufweichung der Voraussetzungen, die an den Verhältnismäßigkeitsgrundsatz gestellt werden – überhaupt einer *„friedlichen Beilegung des Konflikts auf dem Verhandlungsweg“*[429] entspricht. Einerseits kann die Durchführung der Urabstimmung einen hemmenden Charakter aufweisen, da die Angriffsmöglichkeiten der Gewerkschaft kalkulierbarer werden.[430] Von einer friedlichen Beilegung des Konfliktes kann aber dann nicht mehr gesprochen werden, wenn das Ergebnis der Abstimmung positiv ausfällt – in diesem Fall kann sie die Verständigungsmöglichkeiten sogar erschweren, da die Gewerkschaft in diesem Fall in ihrer Flexibilität hinsichtlich weiterer Verhandlungen eingeschränkt ist.[431] Außerdem spielt sich eine Verhandlungs- bzw. Verständigungsmöglichkeit nach

---

427 *Hueck*/Nipperdey/*Säcker*, Lehrbuch II 2, S. 1025; *Mayer-Maly*, BB 1981, 1774, 1776; jüngst aber *Rieble*, in: FS Canaris, S. 1439, 1447 ff.

428 *Löwisch*, ZfA 1971, 319, 339 f.; *Gitter*, JZ 1965, 197, 201; *Bauer/Röder*, DB 1984, 1097.

429 *Kalb*, RdA 1994, 385, 389; *Seiter*, Streikrecht, § 32, S. 510.

430 *Greiner*, Das arbeitskampfrechtliche Verhältnismäßigkeitsprinzip, S. 113.

431 *Michlik*, Urabstimmung, S. 179.

dem äußeren Erscheinungsbild grundsätzlich gegenüber dem Tarifgegner ab – etwa in Form des gegenseitigen Nachgebens. Die Urabstimmung jedoch trägt sich ausschließlich im Verbandsinneren zu und betrifft auch nur die verbandsinterne Willensbildung.[432] Die Nichtdurchführung der Urabstimmung ist auch kein Indiz für den Fortfall der generellen Verhandlungsbereitschaft der Gewerkschaftsorgane.[433] Insbesondere garantiert ihre Durchführung nicht die Verhinderung des Arbeitskampfes – da sich die Mitglieder eben auch für den Streik entscheiden können. Daher kann die Urabstimmung den Streik allenfalls gegenüber den Gewerkschaftsmitgliedern legitimieren.[434]

cc) Weitere Argumente

Ein weiteres entscheidendes Argument spricht gegen die Durchschlagskraft eines Verstoßes gegen die satzungsmäßig geforderte Urabstimmung im Außenverhältnis: Ist die Ertragslage eines Unternehmens erfreulich, lassen sich Arbeitnehmer oftmals durch monetäre Leistungen – zumindest vorläufig – zufriedenstellen.[435] Die Aufwertung qualitativer Leistungen, wie etwa die Erhöhung von Urlaubstagen oder die Verbesserung der Arbeitsbedingungen, wird in dieser Folge häufig als weniger gewichtig angesehen, sodass ein Erfolg einer Urabstimmung über das Einleiten eines Erzwingungsstreiks nach erfolgreichen Verhandlungen über Lohnerhöhungen praktisch aussichtslos ist.[436] Es kann nicht davon ausgegangen werden, dass man das (meist erforderliche) 75% Quorum für den Streik erreichen könnte, wenn die Belegschaft kurz zuvor durch Verbesserungen im monetären Bereich besänftigt wurde. Würde man den Streik von der rechtmäßigen Durchführung der Urabstimmung abhängig machen, wäre er in solchen Situationen fast immer rechtswidrig und die Gewerkschaft aufgrund dieser Rechtsfolge in vielen Fällen daran gehindert einen Streik auszurufen. Dies würde zu einer Beeinträchtigung der Koalitionsbetätigungsfreiheit der Gewerkschaften und der streikwilligen Gewerkschaftsmitglieder führen, weil es ihre Kampffähigkeit erschwert und strapaziert. Häufig wird es sehr schwer sein, die hohe Hürde der 75-prozentigen Befürwortung eines Streiks zu überwinden. Ist der einzelne

---

432 Däubler/*Reinfelder*, Arbeitskampfrecht, § 15 Rn. 38; ErfK/*Linsenmaier*, Art. 9 GG Rn. 137; *Kalb*, RdA 1994, 385, 389; *Michlik*, Urabstimmung, S. 179.

433 *Adams*, Streik ohne Urabstimmung, S. 117.

434 Brox/*Rüthers*/*Henssler*, Arbeitsrecht, Rn. 778.

435 *Greiner*, Das arbeitskampfrechtliche Verhältnismäßigkeitsprinzip, S. 16 f.

436 *Greiner*, Das arbeitskampfrechtliche Verhältnismäßigkeitsprinzip, S. 17.

Arbeitnehmer gegen den Streik, dann kann er einfach von ihm Abstand nehmen, weil er innergewerkschaftlich unzulässig ist.

Auch das Argument, das die Lehre vom Schutzzweck der Norm[437] heranzieht, um der Durchschlagskraft verbandsinterner Verstöße zu widersprechen, überzeugt. Satzungsregelungen, die die Urabstimmung zum verbandsinternen Recht machen, dienen vorrangig der Abstimmung der Interessen des Verbandes zu seinen Mitgliedern und schützen die Beteiligungsrechte der Gewerkschaftsmitglieder.[438] Sie sollen nicht Verbandsbeschlüssen unterworfen werden, die sie nicht billigen.[439] Sofern man aber aus der Verletzung einer Norm Rechtsfolgen herleiten will ist zumindest erforderlich, dass man zum geschützten Personenkreis gehört. Das ist beim tariflichen Gegenspieler eben nicht der Fall. Dass ein Streik schädigende Langzeitwirkungen[440] verursachen kann, steht dem nicht entgegen. Zwar kommt Satzungsregelungen keine Rechtsnormqualität zu – diese rechtliche Wertung kann wegen des normähnlichen Charakters von Satzungen dennoch auf diese übertragen werden. Soll der Streikgegner in den Schutzbereich der Satzungsregelung der betroffenen Gewerkschaft einbezogen werden, müssen sich zumindest weitere Anhaltspunkte aus der konkreten Regelung ergeben.[441] Aus dem Grund wirkt sich auch eine etwaig geschaffene Selbstbindung als selbstgeschaffene satzungsrechtliche Hürde nicht im Außenverhältnis aus. Zwar kann eine Satzungsregelung theoretisch auch dazu führen, dass es zu außenrechtlichen Wirkungen kommt, die eine Gewerkschaft nicht beabsichtigt hat, diese Satzungsregelung müsste allerdings dennoch derart formuliert sein, dass sie den Gegner in ihren Schutzbereich einbezieht, da der Wirkbereich von Satzungsregelungen von Vereinen grundsätzlich im Innenverhältnis verbleibt.[442] Eine derartige Konstellation ist nur schwer vorstellbar.

dd) Exkurs: Beweisproblematik

Würde man die Durchschlagskraft innerverbandlicher Satzungsverstöße auf das Außenverhältnis bejahen, so ergäben sich weitere Folgeprobleme. Es würde sich im nächsten Schritt die Frage stellen, wie der Arbeitgeber oder Arbeitgeberverband den Verstoß im Rahmen eines gerichtlichen Verfahrens bewiese.

---

437 *Gitter*, JZ 1965, 197, 201.

438 *Michlik*, Urabstimmung, S. 201, 208.

439 *Vorderwülbecke*, Rechtsform der Gewerkschaften, S. 195.

440 *Rieble*, in: FS Canaris, S. 1439, 1444.

441 Vgl. dazu bereits: B.IV.3.c)bb).

442 Dazu bereits: B.IV.3.c)bb).

Es bietet sich – nur im Sinne eines kurzen Exkurses – die Diskussion an, ob entsprechend der Rechtsprechung zu den Produzentenhaftungsfällen[443] eine Beweislastumkehr zu Gunsten des Arbeitgebers notwendig scheint. Er hat nämlich keinerlei Einblick in die inneren Vorgänge der Gewerkschaftstätigkeit und kann den objektiven Geschehensablauf in seinen Einzelheiten nicht erfassen. Die Beweislastumkehr müsste sich allerdings auf das Vorliegen einer Verletzungshandlung beziehen, was zur Folge hätte, dass die Gewerkschaft stets beweisen müsste, dass das Verfahren der Urabstimmung ordnungsgemäß durchgeführt wurde. Es bedarf jedoch einer besonderen Rechtfertigung für die Abweichung der grundsätzlich zur Anwendung kommenden Beweislastverteilung. Ob jedoch die Beweisnot des Arbeitgebers als hinreichendes Argument für die Durchbrechung der Beweislastverteilung ausreicht, ist äußerst zweifelhaft. Für die Abkehr der grundsätzlich zur Anwendung kommenden Beweisverteilung reichen Gründe der Gerechtigkeit oder Billigkeit nicht aus – nur in ganz seltenen Fällen hat die Rechtsprechung eine Abweichung von diesem Grundsatz angenommen.[444] Im Zweifel ist also nicht davon auszugehen, dass eine Beweislastumkehr gerechtfertigt wäre.

Denkbar ist jedoch die Anerkennung einer sekundären Darlegungslast für die streikende Gewerkschaft. Dies hätte zur Folge, dass die Gewerkschaft die Behauptung des Arbeitgebers, die Urabstimmung sei entgegen der Satzungsbestimmungen nicht oder nicht rechtmäßig durchgeführt worden, durch Darlegung der für das Gegenteil sprechenden Tatsachen und Umstände[445] widerlegen müsste. Wird sie dem nicht gerecht, findet die Geständnisfiktion nach § 138 Abs. 3 ZPO Anwendung.[446] Hierfür würde sprechen, dass die Gewerkschaft zumindest „näher dran" ist, den Sachverhalt aufzuklären. Mangels Relevanz für diese Arbeit soll jedoch nicht näher darauf eingegangen werden.

Anzumerken bleibt aber, dass die aus der Annahme, Verstöße gegen das satzungsmäßige Urabstimmungsverfahren hätten Außenwirkung, resultierenden Schwierigkeiten und Folgeprobleme für die gegenteilige Ansicht sprechen – freilich aber nur im Sinne eines Praktikabilitätsargumentes.

---

443 BGH 26.11.1968 – VI ZR 212/66, NJW 1969, 269, 275 f. (Hühnerpest-Entscheidung); 19.11.1991 – VI ZR 171/91, NJW 1992, 1039, 1040 ff. (Hochzeitsessen – Salmonellenvergiftung).

444 MüKo ZPO/*Prütting*, § 286 Rn. 123, 128.

445 BGH 17.1.2008 – III ZR 239/06, NJW 2008, 982, 983 f.

446 MüKo ZPO/*Prütting*, § 286 Rn. 103.

4. Zwischenfazit

Angesichts der Aufweichung der Voraussetzungen, die an den Verhältnismäßigkeitsgrundsatz im Arbeitskampf gestellt werden – insbesondere der Auflockerung des Ultima Ratio Grundsatzes – kann die Durchführung einer satzungsmäßig vorgesehenen Urabstimmung nach den vorstehenden Überlegungen zu den seither geltenden Anforderungen an das Verhältnismäßigkeitsprinzip nicht zur Rechtmäßigkeitsvoraussetzung des Arbeitskampfes gemacht werden. Es handelt sich um eine rein verbandsinterne Angelegenheit, die primär dem Schutz der Mitglieder dient. Die Nichtdurchführung bzw. die nicht ordnungsgemäße Durchführung der satzungsrechtlich fixierten Urabstimmung kann nur rein innerrechtlich sanktioniert werden. Der vom Streik betroffene Arbeitgeber kann sich nicht auf den Satzungsverstoß berufen, da er in der Regel nicht vom Schutzbereich der Satzungsregelung, die die Urabstimmung vorsieht, umfasst sein wird. Für eine gegenteilige Auffassung wäre zumindest ein dahingehender Wille des Satzungsgebers erforderlich, der in der Satzung manifestiert sein muss. Mithin bleibt es bei dem Grundsatz, dass Satzungsverstöße im verbandsinternen Bereich verbleiben.[447] Einer der im ersten Teil dieser Arbeit bereits diskutierten Ausnahmefälle der Dritterstreckung[448] – etwa eine individualvertragliche Einbeziehung eines Verbandsfremden – liegt offensichtlich nicht vor. Zudem bedarf es auch nicht aufgrund verfassungsrechtlicher Gründe (etwa aufgrund des im Arbeitskampfrecht geltenden Verhältnismäßigkeitsprinzips) der Durchschlagskraft des innerverbandlichen Verstoßes auf das Außenverhältnis. Der Verstoß gegen das satzungsmäßige Urabstimmungserfordernis kann daher nach den vereinsrechtlichen Prinzipien gelöst werden, die rein interne Wirkungen vorsehen.

III. Fallbeispiel 2: Handeln außerhalb der Tarifzuständigkeit

1. Einleitung

Sowohl Gewerkschaften als auch Arbeitgeberverbände definieren in ihren Satzungen ihren Zuständigkeitsbereich. Hierdurch legen sie fest, in welchem Rahmen sie von ihrer Tarifmacht Gebrauch machen wollen. Gleichzeitig beschränken sie durch den Akt der satzungsrechtlichen Fixierung ihrer Tarifzuständigkeit ihre tarifliche Rechtsetzungsmacht, da die Rechtsprechung die

447 Vgl. dazu: B.IV.3.c).
448 Vgl. dazu: B.IV.3.c)aa).

Tarifzuständigkeit zur Wirksamkeitsvoraussetzung eines Tarifvertrags macht.[449] Sofern der Verband also einen Tarifvertrag schließt, der außerhalb der in seiner Satzung vorgesehenen Zuständigkeit liegt, ist der Tarifvertrag nichtig.[450] Der Satzungsverstoß wirkt sich mithin unmittelbar im Außenverhältnis aus. Da die Satzungsbestimmung so essenziell für den Wirkungskreis der Koalitionen in tarifpolitischer Hinsicht ist, muss die Zuständigkeitsregelung so bestimmt und transparent sein, dass die Zuständigkeit zumindest mittels Auslegung erkennbar ist.[451]

In diesem Abschnitt soll untersucht werden, wieso die Rechtsprechung die Wirksamkeit eines Tarifvertrages davon abhängig macht, dass der Verband seine Zuständigkeit für den Bereich, für den er tarifpolitisch agieren möchte, vorab in der Satzung zu manifestieren hat. Hierzu ist ein Verständnis der Funktion des Merkmals der Tarifzuständigkeit erforderlich. Insbesondere soll untersucht werden, inwieweit verfassungsrechtliche Erwägungen die Rechtsfolge der Nichtigkeit eines Tarifvertrages für den Fall, dass Tarifparteien gegen ihre Satzung verstoßen, indem sie ihre vorab definierte Tarifzuständigkeit ignorieren, rechtfertigen. Gleichzeitig werden die Transparenzanforderungen an die Satzung sowie die Satzungsautonomie im Hinblick auf die Reichweite der Tarifzuständigkeit näher untersucht. Im Rahmen eines kurzen Exkurses soll das gerichtliche Beschlussverfahren zur Feststellung der Tarifzuständigkeit untersucht werden.

2. Die Tarifzuständigkeit von Gewerkschaften und Arbeitgeberverbänden

Die Tarifzuständigkeit von Tarifvertragsparteien ist ebenso wie die Tariffähigkeit[452] von ganz entscheidender Bedeutung für die Wirksamkeit von Tarifverträgen.[453] Sie ist nicht im TVG geregelt, sondern richterrechtlich entwickelt[454], findet sich aber u.a. in § 2a Abs. 1 Nr. 4 ArbGG wieder: *„Die Entscheidung über*

449 BAG 27.11.1964 – 1 ABR 13/63, BAGE 16, 329, 334.

450 BAG 27.11.1964 – 1 ABR 13/63, BAGE 16, 329, 334, 337; dies ist jedoch nicht unumstritten, vgl. dazu: C.III.5.f).

451 BAG 17.4.2012 – 1 ABR 5/11, NZA 2012, 1104, 1108 f.

452 *„Die Tariffähigkeit bedeutet die Fähigkeit, durch Vereinbarung mit dem sozialen Gegenspieler unter anderem die Arbeitsbedingungen des Einzelarbeitsvertrags mit der Wirkung zu regeln, daß sie für die tarifgebundenen Personen unmittelbar und unabdingbar wie Rechtsnormen gelten.“*, BVerfG 19.10.1966 – 1 BvL 24/65, NJW 1966, 2305.

453 Für die Tarifwilligkeit als Voraussetzung der Tariffähigkeit vgl.: C.VI.3.

454 *Rieble*, FS Buchner, S. 756, 760.

die Tarifzuständigkeit einer Vereinigung ist im Beschlussverfahren aufzuklären." Das BAG definiert die Tarifzuständigkeit von Gewerkschaften und Arbeitgeberverbänden in ständiger Rechtsprechung wie folgt: „*die Tarifzuständigkeit ist die Fähigkeit eines an sich tariffähigen Verbandes, Tarifverträge mit einem bestimmten Geltungsbereich abzuschließen. Sie richtet sich grundsätzlich nach dem in der Satzung des Verbandes festgelegten Organisationsbereich*".[455] Mithin definiert sie den Geschäftsbereich, innerhalb dessen ein Verband Tarifverträge abschließen kann.[456]

Tarifvertragsparteien haben kraft ihrer verfassungsrechtlich garantierten Satzungsautonomie die Befugnis festzulegen, für welchen territorialen, fachlichen[457] und persönlichen Bereich der Tarifvertrag gelten soll.[458] Diese Entscheidungsbefugnis entspringt der grundrechtlich gewährleisteten Kollektivautonomie der Koalitionen.[459] Die Tarifzuständigkeit lässt sich als die Festlegung des Anspruchs einer Koalition an „ihr eigenes tarifpolitisches Wirken" und ihr „tarifpolitisches Wollen und Dürfen" erklären.[460] Im Unterschied zum Geltungsbereich eines Tarifvertrages, über den sich die Tarifvertragsparteien einigen müssen, legt der Verband seine Tarifzuständigkeit selbständig fest.[461] Gleichzeitig fixiert der Verband mittels Festlegung der Tarifzuständigkeit den maximalen tariflichen Geltungsbereich, der gleichzeitig Anknüpfungspunkt für die normative Wirkung des Tarifvertrages ist, § 4 Abs. 1 TVG.[462]

Demgegenüber kann sich die Tarifzuständigkeit eines einzelnen Arbeitgebers, der einen Tarifvertrag schließt, naturgemäß nicht aus einer Verbandssatzung ergeben. Vielmehr besitzt der Arbeitgeber für all seine Betriebe eine Tarifzuständigkeit kraft Gesetzes.[463] Den maximalen Geltungsbereich des Tarifvertrages bestimmt mithin die Satzung derjenigen Gewerkschaft, die mit dem betreffenden Arbeitgeber den Tarifvertrag schließt.[464] Es steht dem Arbeitgeber

455 BAG 27.9.2005 – 1 ABR 41/04, NZA 2006, 273, 277.

456 ErfK/*Franzen*, TVG, § 2 Rn. 33.

457 Bspw. anknüpfend an die Branchenzugehörigkeit nach dem Industrieverbandsprinzip oder anknüpfend an die Zugehörigkeit der Arbeitnehmer zu einer bestimmten Berufsgruppe nach dem Berufsverbandsprinzip.

458 *Löwisch/Rieble*, TVG, § 2 Rn. 251.

459 *Heinze*, DB 1997, 2122.

460 *Greiner*, Rechtsfragen, S. 184.

461 *Junker*, ZfA 2007, 229, 232.

462 HMB/*Sittard*, Der Tarifvertrag, Teil 2 Rn. 205; *Konzen*, FS Kraft, S. 291, 292.

463 BAG 25.9.1996 – 1 ABR 4/96, NZA 1997, 613, 617; *Löwisch/Rieble*, TVG, § 2 Rn. 512; ErfK/*Franzen*, TVG, § 2 Rn. 37.

464 *Ricken*, Autonomie und tarifliche Rechtsetzung, S. 150.

auch nicht zu, über seine Tarifzuständigkeit zu verfügen.[465] Mittelbare Dispositionen sind allerdings möglich – etwa die Verlagerung von Betriebsteilen aus dem räumlichen Geltungsbereich eines Tarifvertrages oder die Übertragung von Betriebsteilen auf einen neuen selbständigen Rechtsträger.[466]

3. Festlegung und Ermittlung der Tarifzuständigkeit

Mit Ausnahme des Bestimmtheitserfordernisses – hierzu sogleich – existieren grundsätzlich keine rechtlichen Direktiven für die Festlegung der Tarifzuständigkeit.[467] Tarifvertragsparteien legen ihre Tarifzuständigkeit in ihrer Satzung autonom, mithin in eigener Verantwortung fest. Aus diesem Grund ist für die Ermittlung der Tarifzuständigkeit ein Blick in die Verbandssatzung erforderlich. Diese hat als maßgebliche Quelle für die Bestimmung der Tarifzuständigkeit gewissen Transparenzanforderungen zu genügen: Das bedeutet insbesondere, dass sie den selbständig festgelegten Organisationsbereich hinreichend bestimmt.[468] Nach der Rechtsprechung des BAG müssen die Regelungen so eindeutig formuliert sein, dass sowohl für den sozialen Gegenspieler als auch für Verbandsmitglieder wie auch für Dritte eindeutig hervorgeht, wie weit die Tarifzuständigkeit greift.[469] Die Normsetzungsbefugnis der Tarifvertragsparteien aus §§ 1 Abs. 1, 4 TVG verlangt eine ausreichende Transparenz der Zuständigkeitsgrenzen.[470] Diese erhöhten Transparenzanforderungen sind insbesondere deshalb relevant, weil der Verbandsbeitritt der Mitglieder ein maßgeblich legitimierender Faktor der tariflichen Normsetzungsbefugnis ist.[471] Schon bei Verbandsbeitritt müssen die Mitglieder wissen bzw. zumindest die Möglichkeit der Kenntnisnahme darüber haben, inwieweit sie sich der Rechtsetzungsmacht der Verbände unterwerfen. Dies gilt insbesondere für den Beitritt in eine Gewerkschaft, da die Arbeitnehmer die Ausgestaltung ihrer individuellen

---

465 ErfK/*Franzen*, TVG, § 2 Rn. 37; HMB/*Sittard*, Der Tarifvertrag, Teil 2 Rn. 217; Wiedemann/*Oetker*, TVG, § 2 Rn. 76.

466 ErfK/*Franzen*, TVG, § 2 Rn. 37; HWK/*Henssler*, § 2 TVG Rn. 42; *Junker*, ZfA 2007, 229, 245.

467 *Fischer*, RdA 2013, 326, 328; sofern eine Gewerkschaft jedoch in ihrem Zuständigkeitsbereich nicht hinreichende Durchsetzungsfähigkeit besitzt, besteht die Gefahr des Verlustes der Tariffähigkeit, vgl. dazu: C.III.4.

468 BAG 10.2.2009 – 1 ABR 36/08, NZA 2009, 908, 910 ff.

469 BAG 10.2.2009 – 1 ABR 36/08, NZA 2009, 908, 911 f.

470 BAG 11.6.2013 – 1 ABR 32/12, NZA 2013, 1363, 1366.

471 Vgl. dazu: B.III.2.b)dd)(v) sowie B.IV.3.a)dd).

Arbeitsbedingungen in die Hände der Berufsverbände legen. Die wesentlichen Informationen über die Reichweite der tariflichen Rechtsetzungsbefugnis müssen die Satzungen der Verbände daher in transparenter Art und Weise liefern.

a) Auslegung uneindeutig formulierter Satzungsbestimmungen

Ist die Satzungsbestimmung im Hinblick auf die Reichweite der Tarifzuständigkeit nicht eindeutig, legt das BAG die entsprechende Norm anhand der allgemeinen Auslegungsprinzipien zunächst aus.[472] Wegen der normähnlichen Wirkung der Satzung körperschaftlich strukturierter Vereinigungen[473] sollen – wie bei Tarifverträgen und Betriebsvereinbarungen – die Grundsätze der Gesetzesauslegung gelten. Das BAG stellt dabei auf den objektivierten, das heißt manifestierten Willen des Satzungsgebers ab[474], nicht auf den wirklichen oder hypothetischen Willen gem. §§ 133, 157 BGB.[475] Maßgeblich sind Wortlaut, Sinn und Zweck, Entstehungsgeschichte sowie der Gesamtzusammenhang der Satzung, wobei die bisherige tatsächliche Handhabung der Satzung und die Anschauungen der beteiligten Berufskreise ebenfalls Berücksichtigung finden können.[476] Das BAG begründet die objektivierte Auslegung u.a. mit den Folgen einer Satzungsüberschreitung im Außenverhältnis, die eine Unwirksamkeit der Tarifvertrages nach sich zieht und eine Vielzahl von Vertragsverhältnissen betreffen kann.[477] Zwar begründet die Satzung – anders als es bei Tarifverträgen der Fall ist – kein normatives Recht, sondern nur normähnliche Wirkung, dennoch haben Satzungsüberschreitungen im Hinblick auf die Tarifzuständigkeit weitreichende Rechtsfolgen. Daher komme es bei der Satzungsauslegung nur darauf an, „*was aus ihr selbst für jeden Außenstehenden zu ersehen ist, nicht aber auf das, was sich der Satzungsgeber insgeheim unter dem von ihm geschaffenen Begriff vorgestellt hat.*“[478] Die Satzung müsse aus sich heraus und einheitlich ausgelegt werden.[479]

---

472 BAG 14.12.1999 – 1 ABR 74/98, NZA 2000, 949, 952; 27.9.2005 – 1 ABR 41/04, NZA 2006, 273, 277; 10.2.2009 – 1 ABR 36/08, NZA 2009, 908, 911.

473 Zur Rechtsnatur der Satzung und der modifizierten Normentheorie, die die herrschende Lehre und die höchstrichterliche Rechtsprechung vertritt, vgl. bereits oben unter: B.IV.3.a)cc).

474 BAG 27.11.1964 – 1 ABR 13/63, BAGE 16, 329, 337.

475 *Feudner*, BB 2004, 2297, 2298; MüHandbuch GesellschR/*Wagner*, § 19 Rn. 53 ff.

476 BAG 18.7.2006 – 1 ABR 36/05, NZA 2006, 1225, 1228; 10.2.2009 – 1 ABR 36/08, NZA 2009, 908, 911.

477 BAG 27.11.1964 – 1 ABR 13/63, BAGE 16, 329, 337.

478 BAG 27.11.1964 – 1 ABR 13/63, BAGE 16, 329, 337.

479 BAG 12.12.1995 – 1 ABR 27/95, NZA 1996, 1042, 1044.

Für die Bestimmung des Organisationsbereiches sind daher Umstände, die in der Satzung keinen Niederschlag gefunden haben, nicht von Belang.[480] Im Zweifelsfall wird jedoch derjenigen Auslegung der Vorzug gegeben, die sich als gesetzeskonform und praktikabel erweist.[481]

Das arbeitsrechtliche und vereinsrechtliche Schrifttum[482] befürwortet es – zum größten Teil ebenfalls mit Blick auf die normähnliche Wirkung der Verbandssatzungen – ihre Auslegung anhand eines objektivierten Maßstabes durchzuführen; teilweise wird dies jedoch – im Gegensatz zur Rechtsprechung des BAG – nicht mit der normähnlichen Wirkung der Satzung, sondern der normativen Geltung des Tarifvertrages begründet[483], da aber beide Wirkungen auf Tarifparteien zurückzuführen sind, dürfte es keinen Unterschied machen, auf welche Begründung man die objektivierte Auslegung der Verbandssatzung stützt.

Eine Zuständigkeit nach Rechtsscheingrundsätzen soll allerdings nicht bestehen. Der Tarifvertragspartner habe jederzeit die Möglichkeit in die Satzung zu schauen.[484] Dies gilt in der Regel für Arbeitgeberverbände, da diese zumeist eingetragene Vereine sind und hier die Möglichkeit besteht, die Satzung bei dem das Vereinsregister führenden Gericht einzusehen.[485] Da es sich bei Gewerkschaften

---

480 BAG 10.2.2009 – 1 ABR 36/08, NZA 2009, 908, 912.

481 BAG 18.7.2006 – 1 ABR 36/05, NZA 2006, 1225, 1228; 10.2.2009 – 1 ABR 36/08, NZA 2009, 908, 911.

482 HMB/*Sittard*, Der Tarifvertrag, Teil 2 Rn. 209; Kempen/Zachert/*Wendeling-Schröder*, TVG, § 2 Rn. 224; MüHandbuch GesellschR/*Wagner*, § 19 Rn. 53 ff.; Palandt/*Ellenberger*, BGB, § 25 Rn. 4; Reichert/*Wagner*, Vereins- und VerbandsR, Kap. 2 Rn. 388 f.; Sauter/Schweyer/*Waldner*/*Wörle-Himmel*, Der eingetragene Verein, 1. Teil Rn. 36; *Schöpflin*, Verein, S. 221 f.; Schulze/*Dörner*, BGB, § 25 Rn. 6; Stöber/Otto, Vereinsrecht, Rn. 52; ebenfalls: MüKo BGB I 2018/*Leuschner*, § 25 BGB Rn. 38, obwohl er davon ausgeht, dass die Rechtsnatur der Satzung mit der Vertragstheorie zu erklären ist. Er begründet die objektivierte Auslegung damit, dass die Besonderheiten des Vereins mit seiner körperschaftlichen Struktur und seine Ausrichtung auf den Mitgliederwechsel zu berücksichtigen sind.

483 HMB/*Sittard*, Der Tarifvertrag, Teil 2 Rn. 209: Eine nach subjektiven Maßstäben orientierte Auslegung sei daher auch nach seiner Ansicht nicht gerechtfertigt.

484 *Wiedemann*, RdA 1975, 78, 82.

485 *Rieble*, FS Buchner, S. 756, 757; Nach § 59 Abs. 2 BGB müssen mit der Anmeldung des Vereins die Abschriften der Satzung beim Amtsgericht beigefügt werden, vgl. dazu: B.IV.3.a).

meistens um nicht eingetragene Vereine handelt, besteht diese Möglichkeit nicht. Allerdings finden sich die Satzungen oftmals online wieder.[486]

Im Falle einer uneindeutig formulierten Regelung zur Tarifzuständigkeit wird folglich nicht auf den tatsächlichen Willen des Satzungsgebers, sondern lediglich auf den objektivierten Willen abgestellt. Dieser Ansatz ist insofern problematisch als die autonome Festlegung der Tarifzuständigkeit durch die verfassungsrechtlich garantierte Satzungsautonomie geschützt ist, die Schutz vor einer fremden Bestimmung der Tarifzuständigkeit bietet. Daher scheint die Ermittlung des wirklichen Willens zunächst vorzugswürdig.

Dass sich die Tarifzuständigkeit im Wortlaut der Satzung wiederfinden muss, ähnelt der aus dem Erbrecht stammenden Andeutungstheorie, wonach der Wille des Erblassers zumindest Ausdruck im Testament finden muss.[487] Eine strenge Andeutungstheorie – wie sie das BAG im Rahmen der Tarifzuständigkeit vertritt – lässt sich auf den ersten Blick grundsätzlich nicht mit der Privatautonomie der Satzungsgeber vereinbaren, da sie im Ausgangspunkt erfordert, dass ihr Wille im Rahmen der Auslegung Berücksichtigung findet.[488]

Für den Ansatz des BAG spricht allerdings, dass die Satzung die Rechtsbeziehungen zu den Verbandsmitgliedern und – im Ausnahmefall – zu Dritten regelt, sodass eine einheitliche Auslegung – nicht zuletzt wegen der Rechtssicherheit – durch objektivierte Maßstäbe wie bei Gesetzen geboten scheint.[489] Der Umfang des Organisationsbereiches markiert für Mitglieder, Gegenspieler und Dritte die Grenzen wirksamen Handelns.[490] Die Satzungen von Tarifvertragsparteien sind – wie das BAG zutreffend herausgearbeitet hat – aufgrund ihrer „allgemeineren Bedeutung" nicht mit den Satzungen eines sonstigen Vereins vergleichbar, wo gegebenenfalls andere Auslegungskriterien gelten können.[491] Weiterhin kann die Ausrichtung am objektivierten Willen Rechtsklarheit schaffen[492], insbesondere weil der wirkliche Wille bei uneindeutigen Satzungsregelungen schwer zu fassen sein kann. Der Gründerwillen kann im Zweifel nicht mehr ermittelt werden, vor allem dann nicht, wenn es sich um eine ältere Verfassung handelt.[493]

486 *Rieble*, FS Buchner, S. 756, 757; Anmerkung: die Satzungen aller DGB-Gewerkschaften finden sich auf ihrer Website und sind öffentlich zugänglich.
487 BGH 9.4.1981 – IVa ZB 4/80, NJW 1981, 1737, 1738.
488 HMB/*Höpfner*, Der Tarifvertrag, Teil 2 Rn. 15.
489 Kempen/Zachert/*Wendeling-Schröder*, TVG, § 2 Rn. 224.
490 BAG 10.2.2009 – 1 ABR 36/08, NZA 2009, 908, 911.
491 BAG 27.11.1964 – 1 ABR 13/63, BAGE 16, 329, 336.
492 Kempen/Zachert/*Wendeling-Schröder*, TVG, § 2 Rn. 225.
493 *Löwisch/Rieble*, TVG, § 2 Rn. 315 ff.

Zudem überzeugt auch ein verbandsrechtliches Argument: Die Tarifzuständigkeit zählt zur Vereinsverfassung und ist somit notwendiger Inhalt der Satzung. Für Vereinsmitglieder ist es von Bedeutung, sich Kenntnis über die Regelungen verschaffen zu können, denen sie sich unterwerfen. Vor allem dann, wenn es sich um mit Tarifmacht ausgestattete Vereinigungen handelt. Diese Informiertheit kann nur gewährleistet werden, wenn die Regelungen im Satzungstext fixiert sind, wo ein wirklicher oder hypothetischer Wille des Satzungsgebers unberücksichtigt bleibt. Eine objektivierte Auslegung vermag daher Interpretationsschwierigkeiten zu vermeiden. Sollte es auf den tatsächlichen Willen der Satzungsgeber ankommen, dessen Identifikation gegebenenfalls kaum möglich sein wird, würde eine erhebliche Rechtsunsicherheit erzeugt. Dies wäre vor dem Hintergrund tariflicher Rechtsetzungsmacht problematisch. Wie an anderer Stelle schon dargelegt,[494] wird der Unterwerfungserklärung der Mitglieder in Gestalt des Verbandsbeitritts eine enorme Bedeutung für die Herleitung der Normsetzungsbefugnis beigemessen. Umso wichtiger ist es, dass die Mitglieder die Tarifzuständigkeit und somit die Reichweite tariflicher Rechtsetzungsmacht anhand der Satzungsregelungen durch eine objektivierte Auslegung zuverlässig bestimmen können. Wenn sie nicht wissen oder wissen können, wie weit die Tarifmacht geht, kann der Verbandsbeitritt schwerlich als Legitimation für die Rechtsetzungsbefugnis gelten.

Auf den zweiten Blick erkennt man allerdings auch, dass die verfassungsrechtlich garantierte Betätigungsfreiheit durch ein bestimmtes Verständnis der Satzung durch das auslegende Gericht letztlich nicht eingeschränkt wird[495], denn die erstmalige Festlegung der Tarifzuständigkeit verbleibt bei den Verbänden. Weiterhin orientiert sich die Satzungsauslegung am Wortlaut der Urkunde, der uneingeschränkt vom Satzungsgeber stammt. Es liegt von vornherein in seinem Einflussbereich, die Satzungsbestimmungen so eindeutig zu formulieren, dass auch zukünftige Verbandsmitglieder und Dritte sie verstehen können. Eine (wesentliche) Einschränkung der Betätigungsfreiheit kann hierin nicht gesehen werden, zumal dem Verband auch noch die Möglichkeit einer Satzungsänderung verbleibt.[496] Indem die Rechtsprechung beispielsweise auch die Anschauungen der maßgeblichen Berufskreise bei der Satzungsauslegung als berücksichtigungsfähig deklariert, nimmt sie sich ebenfalls der objektiven Interessen des Satzungsgebers an und trägt damit der Satzungsautonomie Rechnung.[497]

---

494 Vgl. dazu: B.III.2.b)dd)(iv).

495 BAG 10.2.2009 – 1 ABR 36/08, NZA 2009, 908, 912.

496 BAG 10.2.2009 – 1 ABR 36/08, NZA 2009, 908, 912.

497 JKOS/*Schubert*, Tarifvertragsrecht, § 2 Rn. 170.

Zudem muss davon ausgegangen werden, dass es einen Eingriff in die Tarifautonomie der Verbände darstellen würde, wenn Arbeitsgerichte ergänzende oder korrigierende Satzungsauslegungen vornehmen würden,[498] weil sie sich nicht auf den Wortlaut der Satzung konzentrierten, da sie den durch die Verfassung gewährleisteten Autonomiebereich in Bezug auf die bereits festgelegte Zuständigkeit nicht berücksichtigen würden. Daher dient es auch den Interessen des Satzungsgebers, wenn die Satzung aus sich heraus – nach objektivierten Maßstäben – ausgelegt wird. Im Übrigen gehören tarifpolitische Erwägungen nicht in den Zuständigkeitsbereich der Arbeitsgerichte.[499] Indem eine objektivierte Auslegung herangezogen wird, muss sich das entscheidende Gericht auch gar nicht damit befassen, welche tarifpolitischen Erwägungen bei der Satzungserstellung angestellt wurden.

b) Rechtsfolgen bei fehlender Auslegungsmöglichkeit

Für den Fall, dass die Tarifzuständigkeit in der Satzung so uneindeutig formuliert ist, dass sich auch nicht mehr im Wege der objektivierten Auslegung ermitteln lässt, für welchen Geltungsbereich Tarifverträge geschlossen werden sollen, vertritt das BAG einen strengen Ansatz: Ist die Satzungsregelung zur Tarifzuständigkeit zu unbestimmt und lässt sie sich auch nicht auslegen, folgt daraus ihre Unwirksamkeit.[500] Die Tarifzuständigkeit ist nur für den Teil des Geschäftsbereiches gegeben, der hinreichend bestimmt ist.[501] Ist die Zuständigkeitsregelung nicht konkretisierbar, so fehlt es der Tarifvertragspartei an der Tarifzuständigkeit mit der Folge, dass ein dennoch abgeschlossener Tarifvertrag unwirksam ist.[502] Eine ergänzende Satzungsauslegung überwindet die Unbestimmtheit nicht. Dies stünde im Widerspruch zum Grundsatz der autonomen Gestaltung der Tarifzuständigkeit und zur Koalitionszweckbestimmung.[503]

An dieser Stelle lässt sich vergegenwärtigen, welche weitreichenden Konsequenzen eine unzureichende Regelung in der Verbandssatzung hat. Die strenge Linie des BAG ist jedoch konsequent. Nur, wenn der Geschäftsbereich, innerhalb

---

498 *Rieble*, FS Buchner, S. 756, 771.
499 *Rieble*, FS Buchner, S. 756, 771.
500 BAG 17.4.2012 – 1 ABR 5/11, NZA 2012, 1104, 1108 f.; siehe auch: BVerfG 25.5.1993 – 1 BvR 345/83, NJW 1993, 2599, 2600; *Löwisch/Rieble*, TVG, § 2 Rn. 321; Reichert/ *Wagner*, Vereins- und VerbandsR, Kap. 2 Rn. 371.
501 *Rieble*, FS Buchner, S. 756, 772.
502 *Rieble*, FS Buchner, S. 756, 772.
503 *Löwisch/Rieble*, TVG, § 2 Rn. 322.

dessen ein Verband wirksame Verträge schließen kann, von Anfang an eindeutig festgelegt ist, wird die erforderliche Transparenz für den sozialen Gegenspieler, für Dritte und für die Verbandsmitglieder geschaffen. Vor allem Letztere müssen wissen, inwieweit der Verband für sie Tarifverträge schließen kann, aber auch inwieweit sie sich der Tarifmacht des Verbandes unterwerfen.

4. Reichweite der Satzungsautonomie im Hinblick auf die Festlegung der Tarifzuständigkeit

Art. 9 Abs. 3 GG gewährt den Verbänden im Rahmen ihrer Betätigungsfreiheit Satzungsautonomie.[504] Diese Autonomie belässt ihnen einen nicht tangierbaren und im Grunde nicht fremdbestimmten Freiraum für die eigenverantwortliche Gestaltung ihrer Zuständigkeit.[505] Die Satzungsautonomie reicht grundsätzlich so weit, dass eine Gewerkschaft in ihrer Satzung Regelungen vorsehen kann, die die Zustimmung Dritter bei einer Änderung derselben verlangt. Solche Regelungen finden sich insbesondere in den Satzungen von DGB-Gewerkschaften.[506] Erforderlich ist allerdings, dass die eigene Willensbestimmung nicht vollständig zum Erliegen gebracht wird.[507]

Die Reichweite der Tarifzuständigkeit ist nach der Rechtsprechung des BAG[508] grundsätzlich frei bestimmbar, sodass innerhalb des Geltungsbereiches eines Tarifvertrages der Verband auch seine Allzuständigkeit bestimmen könnte.[509] Allerdings bestünde hier die Gefahr des Verlustes der Tariffähigkeit, die ebenfalls Wirksamkeitsvoraussetzung eines Tarifvertrages ist[510], wenn für den beanspruchten Zuständigkeitsbereich keine entsprechende Durchsetzungskraft und ausreichende organisatorische Leistungsfähigkeit besteht.[511] Ist die Tarifzuständigkeit (einer Gewerkschaft) also sehr weit gefasst, dann muss parallel auch die Durchsetzungskraft breit angelegt sein.[512] Ob letzteres vorliegt, beurteilt sich anhand der Umstände des Einzelfalles. Jedoch wird regelmäßig der

504 BAG 21.1.2015 – 4 AZR 797/13, NZA 2015, 1521, 1522.
505 *Heinze*, DB 1997, 2122.
506 Vgl. dazu: C.IV.2.
507 BAG 27.9.2005 – 1 ABR 41/04, NZA 2006, 273, 278.
508 BAG 10.2.2009 – 1 ABR 36/08, NZA 2009, 908, 911.
509 *Stoppelmann*, Tariffähigkeit und Tarifzuständigkeit, S. 139.
510 BAG 15.11.2006 – 10 AZR 665/05, NZA 2007, 448, 451.
511 BAG 10.2.2009 – 1 ABR 36/08, NZA 2009, 908, 911.
512 *Greiner*, Rechtsfragen, S. 185.

Mitgliederanzahl entscheidende Bedeutung zukommen, wenn es darum geht, empfindlichen Druck auf den sozialen Gegenspieler ausüben zu können.[513]

Zwar bestimmen Gewerkschaften und Arbeitgeberverbände ihre Tarifzuständigkeit in der Satzung autonom, dies bedeutet allerdings nicht, dass die Satzungsautonomie die Bestimmung der Tarifzuständigkeit grenzenlos gewährt. Insbesondere vor dem Hintergrund der innerhalb der Tarifzuständigkeit bestehenden tariflichen Rechtsetzungsmacht scheint die Begrenzung der Satzungsautonomie logisch (hierzu sogleich).

Im Schrifttum wird die Frage diskutiert, inwieweit die Möglichkeit besteht, in der Satzung vorab den Abschluss eines Tarifvertrages mit nur bestimmten Vertragspartnern vorzusehen. Teilweise wird vertreten, dass derartige Satzungsbestimmungen rechtswidrig seien, da sie in die positive Koalitionsfreiheit des Vertragspartners eingriffen. Gleichzeitig wird aber anerkannt, dass ein Anspruch auf Abschluss eines Tarifvertrages ohnehin nicht besteht.[514] Weiterhin wird angeführt, dass ansonsten die Möglichkeit besteht, einen Arbeitskampf mit der Begründung der Tarifunzuständigkeit zu verhindern.[515] Andere hingegen bejahen die Möglichkeit der Beschränkung der Tarifzuständigkeit auf bestimmte Vertragspartner. Zum Teil, weil eine Gleichbehandlungspflicht nicht besteht[516] zum Teil, weil diese Entscheidung von der Koalitionsfreiheit umfasst und daher hinzunehmen sei.[517] Das BAG gewährt zumindest den Gewerkschaften einen eher großzügigen Spielraum, wenn es um die Beschränkung der Tarifzuständigkeit auf bestimmte Arbeitgeber geht. In seiner Allfloor-Entscheidung[518] urteilte das Gericht, dass es nicht unzulässig sei, wenn eine Gewerkschaft ihre Zuständigkeit bewusst nur auf ein Unternehmen eines Wirtschaftszweiges erstreckt. Damit setzt das Gericht für die Bestimmung der Tarifzuständigkeit *„weit gezogene Grenzen für eine koalitionsmäßige Betätigung.“*[519]

Nach der Rechtsprechung des BAG[520] ist es dem Verband grundsätzlich nicht möglich, die Tarifzuständigkeit auf seine jeweiligen (Voll-)Mitglieder zu beschränken. Hintergrund der Rechtsprechung ist, dass die Tarifzuständigkeit

---

513 BAG 14.12.2004 – 1 ABR 51/03, NZA 2005, 697, 701.

514 JKOS/*Schubert*, Tarifvertragsrecht, § 2 Rn. 181; Wiedemann/*Oetker*, TVG, § 2 Rn. 107.

515 HWK/*Henssler*, § 2 TVG Rn. 45.

516 *Gamillscheg*, Kollektives Arbeitsrecht, S. 531.

517 *Ebert*, Zuständigkeit, S. 178 ff.

518 BAG 19.11.1985 – 1 ABR 37/83, NZA 1986, 480, 482 f.

519 BAG 19.11.1985 – 1 ABR 37/83, NZA 1986, 480, 483.

520 BAG 18.7.2006 – 1 ABR 36/05, NZA 2006, 1225, 1228 ff.

des Verbandes ansonsten von der Entscheidung einzelner Mitglieder über ihren Ein- und Austritt abhängig wäre.[521]

Andererseits kann der Verband seine Tarifzuständigkeit in personeller Hinsicht auch nicht unbegrenzt festlegen und etwa auf Nichtmitglieder erstrecken. So beschränkt schon das einfache Recht in § 3 Abs. 1 TVG die Bestimmung der personellen Reichweite der Tarifzuständigkeit auf die Mitglieder des Verbandes. Die Tarifzuständigkeit kann nur soweit festgelegt werden, wie es dem Verband möglich ist, für Arbeitnehmer Tarifnormen zu setzen.[522] Dem Verbandsbeitritt wird nämlich ein entscheidender legitimierender Faktor zur tariflichen Normsetzung beigemessen,[523] der bei Nichtmitgliedern fehlt.

Auch die Verfassung selbst gewährt die Satzungsautonomie nicht grenzenlos. Aus Art. 9 Abs. 3 GG folgt, dass der Zweck der Vereinigung in der Wahrung und Förderung der Arbeits- und Wirtschaftsbedingungen bestehen muss.[524] Folglich darf die Tarifzuständigkeit nicht mit dem pauschalen Hinweis auf die verfassungsrechtlich garantierte Koalitionsfreiheit willkürlich oder funktionswidrig definiert werden.[525] Da die Koalitionsfreiheit nur funktionsgebunden gewährt wird, muss der Verband bei der Festlegung des Geschäftsbereichs, innerhalb dessen er wirksame Tarifverträge abschließen will, seine Rechtsetzungskompetenz berücksichtigen, die er durch Bestimmung der Tarifzuständigkeit in Anspruch nimmt.[526] Daher scheint es konsequent, den Freiraum für die Ausübung der Satzungsautonomie aufgrund dieses Verfassungsauftrags zu begrenzen.[527] Folglich können in sachlicher Hinsicht Regelungsbereiche, die im Allgemeinen der Tarifautonomie zugerechnet werden (bspw. vermögenswirksame Leistungen, Verkürzung der Arbeitszeit), nicht von der Tarifzuständigkeit ausgegrenzt werden.[528]

---

521 Vgl. dazu: B.III.2.b)aa).

522 *Feudner*, BB 2004, 2297, 2300.

523 Vgl. dazu: B.III.2.b)dd)(v).

524 Vgl. dazu: B.III.2.b)aa).

525 *Wiedemann*, RdA 1975, 78, 81; ebenso: HWK/*Henssler*, § 2 TVG Rn. 44; HMB/*Sittard*, Der Tarifvertrag, Teil 2 Rn. 226; JKOS/*Schubert*, Tarifvertragsrecht, § 2 Rn. 176; Wiedemann/*Oetker*, TVG, § 2 Rn. 97; a.A. *Gamillscheg*, Kollektives Arbeitsrecht, S. 531, der insbesondere Bedenken hinsichtlich der Unbestimmtheit der Begrifflichkeit „Funktionswidrigkeit" äußert; auch: *Junker*, ZfA 2007, 229, 234.

526 Wiedemann, RdA 1975, 78, 81.

527 Ähnlich: Wiedemann, RdA 1975, 78, 81.

528 Wiedemann/*Oetker*, TVG, § 2 Rn. 106; *Ebert*, Zuständigkeit, S. 133 f.; *Däubler*, Tarifvertragsrecht, Rn. 94; Wiedemann, RdA 1975, 78, 80; JKOS/*Schubert*, Tarifvertragsrecht, § 2 Rn. 180.

Dies würde ansonsten die Möglichkeit einer missbräuchlichen Ausschließung unliebsamer Regelungsgegenstände begründen.[529] So könnten Verbände unter Verweis auf ihre Tarifunzuständigkeit Tarifverhandlungen und den Arbeitskampf über bestimmte Regelungsbereiche verhindern.[530] Dies wäre insbesondere vor dem Hintergrund problematisch als der Abschluss von Tarifverträgen einen Bereich betrifft, in dem der Staat seine Regelungsbefugnis weit zurückgenommen hat, sodass es den Tarifvertragsparteien überlassen ist, Lohn- und sonstige materielle Arbeitsbedingungen eigenverantwortlich und im Wesentlichen ohne staatliche Einflussnahme zu regeln.[531] Die Tarifzuständigkeit muss dieser übernommenen Rolle entsprechen[532] und die mit ihr verbundenen Aufgaben sachgerecht erfüllen. Außerdem spricht gegen den Ausschluss bestimmter Regelungsbereiche, dass der Verband auf diese Weise seinem sozialen Gegenspieler mittelbar vorschreiben könnte, was Inhalt des Tarifvertrages wird.[533] Im Übrigen wäre ein solches Verhalten widersprüchlich, da der Verband zunächst seine Tarifwilligkeit – also die satzungsgemäße Bereitschaft zum Abschluss von Tarifverträgen – vorgibt, jedoch gleichzeitig seine sachliche Zuständigkeit beschränkt.[534] Die Funktionsfähigkeit des Tarifvertragssystems verbietet daher eine sachliche Beschränkung der Tarifzuständigkeit mit Blick auf einzelne tarifliche Regelungsgegenstände.[535]

Weitere Grenzen der Satzungsautonomie ergeben sich aus dem Gleichbehandlungsgrundsatz und den Diskriminierungsverboten – wie aus dem AGG.[536] Beispielsweise darf der Verband nicht im Wege einer willkürlich festgelegten Tarifzuständigkeit die Aufnahme bestimmter Mitglieder verhindern, wenn er hierfür keinen wichtigen Grund hat.[537]

---

529 Wiedemann, RdA 1975, 78, 80.

530 HWK/*Henssler*, § 2 TVG Rn. 45; *Gamillscheg*, Kollektives Arbeitsrecht, S. 531; JKOS/*Schubert*, Tarifvertragsrecht, § 2 Rn. 180.

531 So das BVerfG zur Tarifautonomie der Verbände: BVerfG 24.5.1977 – 2 BvL 11/74, NJW 1977, 2255, 2256; 1.3.1979 – 1 BvR 532/77, 1 BvR 533/77, 1 BvR 419/78, 1 BvL 21/78, NJW 1979, 699, 708 f.; 20.10.1981 – 1 BvR 404/78, NJW 1982, 815.

532 Wiedemann/*Oetker*, TVG, § 2 Rn. 97.

533 *Ebert*, Zuständigkeit, S. 134.

534 Wiedemann/*Oetker*, TVG, § 2 Rn. 106; *Däubler*, Tarifvertragsrecht, Rn. 94; Wiedemann, RdA 1975, 78, 80.

535 *Ebert*, Zuständigkeit, S. 134.

536 JKOS/*Schubert*, Tarifvertragsrecht, § 2 Rn. 178; *Löwisch/Rieble*, TVG, § 2 Rn. 304 ff.

537 *Löwisch/Rieble*, TVG, § 2 Rn. 304.

5. Rechtsfolgen für Handlungen außerhalb der Tarifzuständigkeit

Nach der ständigen Rechtsprechung des BAG[538] und der herrschenden Meinung in der Literatur[539] ist die Tarifzuständigkeit Wirksamkeitsvoraussetzung eines Tarifvertrages. Fehlt einer Tarifvertragspartei bei Abschluss eines Tarifvertrages die Tarifzuständigkeit, so führt dieser Umstand zur Nichtigkeit des Tarifvertrages.[540] Erforderlich ist insbesondere, dass die Tarifzuständigkeit auf beiden Seiten vorliegt.[541] Sie begründet mithin eine Selbstbindung im Außenverhältnis.[542]

Die Rechtsnormen des Tarifvertrages gelten unmittelbar und zwingend zwischen den beiderseits Tarifgebundenen, die unter den Geltungsbereich des Tarifvertrages fallen, § 4 Abs. 1 TVG. Diese Wirkung tritt jedoch nicht bei unwirksamen Tarifverträgen ein, also insbesondere dann nicht, wenn die Tarifvertragspartner keine satzungsgemäße Tarifzuständigkeit beanspruchen, das heißt, wenn sie in Überschreitung ihrer vorab festgelegten Tarifzuständigkeit agieren.

Ist ein Verband für einen Tarifvertrag nicht oder nicht mehr tarifzuständig, so stellt sich die Frage, welche Rechtsfolgen hinsichtlich der betroffenen Arbeitsverhältnisse gelten, wenn der Tarifvertrag nichtig ist. Der Gesetzgeber hat hierzu keine Regelungen getroffen. Hingegen wird diese Thematik ausführlich in der Literatur und vereinzelt in der Rechtsprechung diskutiert. Differenziert werden die Rechtsfolgen fehlender anfänglicher und fehlender nachträglicher Tarifzuständigkeit.

---

538 Etwa: BAG 27.11.1964 – 1 ABR 13/63, BAGE 16, 329, 334; 24.7.1990 – 1 ABR 46/89, NZA 1991, 21, 22; 29.7.2009 – 7 ABR 27/08, NZA 2009, 1424, 1427; 21.3.2018 – 10 ABR 62/16, NZA-Beilage 2018, 8, 16.

539 Däubler/*Peter*, TVG, § 2 Rn. 194; *Ebert*, Zuständigkeit, S. 74 ff., 115; ErfK/*Franzen*, TVG, § 2 Rn. 38; *Hueck/Nipperdey* Arbeitsrecht II, S. 301 ff.; HWK/*Henssler*, § 2 TVG Rn. 39; *Löwisch/Rieble*, TVG, § 2 Rn. 385 ff.; Wiedemann/*Oetker*, TVG, § 2 Rn. 64: etwas einschränkend: *Ricken*, Autonomie und tarifliche Rechtsetzung, S. 243 f., wonach sich die Unwirksamkeit nur auf die im Tarifvertrag erhaltenen Rechtsnormen beschränkt; zu den Bedenken die im Schrifttum geäußert werden, vgl.: C.III.5.f).

540 BAG 27.11.1964 – 1 ABR 13/63, BAGE 16, 329, 332, 337.

541 BAG 19.12.1958 – 1 AZR 109/58, BB 1959, 488.

542 *Greiner*, Rechtsfragen, S. 184.

a) Anfängliche Tarifunzuständigkeit

Einigkeit besteht darüber, dass die Tarifzuständigkeit schon zu Beginn, das heißt bei Abschluss des Tarifvertrages vorliegen muss. Sofern die Tarifzuständigkeit zu diesem Zeitpunkt ganz oder teilweise fehlt, ist jedenfalls der normative Teil des Tarifvertrages insoweit unwirksam, wie die Zuständigkeit nicht vorhanden ist.[543] Eine Heilungsmöglichkeit der fehlenden anfänglichen Tarifzuständigkeit durch nachträgliche satzungsmäßige Erweiterung derselben scheidet aus.[544] Es ändert auch nichts an der Situation, wenn beide Parteien gutgläubig von der Wirksamkeit des Tarifvertrages ausgehen – ein Vertrauensschutz existiert in dieser Hinsicht nicht.[545] Vielmehr ist der Abschluss eines neuen Tarifvertrages erforderlich[546], wobei eine Bezugnahme auf den unwirksamen Tarifvertrag möglich ist.[547] Vom Grundsatz her bestimmt sich der Inhalt der Arbeitsverhältnisse in diesem Fall dann allein individualrechtlich und nach den arbeitsrechtlichen Vorschriften.[548]

Diskutiert wird allerdings eine Umdeutung des unwirksamen Tarifvertrags in eine Vereinbarung mit schuldrechtlicher Wirkung.[549] Dies soll für diejenigen Fälle gelten, in denen der Tarifvertrag schon in Vollzug gesetzt wurde. Dieser Ansicht ist zuzustimmen, denn ihre Vertreter begründen die Umdeutungsmöglichkeit mit dem überzeugenden Argument, dass die von der Tarifunzuständigkeit betroffenen Arbeitsverhältnisse keinem ungeregelten Zustand überlassen werden dürfen und die Arbeitnehmer vor den negativen Folgen der Tarifunzuständigkeit – insbesondere aus Gründen des Vertrauensschutzes – bewahrt werden müssen.

---

543 HMB/*Sittard*, Der Tarifvertrag, Teil 2 Rn. 235, *Ricken*, Autonomie und tarifliche Rechtsetzung, S. 243 f.

544 BAG 29.6.2004 – 1 ABR 14/03, BAGE 111, 164, 172.

545 Däubler/*Peter*, TVG, § 2 Rn. 194; HMB/*Sittard*, Der Tarifvertrag, Teil 2 Rn. 236; JKOS/*Schubert*, Tarifvertragsrecht, § 2 Rn. 165.

546 Wiedemann/*Oetker*, TVG, § 2 Rn. 64; *Kissel*, Arbeitskampfrecht, § 7 Rn. 36; HWK/*Henssler*, § 2 TVG Rn. 47.

547 JKOS/*Schubert*, Tarifvertragsrecht, § 2 Rn. 165.

548 *Kraft*, FS Schnorr von Carolsfeld, S. 255, 267.

549 Däubler/*Peter*, TVG, § 2 Rn. 197; Kempen/Zachert/*Wendeling-Schröder*, TVG, § 2 Rn. 237; Thüsing/Braun/*Emmert*, Tarifrecht, 2. Kap. Rn. 193; ebenfalls: HMB/*Sittard*, Der Tarifvertrag, Teil 2 Rn. 209, der für jeden Fall der Tarifunzuständigkeit die Wirksamkeit des schuldrechtlichen Teils bejaht, da aufgrund fehlender normativer Außenwirkung die Tarifzuständigkeit nicht bestehen müsse.

Anders stellt sich die Situation dar, wenn der streitgegenständliche Tarifvertrag aufgrund der fehlenden Tarifzuständigkeit nie in Vollzug gesetzt wurde. In solchen Fällen kommt das Argument des Vertrauensschutzes nicht mehr zum Tragen, sodass aus diesen Tarifverträgen keine Rechte hergeleitet werden können.[550] Ist ein Tarifvertrag von Beginn an unwirksam, so kommt – im Gegensatz zur Konstellation der nachträglich eintretenden Unwirksamkeit – auch eine Nachwirkung über § 4 Abs. 5 TVG nicht in Betracht.[551]

b) Nachträgliche Tarifunzuständigkeit

Die Situation stellt sich anders dar, wenn die ursprünglich bestehende Tarifzuständigkeit während der Laufzeit des Tarifvertrages nachträglich wegfällt. Da die Legitimation zur tariflichen Rechtsnormsetzung auf Seiten der Verbandsmitglieder im Gegensatz zum Fall der anfänglichen Tarifunzuständigkeit einmal bestand, ist eine andere Behandlung durchaus gerechtfertigt.[552] Mit dem Verbandsbeitritt als Unterwerfungserklärung haben die Mitglieder nämlich bezüglich der satzungsmäßig fixierten Tarifzuständigkeit ihr Einverständnis zur tariflichen Normsetzung erteilt.

Im Rahmen der nachträglichen Tarifunzuständigkeit wird grundsätzlich vertreten, dass der Wegfall der Tarifzuständigkeit zu einer ex nunc Unwirksamkeit des Tarifvertrages führt.[553] Trotz alledem kann für diese Fälle eine Nachwirkung entsprechend § 4 Abs. 5 TVG in Betracht kommen, sodass die Rechtsnormen weiter gelten bis sie durch eine andere Abmachung ersetzt werden.[554] Unstreitig soll dies gelten, wenn Veränderungen im Unternehmen – etwa technische und strukturelle Umgestaltungen durch Auslagerung und Dezentralisierung – dazu führen, dass sich der Tarifzuständigkeitsbereich ändert und dazu führt, dass ein

---

550 Däubler/*Peter*, TVG, § 2 Rn. 197; Kempen/Zachert/*Wendeling-Schröder*, TVG, § 2 Rn. 237.

551 Däubler/*Deinert*, TVG, § 4 Rn. 77; Kempen/Zachert/*Wendeling-Schröder*, TVG, § 2 Rn. 237.

552 So auch: Kempen/Zachert/*Wendeling-Schröder*, TVG, § 2 Rn. 242.

553 Däubler/*Peter*, TVG, § 2 Rn. 197; ErfK/*Franzen*, TVG, § 2 Rn. 38; HMB/*Sittard*, Der Tarifvertrag, Teil 2 Rn. 237 f.; *Löwisch/Rieble*, TVG, § 2 Rn. 386; *Ricken*, Autonomie und tarifliche Rechtsetzung, S. 244 ff., 260; a.A. HWK/*Henssler*, § 2 TVG Rn. 47, der keinen Automatismus annimmt, aber zumindest einen Anlass für die Kündigung des Tarifvertrages sieht.

554 ErfK/*Franzen*, TVG, § 2 Rn. 38; *Löwisch/Rieble*, TVG, § 2 Rn. 386; ähnlich: HMB/*Sittard*, Der Tarifvertrag, Teil 2, Rn. 238, der jedoch eine sofortige Anwendbarkeit von § 4 Abs. 5 TVG befürwortet.

Tarifvertragspartner seine Zuständigkeit für einen abgeschlossenen Tarifvertrag (teilweise) verliert.[555]

Umstritten ist allerdings die Konstellation, dass Änderungen in der Verbandssatzung eine (partielle) Tarifunzuständigkeit zur Folge haben. Hier soll nach einigen Stimmen in der Literatur erst eine Kündigung zur Nachwirkung über eine direkte Anwendung des § 4 Abs. 5 TVG führen, um so die Arbeitnehmer vor willkürlichen Satzungsänderungen zu schützen.[556]

Teilweise[557] wird sogar eine (analoge) Anwendbarkeit von § 3 Abs. 3 TVG angenommen, wonach eine Tarifbindung bestehen bleibt bis der Tarifvertrag endet. Begründet wird dies mit der Ähnlichkeit zur Konstellation der „Flucht aus dem Tarifvertrag durch Verbandsaustritt", vor der der § 3 Abs. 3 TVG eben schützen soll. Die normative Wirkung müsse auch für den Fall der nachträglichen Tarifunzuständigkeit gelten, da ansonsten stets eine Befreiung aus der Tarifbindung durch Satzungsänderung drohe.[558]

Teilweise wird zwischen der Konstellation differenziert, dass der Geltungsbereich des Tarifvertrages weiter als die Tarifzuständigkeit greift und derjenigen, dass der Geltungsbereich des Tarifvertrages und die Tarifzuständigkeit gleichlaufen.[559] Nur im letzteren Fall, also wenn der Wegfall der Tarifzuständigkeit bedeutet, dass sie für den gesamten Geltungsbereich des Tarifvertrages entfällt, habe dies eine Auswirkung auf die Wirksamkeit des Tarifvertrages, jedoch nicht im Sinne einer automatischen Unwirksamkeit des Tarifvertrages. Es bedürfe vielmehr einer Kündigung (aus wichtigem Grund).[560]

Vorzugswürdig ist eine analoge Anwendbarkeit des § 4 Abs. 5 TVG.[561] Hierdurch werden die Interessen aller Beteiligten angemessen berücksichtigt. Einerseits werden die von der Satzungsänderung betroffenen Arbeitsverhältnisse hinreichend geschützt, da sie keinem ungeregelten Zustand überlassen

555 HMB/*Sittard*, Der Tarifvertrag, Teil 2 Rn. 240; *Stoppelmann*, Tariffähigkeit und Tarifzuständigkeit, S. 132; *Ricken*, RdA 2007, 35, 36.

556 HWK/*Henssler*, § 2 TVG Rn. 47; Wiedemann/*Oetker*, TVG, § 2 Rn. 65, 119.

557 Thüsing/Braun/*Emmert*, Tarifrecht, 2. Kap. Rn. 195; ebenso: Däubler/*Peter*, TVG, § 2 Rn. 199; a.A. wohl BAG 14.6.1994 – 9 AZR 89/93, NZA 1995, 178, 179; 26.9.1979 – 4 AZR 819/77, NJW 1980, 1591, mit der Begründung, dass die Anwendung des § 3 Abs. 3 TVG die fortbestehende Tarifzuständigkeit der vertragsschließenden Verbände verlangt.

558 Thüsing/Braun/*Emmert*, Tarifrecht, 2. Kap. Rn. 195.

559 Wiedemann/*Oetker*, TVG, § 2 Rn. 65.

560 Wiedemann/*Oetker*, TVG, § 2 Rn. 65.

561 Ebenso: *Stoppelmann*, Tariffähigkeit und Tarifzuständigkeit, S. 132 f.

werden, wenn die Tarifwirkung wegen Unwirksamkeit des Tarifvertrages entfällt. Andererseits ist die Nachwirkung deutlich milder als die Nachbindung gem. § 3 Abs. 3 TVG, da § 4 Abs. 5 TVG die Ablösung des Tarifvertrages durch andere Abmachung erlaubt. Eine Nachbindung würde im Übrigen dem Geltungsgrund der mitgliedschaftlichen Legitimation, der neben der staatlichen Delegation die tarifliche Normsetzungsbefugnis erlaubt,[562] widersprechen, weil die Verbandsmitglieder – ohne Loslösungsmöglichkeit – einem Tarifvertrag unterworfen wären, den sie so nicht legitimiert haben.[563]

Eine direkte Anwendbarkeit des § 4 Abs. 5 TVG scheidet deswegen aus, weil der Tarifvertrag nicht – wie der Wortlaut verlangt – abläuft, also durch Kündigung oder Fristablauf o.ä. endet, sondern wegen einer Satzungsänderung aufgrund fehlender Tarifzuständigkeit unwirksam wird.

c) Reichweite der Unwirksamkeit

Das BAG führt zur Reichweite der Unwirksamkeit aus: „*Geht der Geltungsbereich eines Tarifvertrages teilweise über die in der Satzung einer tariffähigen Vereinigung festgelegten Tarifzuständigkeit hinaus, ist der Tarifvertrag insoweit nichtig.*“[564] Gleiches kann für den Fall gelten, dass die Tarifzuständigkeiten der Tarifvertragsparteien nicht im ganzen Umfang übereinstimmen. Entscheidend ist, dass beide Seiten für den Geltungsbereich des Tarifvertrages zuständig sind. Nur in diesem Umfang ist der Tarifvertrag wirksam.[565] Daher müssen beim Verbandstarifvertrag die Tarifzuständigkeiten beider Parteien übereinstimmen, wohingegen beim Firmentarifvertrag die satzungsmäßige Zuständigkeit der

---

562 Hierzu sogleich unter: C.III.5.f).

563 *Stoppelmann*, Tariffähigkeit und Tarifzuständigkeit, S. 133; Hinweis: Nach hiesiger Ansicht kann dieses Argument nur bei rechtswidriger Satzungsänderung gelten, nicht hingegen, wenn die Tarifzuständigkeit aufgrund rechtmäßiger Satzungsänderung weggefallen ist, weil sich die Mitglieder mit Unterwerfung unter die Verbandsgewalt auch dem Prozess unterworfen haben, dass der Verband seine Satzung auch bezüglich der Tarifzuständigkeit gesetzes- und satzungskonform ändert, vgl. dazu: B.IV.3.a)dd). Jedoch würde auch eine rechtmäßige Satzungsänderung nichts daran ändern, dass die analoge Anwendung von § 4 Abs. 5 TVG bei nachträglichem Wegfall der Tarifzuständigkeit sachgerecht ist, damit die betroffenen Arbeitsverhältnisse keinem ungeregelten Zustand überlassen werden.

564 BAG 29.7.2009 – 7 ABR 27/08, NZA 2009, 1424, 1427.

565 BAG 19.12.1958 – 1 AZR 109/58, BB 1959, 488.

Gewerkschaft entscheidend ist, da der Arbeitgeber vollumfänglich Tarifzuständigkeit für seine Betriebe besitzt.[566]

Das BAG wendet die Regelung des § 139 BGB, wonach im Zweifel die Gesamtnichtigkeit eines Rechtsgeschäfts anzunehmen ist, wenn nur ein Teil des Rechtsgeschäfts nichtig ist, nicht für Tarifverträge an. Vielmehr sollen für diese aufgrund ihres normativen Charakters die gleichen Regeln wie für gesetzliche Vorschriften Anwendung finden.[567] Das bedeutet insbesondere, dass der übrig gebliebene Teil des Tarifvertrages eine eigene rechtliche Bedeutung behalten muss.[568]

Diese Rechtsprechung zur Reichweite der Unwirksamkeit eines Tarifvertrages bei zum Teil fehlender Tarifzuständigkeit, wird im Schrifttum im Allgemeinen befürwortet.[569]

Mit *Bayreuther*[570] bietet sich jedoch eine differenzierte Ansicht an: Er verlangt, dass sich der die Tarifzuständigkeit überschreitende Teil vom wirksamen Kern des Tarifvertrages abgrenzen lässt; dies verlange die Tarifautonomie. Der klar überwiegende Teil des Tarifvertrages müsse „auf festen Füßen" stehen.[571] Mit anderen Worten könne also eine Aufrechterhaltung des ansonsten wirksamen Tarifvertrages nicht mehr gerechtfertigt werden, wenn der überschießende Teil den Teil, für den der Verband zuständig ist, massiv überschreitet.[572] Dem ist – trotz einer grundsätzlich gebotenen Normstabilität – vollumfänglich zuzustimmen, da es der funktionierenden Tarifautonomie entgegenstehen würde, würden Tarifvertragsparteien Tarifverträge schließen, obwohl sie eigentlich für den größten Bereich tarifunzuständig sind und sich dennoch darauf verlassen, dass er in irgendeiner Hinsicht schon wirksam sein werde, dann eben nur für den tarifzuständigen Bereich.[573] Eine derartige Handhabung würde eine massive Rechtsunsicherheit für die tarifunterworfenen Arbeitnehmer begründen, die

---

566 *Rieble*, FS Buchner, S. 756.

567 BAG 26.2.1986 – 4 AZR 535/84, NZA 1986, 790, 791; 18.8.1971 – 4 AZR 342/70, DB 2116, 2117.

568 BAG 26.2.1986 – 4 AZR 535/84, NZA 1986, 790, 791.

569 Däubler/*Peter*, TVG, § 2 Rn. 196; ErfK/*Franzen*, § 2 TVG Rn. 38; HMB/*Sittard*, Der Tarifvertrag, Teil 2 Rn. 233; Kempen/Zachert/*Wendeling-Schröder*, TVG, § 2 Rn. 208; *Konzen*, FS Kraft, S. 291, 292; *Stoppelmann*, Tariffähigkeit und Tarifzuständigkeit, S. 131 f.

570 *Bayreuther*, NZA 2012, 14, 17.

571 *Bayreuther*, NZA 2012, 14, 17.

572 *Bayreuther*, NZA 2012, 14, 17.

573 *Bayreuther*, NZA 2012, 14, 17.

sich eigentlich darauf verlassen müssen, dass die Tarifparteien wirksame Tarifverträge schließen. Würde man bei massiver Überschreitung der Tarifzuständigkeit keine weiterreichenden Konsequenzen als die Unwirksamkeit für den unzuständigen Teil fordern, könnte dies zur Konsequenz haben, dass Tarifverhandlungen zum Teil gar nicht mit dem Anspruch verhandelt würden, dass für jeden Teil auch eine entsprechende satzungsmäßige Tarifzuständigkeit vorliegt.

d) Auswirkungen auf den Arbeitskampf

Es besteht grundsätzlich keine rechtliche Pflicht einer Koalition, mit einer anderen Koalition einen Tarifvertrag zu schließen oder auch nur über einen solchen zu verhandeln.[574] Will die Gewerkschaft Tarifverhandlungen herbeiführen, dann wird sie sich für den Streik entscheiden müssen.[575]

Allerdings ist für die Zulässigkeit des Arbeitskampfes erforderlich, dass dieser auf den Abschluss eines wirksamen Tarifvertrages abzielt. Sofern die streikführende Gewerkschaft für den beabsichtigten Abschluss des Tarifvertrages tarifunzuständig ist, ist der Streik rechtswidrig.[576] Aus der Rechtswidrigkeit des Streiks folgt, dass der Arbeitgeber individualrechtliche Ansprüche gegen den streikenden Arbeitnehmer prüfen kann.[577] Es sind ebenfalls Schadensersatzansprüche gegen die Gewerkschaft denkbar.[578]

Auch hier wird die Tragweite der Satzungsgestaltung bezüglich der Tarifzuständigkeit und der Verstoß gegen die Satzung noch einmal deutlich: Ist die streikführende Gewerkschaft nach ihrer Satzung tarifunzuständig, wirkt sich eine Überschreitung der beanspruchten Tarifzuständigkeit mit der Rechtswidrigkeit der Arbeitskampfmaßnahme unmittelbar im Außenverhältnis aus.

e) Zwischenfazit

Verdeutlicht wurde, welche weitreichenden Folgen ein Handeln außerhalb der Tarifzuständigkeit hat. Wenn der Verband sich nicht an seine Satzung hält, wirkt sich dies unmittelbar auf die Arbeitsverhältnisse aus, die unter den Tarifvertrag fallen, insbesondere dann, wenn eine Nachwirkung oder Nachbindung nicht in Betracht kommt. Die jeweils für die Tarifzuständigkeit maßgebliche

---

574 So ausdrücklich: BAG 25.9.2013 - 4 AZR 173/12, DB 2014, 1208.

575 *Hanau*, NZA 2003, 128 f.

576 Däubler/*Peter*, TVG, § 2 Rn. 195.

577 BAG 29.11.1983 - 1 AZR 469/82, NZA 1984, 34, 35.

578 BAG 17.2.1970 - 1 ABR 15/69, BB 1970, 968.

Satzungsklausel der Tarifvertragspartei wirkt sich außerdem in doppelter Hinsicht aus: Zum einen definiert und eröffnet sie den Bereich, für den Tarifwilligkeit und die Möglichkeit zum wirksamen Tarifvertragsabschluss mit dem Tarifpartner besteht, gleichzeitig begrenzt sie diesen Bereich, indem sie dem Tarifpartner den Geltungsbereich des Tarifvertrages vorgibt und ihr Schranken setzt.

f) Dogmatische Begründung für die Tarifzuständigkeit als Wirksamkeitserfordernis von Tarifverträgen

Die von der Rechtsprechung aufgestellte Leitlinie, wonach Tarifvertragsparteien für den Abschluss von wirksamen Tarifverträgen tarifzuständig sein müssen, ist in der Literatur nicht unumstritten:

So wird gegen die Rechtsprechung eingewandt, dass es an einer dogmatischen Grundlage sowohl für das Merkmal der Tarifzuständigkeit[579] als auch für die Rechtsfolge der Nichtigkeit[580] mangelt. Im Gesetz findet sich nämlich keine Rechtsgrundlage, die die Tarifzuständigkeit zur Wirksamkeitsvoraussetzung eines Tarifvertrages macht. §§ 2a Abs. 1 Nr. 4, 97 Abs. 5 S. 1 ArbGG liefern keine Rechtsgrundlage.[581] Vielmehr erkennen diese Vorschriften die Tarifzuständigkeit als Rechtsinstitut lediglich an.[582] Zudem wird im Schrifttum angezweifelt, ob die Rechtsfolge der Nichtigkeit erforderlich sei, da es hierfür keinen praktischen Vorteil gebe[583], sondern vielmehr Arbeitnehmer als auch Arbeitgeber *„um die Früchte ihrer seitherigen Organisationszugehörigkeit bringen kann.“*[584]

aa) Tarifzuständigkeit als Beschränkung der Vertretungsmacht

Nach *Kraft*[585] – der das Erfordernis der Tarifzuständigkeit insgesamt in Frage stellt – müsste sich die Wirksamkeit eines Tarifvertrages hinsichtlich der

---

579 *Kraft*, FS Schnorr von Carolsfeld, S. 255, 260 ff.

580 *Konzen*, FS Kraft, S. 291, 293.

581 Großzügiger: *Löwisch/Rieble*, TVG, § 2 Rn. 258: *„Die Nennung von Tariffähigkeit und Tarifzuständigkeit in einem Atemzug kann nur heißen, dass beide für den Tarifvertrag dieselbe Bedeutung haben sollen.“*

582 *Ricken*, Autonomie und tarifliche Rechtsetzung, S. 84; *Ebert*, Zuständigkeit, S. 34.

583 *Kraft*, FS Schnorr von Carolsfeld, S. 255, 270 f; *van Venrooy*, ZfA 1983, 49, 51 f.; zumindest kritisch: *Greiner*, Rechtsfragen, S. 184 f., da die Tarifzuständigkeit aufgrund der jederzeitigen Möglichkeit der Satzungsänderung von geringer rechtlicher Wirkungsmacht sei.

584 *Konzen*, FS Kraft, S. 291, 293.

585 *Kraft*, FS Schnorr von Carolsfeld, S. 255, 262.

Tarifzuständigkeit konsequenterweise danach bestimmen, ob das vertretungsberechtigte Organ des Verbandes bei Abschluss des Tarifvertrages im Rahmen seiner Vertretungsmacht agierte oder nicht. Tarifverhandlungen werden zwar in der Regel von extra hierfür gebildeten Tarifkommissionen geführt, die Abschlussbefugnis liegt aber gewöhnlich in den Händen des Vorstands.[586] Die Vertretungsmacht des Vorstandes kann in der Verbandssatzung gegenüber Dritten ausdrücklich beschränkt werden, vgl. § 26 Abs. 1 S. 3 BGB. Sofern das Organ allerdings in Überschreitung der durch die Satzung festgesetzten Grenzen handelt, sehe das Gesetz nur die Rechtsfolge der schwebenden Unwirksamkeit nach § 177 Abs. 1 BGB vor.[587] Dies habe zur Folge, dass jederzeit eine nachträgliche Genehmigungsmöglichkeit über § 184 Abs. 1 BGB bestünde.[588] Dadurch könne die Wirksamkeit des betroffenen Tarifvertrages hergestellt werden.[589] Die Tarifzuständigkeit sei zusammengefasst nichts Weiteres als eine Frage des Umfangs der Vertretungsmacht.[590] Als Folge dieser Aussage *Krafts* wird in der Literatur des Weiteren ergänzt, dass es an einer Begründung der herrschenden Meinung fehle, die erläutert, wieso vom Grundsatz der Rechtsfolge des § 177 Abs. 1 BGB, wonach eben nicht eine sofortige Unwirksamkeit, sondern lediglich eine schwebende Unwirksamkeit die vom Gesetz vorgesehene Rechtsfolge sei, abgewichen werde.[591]

Die oben genannten Gedanken überzeugen zum Teil. Richtig ist, dass die Vertretungsmacht des Vorstands im Verein gegenüber Dritten durch die Satzung beschränkbar ist, § 26 Abs. 1 S. 3 BGB. Wird die Vertretungsmacht überschritten, so wird der Verband nicht verpflichtet. Bis zur Genehmigung des Vertrages liegt zunächst eine schwebende Unwirksamkeit des Rechtsgeschäfts vor, § 177 Abs. 1 BGB. Allerdings ist zweifelhaft, ob die Überschreitung der Tarifzuständigkeit überhaupt einen Fall der Überschreitung der Vertretungsmacht darstellt. Vom Grundsatz her gewährt das Gesetz dem Vorstand nämlich eine unbeschränkte Vertretungsmacht. Soll von diesem Grundsatz abgewichen werden, muss nach der Rechtsprechung des BGH die Beschränkung der Vertretungsmacht eindeutig aus der Satzungsbestimmung hervorgehen. Es genügt beispielsweise nicht, wenn zwar *„eine den Handlungsspielraum des Vorstands*

586 HMB/*Bepler*, Der Tarifvertrag, Teil 3, Rn. 35 f.
587 *Kraft*, FS Schnorr von Carolsfeld, S. 255, 262.
588 *Kraft*, FS Schnorr von Carolsfeld, S. 255, 262.
589 *Kraft*, FS Schnorr von Carolsfeld, S. 255, 262.
590 *Kraft*, FS Schnorr von Carolsfeld, S. 255, 270.
591 *van Venrooy*, ZfA 1983, 49, 75 f.

einschränkende Regelung getroffen wird, wenn nicht zum Ausdruck gebracht wird, dass damit auch die Vertretungsmacht beschränkt werden soll.“[592] Der BGH stellt hierbei klar, dass im Interesse des Rechtsverkehrs eine klare und ausdrückliche Beschränkung der Vertretungsmacht erforderlich sei, weil das vereinsrechtliche Innenverhältnis und die Vertretungsmacht sowohl sachlich als auch persönlich auseinanderfallen können. Zweifelhaft ist nach der Rechtsprechung schon, ob Klauseln, die ein Handeln von der schriftlichen Genehmigung eines Dritten abhängig machen, die Vertretungsmacht eindeutig einschränken.[593] Daher sind an die Formulierung solcher Klauseln prinzipiell strengere Anforderungen zu stellen.[594]

Tarifzuständigkeitsklauseln in Satzungen beinhalten typischerweise nicht klare und ausdrückliche Formulierungen, die auf eine Beschränkung der Vertretungsmacht des Vorstands hinweisen.[595] Vielmehr beschreiben sie beispielsweise lediglich den Organisationsbereich sowie das Organisationsgebiet, für den der Verband tätig werden will.[596] Aus einer objektivierten Auslegung solcher Satzungsregelungen ergibt sich keine Beschränkung der Vertretungsmacht mit Wirkung nach außen. Daher erfüllen sie nicht die Voraussetzungen von § 26 Abs. 1 S. 3 BGB. Mangels wirksamer Beschränkung der Vertretungsmacht kann in den Fällen der Überschreitung der Tarifzuständigkeit auch nicht die Rechtsfolge des § 177 Abs. 1 BGB eintreten. Daher kann die Tarifzuständigkeit nicht lediglich als Frage des Umfangs der Vertretungsmacht gesehen werden. Im Übrigen verträgt sich ein Schwebezustand auch nicht mit der Normenwirkung des Tarifvertrages.[597] Schließen Parteien Tarifverträge, die außerhalb ihres Wirkungskreises liegen, ist dies eine Frage des objektiven Rechts – und sollte nicht mehr durch die Tarifschließenden durch nachträgliche Genehmigung zur Disposition stehen können.[598]

---

592 BGH 28.4.1980 – II ZR 193/79, NJW 1980, 2799, 2800; ebenso: BGH 22.4.1996 – II ZR 65/95, NJW-RR 1996, 866; OLG Nürnberg, 20.5.2015 – 12 W 882/15, DStR 2015, 1698, 1700.

593 OLG Nürnberg, 20.5.2015 – 12 W 882/15, DStR 2015, 1698, 1700.

594 Vgl. dazu: C.VII.2.a).

595 Auch: *Ebert*, Zuständigkeit, S. 61 ff; *Seeger*, Organisationskonflikte, S. 20 f., 23.

596 So z.B. §§ 3,4 der Satzung der Vereinten Dienstleistungsgewerkschaft (ver.di), online im Internet: https://www.verdi.de/++file++5073a207deb5011af9001810/download/ver.di-Satzung.pdf, Stand: 22.-28.9.2019, Abfrage 2.8.2020.

597 *Konzen*, FS Kraft, S. 291, 301.

598 *Ricken*, Autonomie und tarifliche Rechtsetzung, S. 95; zu Recht meinen *Löwisch/Rieble*, dass der Tarifvertrag nur in seinem Zustandekommen dem Stellvertretungsrecht

Als zusätzliches Argument gegen eine Anwendbarkeit der §§ 177 ff. BGB bei einer Überschreitung der Tarifzuständigkeit kann auch der Sinngehalt der Regelungen des Vertretungsrechts herangezogen werden. So dient die Begrenzung der Vertretungsmacht ausschließlich dem Schutze des Vertretenen. Eine vorab definierte Tarifzuständigkeit hingegen dient – wie noch zu sehen sein wird – grundsätzlich auch dem Schutz derjenigen Personen, die sich den Normen unterwerfen und beschränkt sich nicht auf den Wirkungskreis der Koalition, sodass eine Bejahung der Anwendbarkeit von §§ 177 ff. BGB die Problematik nicht sachgerecht lösen würde.[599]

§ 177 Abs. 1 BGB kann mithin nicht als dogmatische Grundlage für die (schwebende) Unwirksamkeit von Tarifverträgen herangezogen werden, wenn der Verband bei Abschluss des Tarifvertrages nicht im Rahmen seiner satzungsmäßig definierten Tarifzuständigkeit handelt.

bb) Weitere Begründungsansätze

Im Schrifttum werden diverse weitere Ansätze verfolgt, anhand derer begründet werden soll, dass die Tarifzuständigkeit eine Wirksamkeitsvoraussetzung von Tarifverträgen darstellt:[600]

Diskutiert wird etwa eine Herleitung der Tarifzuständigkeit aus §§ 3, 4 TVG. Aus diesen Normen folge, dass Tarifvertragsparteien Rechtsetzungsgewalt nur für ihre Mitglieder und eben nicht für Nichtmitglieder beanspruchen können – dies sei eine Umschreibung der personellen Reichweite der Tarifzuständigkeit.[601] Gegen diese Ansicht spricht aber schon, dass aus §§ 3, 4 TVG keinerlei Hinweis für das Erfordernis der Tarifzuständigkeit zu entnehmen ist.[602] Außerdem steht die Frage der Tarifgebundenheit in keinem Zusammenhang mit der Frage, ob ein Handeln außerhalb der eigenen Zuständigkeit zur Nichtigkeit der Regelungen des Tarifvertrages führt.[603] Die Tarifbindung erläutert, welche Personen an einen wirksamen Tarifvertrag gebunden sind. Sie setzt daher die Tarifzuständigkeit voraus.[604]

---

des BGB unterliege – soweit es allerdings um die Rechtsnormwirkung gehe, folge dies aus „*spezifischem Tarifrecht.*", *Löwisch/Rieble*, TVG, § 2 Rn. 258.

599 *Ricken*, Autonomie und tarifliche Rechtsetzung, S. 96.

600 Eine umfassende Darstellung der in der Literatur vertretenen Ansätze findet sich in: *Ricken*, Autonomie und tarifliche Rechtsetzung, S. 77 ff.

601 *Hueck/Nipperdey* Arbeitsrecht II, S. 302 f.

602 *Ricken*, Autonomie und tarifliche Rechtsetzung, S. 82.

603 *Ricken*, Autonomie und tarifliche Rechtsetzung, S. 82.

604 *Ricken*, Autonomie und tarifliche Rechtsetzung, S. 82.

Weitere Stimmen versuchten die Tarifzuständigkeit mit der aus dem angloamerikanischen Raum stammenden ultra-vires Lehre zu begründen.[605] Diese geht davon aus, dass eine juristische Person nicht gegen ihre Satzung handeln dürfe – die Rechts- und Handlungsfähigkeit des Verbandes sei durch den Verbandszweck beschränkt. Geschäfte, die über das in der Satzung Erlaubte hinausgehen, seien nichtig.[606] Da dieser Gedanke allerdings in Deutschland nur im öffentlichen Recht gilt[607], aber dem deutschen Privatrecht fremd ist[608] und daher keinen Anknüpfungspunkt im Gesetz findet, wird diese Lehre im Zusammenhang mit der Tarifzuständigkeit zu Recht nicht mehr ernsthaft vertreten. Auch, wenn man auf eine Vergleichbarkeit der tariflichen Rechtsetzung zur Tätigkeit von juristischen Personen des öffentlichen Rechts abstellen möchte, darf nicht unberücksichtigt bleiben, dass es sich bei Tarifparteien um Privatrechtssubjekte handelt[609], die ihre tarifliche Rechtsetzungsbefugnis neben dem staatlichen Geltungsbefehl durch mitgliedschaftliche Legitimation eben auch privatautonom erlangen.[610]

cc) Sichtweise der Rechtsprechung und eigener Lösungsweg

Das BAG liefert keine substanzielle Begründung für die Frage, auf welche Rechtsgrundlage es die Tarifzuständigkeit als Wirksamkeitsvoraussetzung des Tarifvertrages stützt. Vielmehr behauptet es die Rechtsfolge der Nichtigkeit des Tarifvertrages bei satzungsmäßiger Überschreitung der Tarifzuständigkeit.

Hier scheinen wohl Praktikabilitätsgründe im Vordergrund zu stehen, denn auch wenn die dogmatische Herleitung auf Seiten des Gerichts fehlt, ist das Anliegen gleichwohl berechtigt: Es geht vorwiegend um die Schaffung von Transparenz.[611] Durch die Tarifzuständigkeit werde in das „*Vielerlei der Verbände*

605 Ebenfalls: *Hueck/Nipperdey* Arbeitsrecht II, S. 302; *Lehna*, DB 1959, 916.

606 Eine genauere Darstellung der ultra-vires Lehre findet sich in: *Schmidt*, Gesellschaftsrecht, S. 214 ff., der eine Anwendbarkeit der ultra-vires Lehre im deutschen Privatrecht aber auch verneint.

607 Palandt/*Ellenberger*, BGB, Einf. v. § 21 Rn. 11; *Ricken*, Autonomie und tarifliche Rechtsetzung, S. 91.

608 *Ricken*, Autonomie und tarifliche Rechtsetzung, S. 91; *Schmidt*, Gesellschaftsrecht, S. 215.

609 *Stoppelmann*, Tariffähigkeit und Tarifzuständigkeit, S. 136.

610 Vgl. dazu: B.III.2.b)dd)(v).

611 „*Die den Tarifvertragsparteien nach § 1 I, § 4 I TVG zukommende Normsetzungsbefugnis verlangt nach einer ausreichenden Transparenz der Zuständigkeitsgrenzen. Diese müssen für die handelnden Organe der Vereinigung selbst, für den sozialen Gegenspieler*

Ordnung gebracht".[612] Sie schafft einheitliche Arbeitsbedingungen, erzeugt eine Selbstbeschränkung[613] und bietet Abgrenzungsfunktion, indem ihr Fehlen zur Unwirksamkeit des normativen Teils des Tarifvertrages führt.[614] Gleichzeitig präsentiert sie den (künftigen) Verbandsmitgliedern die Reichweite der Tarifmacht und Arbeitgeber erhalten Klarheit darüber, inwieweit Arbeitskampfmaßnahmen drohen könnten.[615] Zudem kann der Verband vorab seine Zuständigkeit von fremden abgrenzen und somit Tarifkonkurrenzen vermeiden.[616]

Das Anliegen nach Transparenz beantwortet jedoch noch nicht die Frage, wie das Erfordernis der Tarifzuständigkeit dogmatisch zu begründen ist. Tatsächlich lässt es sich gut argumentieren, in der sich aus Art. 9 Abs. 3 GG ergebenden Tarifautonomie der Verbände eine Rechtsgrundlage für die Tarifzuständigkeit als Wirksamkeitsvoraussetzung des Tarifvertrages zu sehen.[617] Das richterrechtlich entwickelte Merkmal der Tarifzuständigkeit stellt sich nämlich als Ausgestaltung der Tarifautonomie dar. Dort, wo gesetzliche Regelungen wegen einer verfassungsrechtlichen Schutzpflicht notwendig, aber nicht vorhanden sind, können die Gerichte aktiv werden.[618] Wie bereits an anderer Stelle dargelegt[619], beruht die tarifliche Normsetzungsbefugnis zum einen auf staatlichem Geltungsbefehl und zum anderen auf mitgliedschaftlicher Legitimation. Tarifunterworfene haben folglich ein Legitimationsinteresse, weil sie ihren Verband zum Gebrauch der tariflichen Normsetzungsbefugnis ermächtigen.[620] Die Tarifzuständigkeit ist ein adäquates Mittel, um die Mitglieder vor Tarifmacht und Arbeitskampf

---

und für Dritte zuverlässig zu ermitteln sein, weil sie die Grenze wirksamen Handelns der Vereinigung bilden […].", BAG 21.3.2018 – 10 ABR 62/16, NZA-Beilage 2018, 8, 16.

612 *Gamillscheg*, Kollektives Arbeitsrecht, S. 530.

613 *Gamillscheg*, Kollektives Arbeitsrecht, S. 530.

614 *Ricken*, RdA 2007, 35, 36.

615 *Stoppelmann*, Tariffähigkeit und Tarifzuständigkeit, S. 134.

616 *Löwisch/Rieble*, TVG, § 2 Rn. 255.

617 *Stoppelmann*, Tariffähigkeit und Tarifzuständigkeit, S. 136; auch: Kempen/Zachert/*Wendeling-Schröder*, TVG, § 2 Rn. 211 sowie: Däubler/*Peter*, TVG, § 2 Rn. 194; ähnlich: *Seeger*, Organisationskonflikte, S. 36 ff.: „*Da durch die Koalitionszweckverfolgungsgarantie des Art. 9 Abs. 3 GG nur die Verwirklichung der von der Koalition in freier Selbstbestimmung gewählten Zielsetzung gewährleistet ist, bedarf es der kollektiven mitgliedschaftlichen Legitimation der tarifvertraglichen Normsetzung.*"

618 BVerfG 26.6.1991 – 1 BvR 779/85, NJW 1991, 2549, 2550; 2.3.1993 – 1 BvR 1213/85, NJW 1993, 1379, 1380; vgl. dazu: B.III.2.c)aa).

619 Vgl. dazu: B.III.2.b)dd)(iii).

620 *Löwisch*, ZfA 1970, 295, 302 ff.

zu schützen.[621] Die Mitglieder einer Tarifpartei müssen die Reichweite der Verbandsmacht, vornehmlich hinsichtlich der Frage, ob und inwieweit sie sich der Normsetzung und dem Arbeitskampf unterwerfen, eindeutig erkennen können.[622] Wissen sie zum Zeitpunkt des Verbandsbeitritts nicht wie weit die Rechtsetzungsmacht reicht bzw. bestand zumindest nicht die Möglichkeit sich hierüber zu informieren, kann der Verbandsbeitritt nicht als Unterwerfungserklärung gedeutet werden und die Legitimationskette für die Rechtsetzung ist unterbrochen. Insbesondere begrenzen die Mitglieder stückweise ihre eigene arbeitsvertragliche Regelungskompetenz – sodass eine klare Beschreibung der Tarifmacht[623] unerlässlich ist. Aus diesem Grund werden so hohe Bestimmtheitsanforderungen an die Zuständigkeitsregelungen in der Satzung gestellt. Hieraus folgt, dass die Tarifzuständigkeit in der Satzung manifestiert sein muss, sodass sich die Mitglieder über die Verbandssatzung über die Reichweite der Tarifmacht informieren können.

Die Rechtsfolge der Nichtigkeit des Tarifvertrages bei satzungsmäßiger Überschreitung der Tarifzuständigkeit folgt aus dem Umstand, dass die Mitglieder mit dem Verbandsbeitritt nur ihr Einverständnis zur Tarifnormsetzung bezüglich des satzungsmäßig definierten Organisationsbereichs erteilt haben. Handelt ein Verband außerhalb dieses Zuständigkeitsbereiches, so ist dieses überschießende Handeln deshalb wegen fehlender demokratischer Legitimation unwirksam.[624]

Legt man die Rechtsprechung des BAG mit seinen Anforderungen an die Satzungsregelung zugrunde, die die Tarifzuständigkeit festlegt, lassen sich bruchstückhaft Argumente finden, die darauf hindeuten, dass das BAG mit oben dargelegter Herleitung sympathisieren würde. Das Gericht stützt seine Argumentation nämlich vorwiegend auf die Normsetzungsbefugnis der Tarifparteien für ihre Mitglieder und fordert deshalb, dass der Verband seine Zuständigkeitsgrenzen ausreichend transparent setzen muss.[625] Diese Argumentation verdeutlicht, dass es vorwiegend um den Schutz der Mitglieder geht. Daher ist es konsequent, wenn das BAG als Sanktion die Nichtigkeit des Tarifvertrages wählt, wenn der Verband seine Zuständigkeitsgrenzen überschreitet, da er hierfür nicht durch seine Mitglieder hinreichend legitimiert wurde.

---

621 *Rieble*, FS Buchner, S. 756, 762.
622 *Rieble*, FS Buchner, S. 756, 762.
623 *Rieble*, FS Buchner, S. 756, 762.
624 Kempen/Zachert/*Wendeling-Schröder*, TVG, § 2 Rn. 211.
625 Vgl. etwa: BAG 21.3.2018 – 10 ABR 62/16, NZA-Beilage 2018, 8, 16.

Klarzustellen ist, dass dieser Gedanke nur gelten kann, wenn der Tarifvertragsabschluss – bei dem die satzungsmäßige Tarifzuständigkeit überschritten wird – nicht durch die Mitgliederversammlung – als willensbildendes Organ – bestätigt wurde. Der Tarifvertragsabschluss liegt zwar in der Regel in den Händen des Vereinsvorstandes beziehungsweise der durch die Berufsverbände für tarifpolitische Aufgaben errichteten Tarifkommissionen, jedoch sind – je nach Ausgestaltung der Satzung – auch andere Konstellationen denkbar. Beispielsweise kann der Verband festlegen, dass es vor dem Tarifvertragsabschluss der Zustimmung der Mitgliederversammlung bedarf.[626] Durch eine befürwortende Abstimmung der Mehrheit der Mitglieder des Vereins wäre das Hindernis der fehlenden demokratischen Legitimation überwunden, da sich das Mitglied mit Eintritt in den Verband eben auch dem gesetzlich vorgesehenen Mehrheitsprinzip im Rahmen von Beschlussfassungen der Mitgliederversammlung nach § 32 Abs. 1 S. 3 BGB unterwirft[627] – sodass es zweifelhaft scheint, ob es in dieser Situation tatsächlich erforderlich ist, die Nichtigkeit des Tarifvertrages anzunehmen. Gleichwohl überwindet eine befürwortende Abstimmung nicht die Satzungsregelungen, an die die Mitgliederversammlung – trotz ihrer Stellung als oberstes Organ – gebunden ist. Will sie von ihrer Satzung abweichen, bedarf es einer Satzungsänderung im Sinne des § 33 bzw. § 71 BGB, die gewissen gesetzlichen Anforderungen genügen muss – etwa einer Vereinsregistereintragung im Falle der Rechtsform des eingetragenen Vereins und/oder der Erreichung einer hinreichenden Anzahl befürwortender Stimmen.[628]

Hingegen fehlt in jedem Fall die demokratische Legitimation für den Tarifvertragsabschluss, wenn andere Organe, in denen nicht sämtliche Mitglieder mittelbar[629] oder unmittelbar vertreten sind, die Satzung überschreiten.

Beispielsweise wird nach der Satzung der IG Metall[630] i.V.m. den „Richtlinien für Tarifkommissionen“ die Vorbereitung von Tarifverträgen durch

626 Vgl. dazu: C.VII.2.

627 Vgl. dazu: B.IV.3.a)dd).

628 Zur Möglichkeit der Satzungsänderung bei nicht rechtsfähigen Vereinen durch Observanz, vgl.: B.IV.3.a)bb).

629 Wenn man mit der herrschenden Meinung davon ausgeht, dass eine Mediatisierung zulässig ist – d.h. die Mitgliederversammlung durch eine Vertreterversammlung ersetzt werden kann: z.B. MüKo BGB I 2015/*Arnold*, § 32 BGB Rn. 2, vgl dazu: B.IV.2.b).

630 § 16 Ziffer 4 b), online im Internet: https://www.igmetall.de/download/20191231_IGM_Satzung_2020_web_4bc0a0e0054f65e751cf12b6d4b17c76d0a01873.pdf, Stand: 1.1.2020, Abfrage: 2.8.2020.

Tarifkommissionen wahrgenommen. Die letzte Entscheidung über den Tarifvertragsabschluss liegt allerdings nicht bei der entsprechenden Kommission, aber auch nicht bei der Mitgliederversammlung, sondern beim Vorstand. Sofern also der Vorstand in seiner Abschlussentscheidung die Satzung hinsichtlich der Tarifzuständigkeit überschreitet, liegt keine ausreichende demokratische Legitimation bezüglich des überschießenden Teils durch die Mitglieder vor. In diesem Fall greift also oben dargestellte Argumentation für die Rechtsfolge der Nichtigkeit des entsprechenden Tarifvertrages.

Für die Begründung der Nichtigkeit des Tarifvertrages und damit der Außenwirkung im Falle eines Satzungsverstoßes spielt auch der Schutz des Gegenspielers eine Rolle. Das BAG berücksichtigt auch den Gegenspieler, indem es fordert, dass die Satzungsregelung zur Tarifzuständigkeit so bestimmt sein muss, dass auch der Gegenspieler erkennen kann, ob er wirksame Tarifverträge mit seinem Tarifpartner schließt. Dies ist vor dem Hintergrund der normativen Wirkung von Tarifverträgen auch erforderlich, sodass auch der soziale Gegenspieler Schutzsubjekt der Tarifzuständigkeit ist.

6. Exkurs: Gerichtliche Feststellung der Tarifzuständigkeit

Besteht Streit über die Tarifzuständigkeit, so kann dieser in einem besonderen gerichtlichen Verfahren geklärt werden. Nach §§ 2a Abs. 1 Nr. 4 i.V.m. 97 ArbGG stellen die Arbeitsgerichte im Wege des Beschlussverfahrens nach Antragstellung die Tarifzuständigkeit einer Vereinigung fest. Die rechtskräftige Entscheidung wirkt absolut, mithin gegenüber jedermann[631] und hat eine dem § 9 TVG entsprechende Wirkung.[632] Korrespondierend zur Feststellung der Tarifunzuständigkeit steht auch die Unwirksamkeit des Tarifvertrages fest. Die Tarifzuständigkeit ist, wie oben dargelegt, Wirksamkeitsvoraussetzung.

Antragsberechtigt sind – neben den möglichen Tarifvertragsparteien – unter anderem auch die oberste Arbeitsbehörde des Bundes oder die oberste Arbeitsbehörde des Landes, § 97 Abs. 1 ArbGG. Für das Bundesministerium für Arbeit und Soziales geht das Gesetz stets davon aus, dass ihr Interesse von der Tätigkeit der Vereinigung berührt wird, sodass das Ministerium stets antragsberechtigt ist und zwar ohne Rücksicht darauf, ob es betroffen ist oder nicht.[633] Grund hierfür

---

631 BAG 15.3.1977 – 1 ABR 16/75, BAGE 29, 73, 78; 1.2.1983 – 1 ABR 33/78, NJW 1985, 1710, 1711 f.

632 HWK/*Henssler*, § 2 TVG Rn. 50.

633 Germelmann/Matthes/Prütting/*Schlewing*, ArbGG, § 97 Rn. 21; Schwab/Weth/*Walker*, ArbGG, § 97 Rn. 11, 11a.

ist zum einen die Möglichkeit der Allgemeinverbindlicherklärung nach § 5 TVG und zum anderen eine *„präventive Staatsaufsicht über das Tarifwesen"*.[634]

Dass das Gesetz der Arbeitsbehörde unabhängig von seiner unmittelbaren Betroffenheit eine Antragsbefugnis gewährt, verdeutlicht, dass der Gesetzgeber dem Merkmal der satzungsgemäßen Tarifzuständigkeit eine enorme Bedeutung beimisst, wenn er davon ausgeht, dass das Bundesministerium für Arbeit und Soziales stets antragsbefugt ist und für sein Feststellungsinteresse lediglich *„ein durch Zweifel erzeugtes Klärungsinteresse"* besteht.[635] Das ist auch sachgerecht, denn das Verfahren dient der Sicherung einer funktionierenden Tarifautonomie, die – wie bereits festgestellt wurde[636] – durch Art. 9 Abs. 3 GG gewährleistet wird.[637] Angesichts der Tatsache, dass grundsätzlich jeder Berufsverband am Tarifgeschehen teilnehmen und Tarifverträge schließen kann, stellt das objektivierte Beschlussverfahren ein notwendiges Korrektiv dar, weil dort geklärt wird, ob der jeweilige Tarifvertragspartner wirksam Tarifverträge abschließen kann, weil er die notwendigen Voraussetzungen erfüllt.[638]

Nach allgemeiner Ansicht sind Beschlüsse im arbeitsgerichtlichen Beschlussverfahren der formellen und materiellen Rechtskraft fähig. Einer erneuten Entscheidung über die Tarifzuständigkeit steht die materielle Rechtskraft grundsätzlich entgegen, sodass die in dem Beschluss behandelte Frage bei unverändertem Sachverhalt nicht erneut dem Gericht vorgelegt werden kann; dies soll Rechtsfrieden und Rechtssicherheit gewährleisten.[639]

Auf den ersten Blick scheint es zweifelhaft, ob die Rechtskraftwirkung dieser Entscheidung im Widerspruch zur verfassungsrechtlich gewährleisteten Satzungs- und Organisationsautonomie von Tarifvertragsparteien steht. Jedoch wird der Widerspruch durch die Möglichkeit einer Satzungsänderung erheblich aufgelöst. Dies resultiert daraus, dass die materielle Rechtskraft nur solange wirkt, wie sich die entscheidungserheblichen tatsächlichen oder rechtlichen Verhältnisse nicht wesentlich ändern.[640] Zu den wesentlichen Änderungen zählen auch Satzungsänderungen im Hinblick auf den Zuständigkeitsbereich.[641] Es müssen sich mithin diejenigen Tatsachen ändern, die für die Entscheidung

---

634 *Ebert*, Zuständigkeit, S. 410; *Löwisch/Rieble*, TVG, § 2 Rn. 701.
635 *Löwisch/Rieble*, TVG, § 2 Rn. 704.
636 Vgl. dazu: B.III.2.c)cc).
637 BAG 11.6.2013 – 1 ABR 32/12, NZA 2013, 1363, 1365.
638 BAG 14.12.2010 – 1 ABR 19/10, NZA 2011, 289, 293.
639 BAG 6.6.2000 – 1 ABR 21/99, NZA 2001, 156, 157.
640 BAG 6.6.2000 – 1 ABR 21/99, NZA 2001, 156, 157 f.
641 Däubler/*Peter*, TVG, § 2 Rn. 216.

als maßgeblich angesehen wurden.[642] Durch eine nachträgliche Änderung der Satzung können die Tarifvertragsparteien den Beschluss folglich überwinden, weil sich der Streitgegenstand geändert hat. Die erneute Festlegung bzw. Erweiterung der Tarifzuständigkeit verbleibt nämlich in ihrer Dispositionsbefugnis. Angesichts der Tatsache, dass im Beschlussverfahren die Tarifzuständigkeit nur festgestellt und eben nicht begründet wird[643], verstößt eine richterliche Entscheidung nach §§ 2a Abs. 1 Nr. 4 i.V.m. 97 ArbGG nicht gegen die Satzungs- und Organisationsautonomie nach Art. 9 Abs. 3 GG.

7. Zwischenfazit

Für Gewerkschaften und Arbeitgeberverbände ist es zunächst eine innerverbandliche Entscheidung, die Reichweite der Tarifzuständigkeit zu bestimmen. Diese Entscheidung wird sodann in der Satzung niedergelegt. Erst dieser Schritt begründet eine Bindungswirkung mit Außenwirkung, da ein Handeln außerhalb der satzungsmäßig definierten Tarifzuständigkeit den Tarifvertrag unwirksam macht. Ist der Tarifvertrag unwirksam, sind auch Verbandsexterne - wie der soziale Gegenspieler - von den Wirkungen des Satzungsverstoßes betroffen.

Die vereinsrechtliche Untersuchung im ersten Teil hat aber gezeigt, dass eine Verbandssatzung nur Rechtswirkung gegenüber seinen Verbandsmitgliedern und gegenüber dem Verband erzeugt und Verstöße gegen die Satzung daher nur innerrechtlicher Natur sind und grundsätzlich keine Außenwirkung entfalten.[644] Vom Grundsatz her müsste ein Verstoß gegen die satzungsmäßig definierte Tarifzuständigkeit wie jeder andere Satzungsverstoß im Verbandsrecht behandelt werden. Hiervon weicht die höchstrichterliche Rechtsprechung jedoch ab – aus guten Gründen:

Die Tarifzuständigkeit soll Klarheit und Übersichtlichkeit im Tarifrecht schaffen.[645] Dies kann nur gelingen, wenn sie in der Satzung der Tarifverbände manifestiert ist und auch im Außenverhältnis Bindungswirkung entfaltet, indem ein Satzungsverstoß sich auf die Wirksamkeit des Tarifvertrags auswirkt. Die betroffenen Verbandsmitglieder, aber auch die von der normativen Wirkung des Tarifvertrages betroffenen Dritten, wie der soziale Gegenspieler, müssen von Anfang an vollumfänglich darüber informiert sein, für welchen Bereich tarifliche Regelungen getroffen werden können. Die Außenwirkung des Verstoßes dient ihrem

642 Däubler/*Peter*, TVG, § 2 Rn. 216.

643 BAG 14.1.2010 - 1 ABR 19/10, NZA 2011, 289, 294.

644 Vgl. dazu: B.IV.3.c).

645 *Ebert*, Zuständigkeit, S. 121.

Schutz, da sie aufgrund der Normsetzungsbefugnis ihres Verbandes besonders betroffen sind und deshalb ein besonderes Legitimationsinteresse bezüglich der tariflichen Rechtsnormen haben. Die Legitimationskette ist aber unterbrochen, wenn das handelnde Organ bei Tarifvertragsschluss gegen die Satzung verstößt.

Die unmittelbare Auswirkung der satzungsmäßig definierten Tarifzuständigkeit auf die Wirksamkeit des Tarifvertrages berührt die durch Art. 9 Abs. 3 GG gewährleistete Satzungsautonomie nicht. Die Koalition hat vorab die Möglichkeit, die Reichweite der Tarifzuständigkeit zu bestimmen und nimmt damit auch das Risiko in Kauf, dass sich eine Überschreitung der Zuständigkeit auf das Außenverhältnis auswirkt. Es bleibt also in der Entscheidungsgewalt der Koalition, die Tarifzuständigkeit von Anfang an weit zu halten. *Greiner*[646] stellt daher nachvollziehbar fest, dass die Tarifzuständigkeit im Außenverhältnis von geringer rechtlicher Wirkungsmacht und eher ein *„tarifpolitisches Programm als eine rechtlich bindende Festlegung"* sei, da sie mittels (wirksamer) Satzungsänderung jederzeit eingeschränkt oder erweitert werden kann.[647]

Festzustellen bleibt, dass die Tarifzuständigkeit mit ihrer Eigenschaft als Wirksamkeitsvoraussetzung eines Tarifvertrages praktischen Erfordernissen – insbesondere der Schaffung von Klarheit und dem Schutz der Verbandsmitglieder, die sich der Normsetzungsgewalt der Verbände unterwerfen, – dient (s.o.). Nur weil die Tarifzuständigkeit „zufällig" auch Bestandteil der Verbandssatzung ist und ihr Nichtbestehen zur Unwirksamkeit des Tarifvertrages führt, sollte dies nicht als Leitlinie beziehungsweise als Vorzeigebeispiel für den Umgang mit Verstößen gegen eine Verbandssatzung herangezogen werden. Die Außenwirkung des Satzungsverstoßes ist hier ausnahmsweise aus verfassungsrechtlichen Gründen geboten, da die mitgliedschaftliche Legitimationskette zur tariflichen Normsetzungsgewalt unterbrochen ist, wenn die vorab kundgetanen Zuständigkeitsgrenzen überschritten wurden.

646 *Greiner*, Rechtsfragen, S. 184, der der Tarifzuständigkeit als satzungsrechtlichen Vereinsweck der Koalition eine Selbstbindung im Außenverhältnis zuerkennt, jedoch an der scharfen Rechtsfolge der Nichtigkeit des Tarifvertrages zweifelt, da eine Koalition ihren Zuständigkeitsbereich ohnehin stets ändern könne. Mit Blick auf die Satzungsautonomie der Koalitionen sei jedenfalls eine „zuständigkeitsfreundliche" Auslegung, die im Zweifel zur Anerkennung der Tarifzuständigkeit führe, in Betracht zu ziehen.

647 *Greiner*, Rechtsfragen, S. 184, zu den Voraussetzungen einer wirksamen Satzungsänderung, vgl.: B.IV.3.a)bb).

IV. Fallbeispiel 3: Abgrenzung der Tarifzuständigkeiten von DGB-Gewerkschaften

1. Einleitung

Das Merkmal der Tarifzuständigkeit können gleichrangige Organisationen als Mittel zur Vermeidung von Kompetenzstreitigkeiten verwenden.[648] Dies macht sich der Deutsche Gewerkschaftsbund (DGB)[649] zu Nutze und stimmt in seiner Satzung die Tarifzuständigkeiten der ihm angehörigen Gewerkschaften nach dem Prinzip „Ein Betrieb – eine Gewerkschaft" aufeinander ab.[650] Hierdurch soll erreicht werden, dass für einen Betrieb nur eine Gewerkschaft zuständig ist, sodass Überschneidungen der Zuständigkeitsbereiche vermieden werden.[651] Zu diesem Zweck sieht die Satzung des DGB ein Zustimmungsverfahren vor, das durchlaufen werden muss, wenn eine Mitgliedsgewerkschaft ihre eigene Satzung im Hinblick auf ihre Tarifzuständigkeit ändern möchte. Darüber hinaus wurde ein DGB-internes schiedsgerichtliches Verfahren etabliert, das Zuständigkeitskonflikte zwischen Mitgliedsgewerkschaften lösen soll.

In jüngster Vergangenheit haben die DGB-Gewerkschaften das in der Satzung des Dachverbandes vorgesehene Verfahren zur Abstimmung der Organisationsbereiche häufig ignoriert.[652] Dies ist vor dem Hintergrund problematisch, als die Satzung des DGB eine rechtswirksame Änderung der Satzung einer Gewerkschaft hinsichtlich ihrer Tarifzuständigkeit von der Einhaltung dieses Verfahrens abhängig macht.

In diesem Abschnitt soll geprüft werden, ob sich Verstöße gegen das satzungsmäßig vorgegebene Verfahren des DGB zur Abgrenzung der Tarifzuständigkeiten tatsächlich im Außenverhältnis auswirken können. Die Festlegung der Tarifzuständigkeit in den Satzungen der Verbände ist von hoher praktischer Bedeutung, da ein Handeln außerhalb dieses festgelegten Organisationsbereiches die Unwirksamkeit des geschlossenen Tarifvertrags zumindest insoweit zur Folge hat, als der Zuständigkeitsbereich durch Tarifabschluss überschritten

---

648 HWK/*Henssler*, § 2 TVG Rn. 40.

649 Der DGB ist der in Deutschland größte Dachverband für Gewerkschaften. Er ist zudem Spitzenorganisation im Sinne des § 12 TVG. Ihm gehören derzeit acht Mitgliedsgewerkschaften an. Siehe näheres auf der Website des DGB, online unter: https://www.dgb.de/, Abfrage: 2.8.2020.

650 HWK/*Henssler*, § 2 TVG Rn. 40.

651 Wiedemann/*Oetker*, TVG, 7. Aufl., § 2 Rn. 69.

652 *Brecht-Heitzmann*, FS Kempen, S. 333.

wird.[653] Sofern man eine Außenwirkung bejaht und die rechtsgültige Festlegung der Tarifzuständigkeit von der Einhaltung des DGB-Verfahrens abhängig macht, wäre eine Gewerkschaft erheblich in ihrem Betätigungsbereich eingeschränkt. Die Außenwirkung und die Möglichkeit einer fremden Einflussnahme auf die autonome satzungsmäßige Festlegung der Tarifzuständigkeit sollen schwerpunktmäßig den Untersuchungsgegenstand bilden.

2. Zustimmungserfordernis bei einer Satzungsänderung

Wenn eine DGB-Gewerkschaft ihren Organisationsbereich verändern möchte, sieht § 15 der Satzung des DGB[654] ein bestimmtes Verfahren vor, das Satzungsänderungen der Gewerkschaften im Hinblick auf die Tarifzuständigkeit von Zustimmungserfordernissen verschiedener DGB-Organe abhängig macht:

> *Nr. 2: „Die in den Satzungen der Gewerkschaften angegebenen Organisationsbereiche und Organisationsbezeichnungen können nur mit einstimmiger Zustimmung des Bundesvorstandes rechtswirksam geändert werden. Wird kein einstimmiges Votum erreicht, ist die Zustimmung des Bundesausschusses einzuholen.*
> *Solange die Zustimmung nach Satz 1 oder 2 nicht vorliegt, bleibt es bei der Alleinzuständigkeit derjenigen Gewerkschaft, die vor der beabsichtigten Satzungsänderung zuständig war.“*

Die Gewerkschaften stimmen in ihren Satzungen dem Verfahren zur Abgrenzung der Zuständigkeitsbereiche zu. Exemplarisch findet sich in der Satzung der IG Metall[655]eine Regelung, die auf die Vorschriften der Bundessatzung Bezug nimmt:

> *„Die Industriegewerkschaft Metall ist Mitglied des Deutschen Gewerkschaftsbundes. Sie hat dessen Satzung einzuhalten und seine Beschlüsse durchzuführen. Die Industriegewerkschaft Metall erkennt die satzungsrechtliche Funktion des DGB zur Klärung von Organisationszuständigkeiten zwischen dessen Mitgliedsgewerkschaften an.“*

Die Satzung von ver.di[656]beinhaltet folgende Regelung:

---

653 Vgl. dazu: C.III.5.c).

654 Online im Internet: https://www.dgb.de/uber-uns/dgb-heute/satzung/++co++f631ffc0-1175-11df-7f12-00093d10fae2, Stand: Mai 2018, Abfrage: 2.8.2018.

655 Online im Internet: https://www.igmetall.de/download/20191231_IGM_Satzung_2020_web_4bc0a0e0054f65e751cf12b6d4b17c76d0a01873.pdf, Stand: 1.1.2020, Abfrage: 2.8.2020.

656 Online im Internet: https://www.verdi.de/++file++5073a207deb5011af9001810/download/ver.di-Satzung.pdf, Stand: 22.-28.9.2019, Abfrage 2.8.2020.

„ver.di anerkennt die satzungsrechtliche Funktion des DGB zur Klärung von Organisationszuständigkeiten zwischen dessen Mitgliedsgewerkschaften im Sinne von § 2 Absatz 1."

a) Exkurs: Inkorporation der Dachverbandssatzung

Im Vereinsrecht existieren mehrere Möglichkeiten die Satzung des Dachverbandes in die eigene Satzung zu integrieren – so wird in den Satzungen der Dachverbandsmitglieder mit dynamischen und statischen Bezugnahmeklauseln gearbeitet, die auf die Satzung des Dachverbandes verweisen.[657]

Im vereinsrechtlichen Schrifttum werden diese Bezugnahmen im Zusammenhang mit der Frage diskutiert, ob die Mitglieder der jeweiligen Mitgliedsvereine der Satzung des Dachverbandes unterworfen werden können, was grundsätzlich verneint wird, da diese natürlichen Personen keine Mitgliedschaft im Dachverband erwerben und somit nur der Satzung ihres Vereins unterliegen.[658] Die Mitgliedsvereine sind jedoch unmittelbar kraft ihrer Mitgliedschaft an die Satzung des Dachverbandes gebunden, der sie sich durch Verbandsbeitritt unterworfen haben.[659] Insofern wirken Verweise auf die Dachverbandssatzung – die Wirksamkeit derartiger Klauseln sei einmal unterstellt – für die Mitgliedsvereine rein deklaratorisch, weil sie die Pflicht zur Beachtung der Dachverbandssatzung nicht erst begründen.

b) Verstoß gegen das Zustimmungsverfahren

Das von der DGB geschaffene Zustimmungsverfahren hat zum Ziel von Anfang an Konflikte zu verhindern, die aus der Überschneidung von Zuständigkeitsbereichen resultieren können. Trotz alledem sind diverse Fälle Gegenstand arbeitsgerichtlicher Entscheidungen geworden, in denen die Zustimmung des zuständigen DGB-Organs nicht eingeholt wurde, als eine Mitgliedsgewerkschaft

---

657 MüHandbuch GesellschR/*Steinbeck*, § 5 Rn. 28 ff. sowie Reichert/*Schiffbauer*, Vereins- und VerbandsR, Kap. 2 Rn. 441 f.

658 BGH 18.9.1958 – II ZR 332/56, NJW 1958, 1867, 1868; MüHandbuch GesellschR/*Steinbeck*, § 5 Rn. 6, 28 f.; anders sieht die Situation beim Gesamtverein aus. Hier erwerben die Einzelmitglieder in der Regel eine Mehrfachmitgliedschaft: die Mitgliedschaft im Einzelverein und die Mitgliedschaft im Gesamtverein, sodass beide Satzungen verbindlich sind – Reichert/*Wagner*, Vereins- und VerbandsR, Kap. 2 Rn. 440.

659 MüHandbuch GesellschR/*Steinbeck*, § 5 Rn. 6, 31, 38; Dennoch: Auch wenn sich die Einzelgewerkschaften zu einem Dachverband zusammenschließen, verfügen diese weiterhin über all ihre Kompetenzen, wenn sie diese nicht ausdrücklich aufgegeben und auf den Dachverband übertragen – MüHandbuch GesellschR/*Steinbeck*, § 5 Rn. 5.

ihren satzungsmäßigen Zuständigkeitsbereich geändert hat. Seither wurden die inner- und außerverbandlichen Konsequenzen dieses Verstoßes in der Praxis und im Schrifttum umfassend diskutiert.

aa) Innerverbandliche Konsequenzen

Zunächst wird untersucht, welche innerverbandlichen Konsequenzen drohen, wenn die Mitglieder des DGB gegen das vorgegebene Verfahren zur Abgrenzung der Organisationsbereiche verstoßen, indem sie beispielsweise ihre Satzung ändern, ohne im Voraus die Zustimmung des Bundesvorstandes einzuholen oder trotz Zustimmungsverweigerung Tarifverträge im geänderten Organisationsbereich schließen.

Nach dem Willen des Satzungsgebers des DGB drohen im Falle einer Missachtung des Zustimmungsverfahrens innerverbandlich weitreichende Konsequenzen:

Die Satzung sieht nämlich vor, dass die Gewerkschaftssatzungen der Bundessatzung nicht widersprechen dürfen, § 2 Nr. 1 c) Satzung des DGB.[660] Der DGB macht sogar die Aufnahme eines Mitglieds davon abhängig, dass es die Satzung des Bundes anerkennt, § 3 Nr. 1 Satzung des DGB.[661] Sofern ein Mitglied den Satzungsanforderungen des Bundes zuwiderhandelt, droht zum Beispiel der Ausschluss aus dem DGB.[662]

Interne Sanktionsmöglichkeiten setzen aber voraus, dass die Mitgliedsgewerkschaften überhaupt zur Einhaltung des in der DGB-Satzung vorgesehenen Zustimmungsverfahrens verpflichtet sind, wenn sie ihre Tarifzuständigkeit ändern möchten. Daher wird im Schrifttum umfassend diskutiert, inwieweit die Mitgliedsgewerkschaften die Satzung des DGB einhalten müssen. Zum Teil wird eine Pflicht zur Einhaltung vollständig abgelehnt – und zwar unabhängig davon, ob die Satzung des DGB in Bezug genommen wird. Gestützt wird dies hauptsächlich auf die Vereinsautonomie und Koalitionsfreiheit, die den Verbänden die Satzungsbestimmung autonom gewährleisten.[663] Andere hingegen sehen

---

660 *§ 2 Nr. 1 c): Der Organisationsaufbau, die Aufgaben und Ziele der Gewerkschaften sind in ihren Satzungen niedergelegt. Die Satzungen der Gewerkschaften dürfen der Bundessatzung nicht widersprechen.*

661 *§ 3 Nr. 1: In den Bund können nur Gewerkschaften aufgenommen werden, die die Satzung des Bundes anerkennen und deren Satzungen nicht der Satzung des Bundes widersprechen.*

662 *§ 3 Nr. 4 S. 1: Eine Gewerkschaft, die der Satzung des Bundes zuwiderhandelt oder gegen die Beschlüsse der Organe des Bundes verstößt, kann durch Beschluss einer Zweidrittelmehrheit der Mitglieder des Bundesausschusses aus dem Bund ausgeschlossen werden.*

663 *Löwisch/Rieble*, TVG, § 2 Rn. 263, 275.

dies nicht so kritisch und bejahen die Verbindlichkeit der Bestimmungen des DGB als zulässige Selbstbeschränkung der Satzungsautonomie.[664] Folgt man der Ansicht, dass jegliche Art von Einhaltungsverpflichtung unwirksam ist, wären auch die innerverbandlichen Konsequenzen hinfällig. Das BAG geht im Grundsatz mit den soeben benannten Teilen der Literatur ebenfalls davon aus, dass eine Selbstbeschränkung möglich ist: Es sei Ausdruck der Satzungsautonomie, wenn eine Gewerkschaft satzungsmäßig für die Änderung ihrer Satzung die Zustimmung des DGB verlangt, solange die eigene Willensbildung nicht vollständig zum Erliegen gebracht werde.[665] Nach hiesiger Auffassung sind verbandsinterne Sanktionierungen grundsätzlich denkbar, wenn sich der Mitgliedsverband nicht an die Satzung des DGB hält, da er sich mit Verbandsbeitritt der Satzung dieses Dachverbandes unterwirft und daher kraft seiner Mitgliedschaft an dessen Satzung gebunden ist. Ansonsten wäre jegliche Missachtung der Dachverbandssatzung sanktionslos und die Mitgliedsgewerkschaften hätten „freie Hand". Dies hätte zur Folge, dass die Satzung des DGB in Bezug auf seine Mitglieder komplett leerliefe. Dieses Ergebnis dürfte insofern auch nicht dem aus der Koalitionsfreiheit resultierenden Unabhängigkeitspostulat[666] entgegenstehen, da es in der freien Entscheidung des Verbandes liegt, sich einem Dachverband anzuschließen und sich dessen Regelungen zu unterwerfen. Ob ein Verstoß gegen die Satzung darüber hinaus zur Unwirksamkeit des entsprechenden Verhaltens nach außen hin führt, ist eine andere Frage.

Die Rechtmäßigkeit der innerverbandlichen Konsequenzen soll – mangels Relevanz für diese Arbeit – nicht genauer untersucht werden. Die weitaus interessantere Frage – und daher Schwerpunkt dieses Abschnitts – ist, wie sich eine Missachtung des Zustimmungsverfahrens im Außenverhältnis auswirkt.

bb) Außerverbandliche Konsequenzen

Die innerverbandlichen Konsequenzen im Hinblick auf einen Verstoß gegen die Satzung des DGB sind streng von den außerverbandlichen Konsequenzen zu unterscheiden. Nach der Satzung des DGB ist eine Satzungsänderung bezogen auf die Tarifzuständigkeit nur „*rechtswirksam*", wenn die erforderliche Zustimmung eingeholt wird.[667] Nach dem Willen des Satzungsgebers des DGB haben

---

664 *Wiedemann*, RdA 1975, 78, 81 f.; *Brecht-Heitzmann*, FS Kempen, S. 333, 341.

665 BAG 27.9.2005 – 1 ABR 41/04, NZA 2006, 273, 278; vgl. dazu bereits: B.IV.3.a)aa).

666 Ein Verband genießt hiernach nur dann den Status einer Koalition und ist tariffähig, wenn er von Weisungen Dritter unabhängig ist.

667 Vgl. dazu: C.IV.2.

Verstöße gegen das Zustimmungserfordernis mithin die Nichtigkeit der Satzungsänderung im Außenverhältnis zur Folge.

In der Literatur ist umstritten, ob Verstöße gegen das Zustimmungserfordernis solch weitreichende Konsequenzen haben können.

Zum Teil wird die Unterwerfung unter das Zustimmungserfordernis als zulässige Selbstbeschränkung der Satzungsautonomie verstanden[668] – sodass ein Verstoß gegen das Verfahren nach § 15 Nr. 2 der Satzung des DGB zur Unwirksamkeit der Satzungsänderung führt. Mit anderen Worten heißt das, dass ein Tarifvertrag auch dann unwirksam ist, wenn eine DGB-Gewerkschaft zwar nach seiner Satzung tarifzuständig ist, aber gegen das Zustimmungsverfahren verstoßen hat.

Die wohl herrschende Ansicht in der Literatur misst Verstößen gegen das Zustimmungserfordernis keine Bedeutung im Außenverhältnis bei.[669] So wird beispielsweise ausgeführt, dass es zwar eine zulässige Selbstbeschränkung darstelle, wenn Mitgliedgewerkschaften sich gegenüber dem DGB dazu verpflichten, bei ihrer Satzungsgestaltung Kompetenzüberschneidungen zu vermeiden – hieraus folge aber noch nicht, dass ein tatsächlicher Verstoß sich im Außenverhältnis auswirke.[670] Der DGB könne bei Verstößen lediglich intern Vereinsstrafen vorsehen.[671] Darüber hinaus wird die Außenwirkung mit dem Argument verneint, dass der Zustimmungsvorbehalt als Wirksamkeitsvoraussetzung einer Zuständigkeitsänderung zwingend in der Vereinssatzung der Gewerkschaft manifestiert sein müsse.[672] Diese müsse dann auch so transparent formuliert sein, dass die Mitglieder der Gewerkschaft zweifelsfrei über den Umfang der Bezugnahme informiert seien, da der DGB von den Gewerkschaften gesteuert werde, sodass es umso mehr auf die Satzungen der Mitgliedsgewerkschaften ankomme.[673] Außerdem sei die Befugnis zur Satzungsänderung der Mitglieder bzw. der Delegiertenversammlung vorbehalten, sodass auch Satzungsbekenntnisse nicht dazu führten, dass Satzungsänderungen unwirksam würden.[674]

---

668 *Wiedemann*, RdA 1975, 78, 81 f.; *Ebert*, Zuständigkeit, S. 222 ff.; *Brecht-Heitzmann*, FS Kempen, S. 333, 340, 342.

669 Etwa: *Heß*, ZfA 1976, 45, 53; Löwisch/*Rieble*, TVG, § 2 Rn. 281; Schaub/*Treber*, Arbeitsrechts-Handbuch, § 197 Rn. 17.

670 *Heß*, ZfA 1976, 45, 53.

671 *Heß*, ZfA 1976, 45, 53.

672 *Konzen*, FS Kraft, S. 291, 312.

673 *Konzen*, FS Kraft, S. 291, 312.

674 Löwisch/*Rieble*, TVG, § 2 Rn. 281.

Das BAG folgt der Auffassung, wonach ein Verstoß gegen § 15 Nr. 2 der Satzung des DGB keine Wirkung im Außenverhältnis entfaltet.

In seiner Allfloor Entscheidung[675] beschloss das Gericht, dass Verstöße gegen die Satzung des DGB lediglich das Innenverhältnis berührten. Nach der damaligen Satzung des DGB konnten die Gewerkschaften ihre Tarifzuständigkeit nur in Übereinstimmung mit den betroffenen Mitgliedsgewerkschaften und nach Zustimmung des Bundesausschusses ändern. In dem zugrunde liegenden Sachverhalt änderte die IG Chemie ihre Tarifzuständigkeit und erstreckte ihren Organisationsbereich auf die Firma Allfloor, ohne – zumindest war es nach den Sachverhaltsschilderungen nicht ersichtlich – die erforderliche Zustimmung des Bundesausschusses des DGB einzuholen, dessen Mitglied sie war. Das Gericht erachtete den Verstoß gegen den Zustimmungsvorbehalt als unbeachtlich: Der Fehler betreffe lediglich das Innenverhältnis der IG Chemie zum DGB und zu den Mitgliedsgewerkschaften, da das Zustimmungserfordernis organisationspolitischen Zielen des DGB diene, sodass die Einholung der Zustimmung nur zur Folge habe, dass die Änderung des Organisationsbereiches auch dem DGB und anderen Mitgliedsgewerkschaften gegenüber wirksam erfolge. Gegenüber möglichen Tarifpartnern der IG Chemie berühre der Verstoß die Wirksamkeit der Satzungsänderung nicht – ihnen gegenüber folge die Tarifzuständigkeit allein aus der Satzung der IG Chemie. Im Übrigen sei eine Gewerkschaft nicht daran gehindert ihre Tarifzuständigkeit auf bestimmte Bereiche zu erstrecken, nur weil dies zu Tarifkonkurrenzen mit anderen Tarifverträgen führen könnte. Aufgrund der Satzungsautonomie obliege die satzungsmäßige Bestimmung der Tarifzuständigkeit allein der Gewerkschaft. Das Zustimmungsverfahren des DGB stelle einen Organisationsgrundsatz dar, der im Interesse einer effektiven Gewerkschaftsarbeit sicherstellen soll, dass Arbeitnehmer eines Industriezweiges nur durch eine DGB-Mitgliedsgewerkschaft vertreten werden sollen.[676]

In der IBM-Entscheidung[677] bestätigte und konkretisierte das BAG seine Auffassung, die es bereits in der Allfloor-Entscheidung vertrat. Hier stritten die Parteien über die Tarifzuständigkeit der IG Metall für Betriebe und Unternehmern mehrerer Arbeitgeberinnen, die dem IBM Konzern angehörig waren. Die IG Metall, die Mitglied des DGB war, änderte ihre Satzung, um die Tarifzuständigkeit für die IBM-Gruppe zu erhalten. Im Zuge dieser Satzungsänderung verstieß die IG Metall gegen das Zustimmungserfordernis des DGB. Das Gericht

675 BAG 19.11.1985 – 1 ABR 37/83, BeckRS 9998, 153934.
676 BAG 19.11.1985 – 1 ABR 37/83, BeckRS 9998, 153934.
677 BAG 27.9.2005 – 1 ABR 41/04, NZA 2006, 273 ff.

erachtete diesen Verstoß als unschädlich für das Außenverhältnis – mit der Folge, dass die Nichtbeachtung des Zustimmungsverfahrens gegenüber möglichen Tarifpartnern nicht zur Unwirksamkeit der Satzungsänderung führte. Es begründete seine Auffassung wie folgt: Der nach dem Industrieverbandsprinzip ausgerichtete Organisationsgrundsatz des DGB stehe einer autonomen Ausgestaltung der Tarifzuständigkeit in den eigenen Satzungen der Mitgliedsgewerkschaften nicht entgegen. Aus der freiwillig eingegangenen Bindung an die Satzung des DGB folge kein anderes Ergebnis, da die Zuständigkeitsbestimmung von der Satzungsautonomie der Mitgliedsgewerkschaften geschützt sei. Weiter konkretisierte das Gericht diese Auffassung: „*Auch wenn von der wirksamen Inkorporation des § 15 Nr. 2 der DGB-Satzung in die IGM-Satzung ausgegangen wird, führte ein Verstoß gegen diese Bestimmung – jedenfalls in der bis 1998 geltenden Fassung – im Außenverhältnis zwischen der IG Metall und möglichen Tarifpartnern nicht zur Unwirksamkeit der 1995 und 1997 von der IG Metall vorgenommenen Satzungsänderungen.*“[678] Das Gericht führte allerdings weiter aus, dass die Verpflichtung zur Einhaltung der Satzung des DGB im Rahmen der Satzungsauslegung berücksichtigt werden könne, wenn der satzungsmäßige Organisationsbereich nicht klar festgelegt ist: „*Hat sich eine DGB-Gewerkschaft zur Einhaltung der DGB-Satzung verpflichtet, wird daher in Zweifelsfällen diejenige Auslegung der Gewerkschaftssatzung vorzuziehen sein, die nicht gegen die Satzung des DGB verstößt.*“[679] Die Entstehung von Tarifkonkurrenzen habe ansonsten auf die Satzungsänderung keinen Einfluss – die Anwendbarkeit des maßgeblichen Tarifrechts richte sich nach den Grundsätzen der Tarifpluralität und Tarifkonkurrenz. Die Freiheit zur Satzungsänderung gehöre zu der durch Art. 9 Abs. 3 GG garantierten Betätigungsfreiheit und zur vereinsrechtlichen Satzungsautonomie. Der Grundsatz der Vereinsautonomie schließe eine satzungsförmige Selbstbeschränkung der Satzungskompetenz nicht aus. Weiter führt das Gericht aus: „*Der Grundsatz garantiert Vereinen das Recht, den verfolgten Zweck frei zu bestimmen und sich die ihrem Zweck entsprechende Organisation selbst zu geben, soweit dem nicht zwingende gesetzliche Vorschriften entgegenstehen [...] Dieses Selbstverwaltungsrecht kann auch in der Weise ausgeübt werden, dass es satzungsmäßig zugunsten Dritter beschränkt wird, wenn dies einem legitimen*

678 Die Regelung lautete: „*Die in den Satzungen der Gewerkschaften angegebenen Organisationsbereiche und Organisationsbezeichnungen können nur in Übereinstimmung mit den betroffenen Gewerkschaften und nach Zustimmung des Bundesausschusses geändert werden.*“

679 BAG 27.9.2005 – 1 ABR 41/04, NZA 2006, 273, 277.

Interesse der Gewerkschaft dient [...] Allerdings darf die Selbstbeschränkung die eigene Willensbestimmung nicht vollständig zum Erliegen bringen [...] Dabei müssen bei einem Zustimmungsvorbehalt in einer Gewerkschaftssatzung auch die Vorgaben des Art. 9 III GG als Spezialgewährleistung zur allgemeinen Vereinigungsfreiheit und die besondere Situation der in einem Dachverband organisierten Gewerkschaften berücksichtigt werden."[680] Bedauerlicherweise führte das Gericht an dieser Stelle – mangels Erheblichkeit – die genauen Grenzen einer zulässigen Selbstbeschränkung der Satzungskompetenz für Vereinigungen, die unter den besonderen Schutz des Art. 9 Abs. 3 GG fallen, also für Koalitionen, nicht aus.

cc) Bewertung

Sowohl in der Allfloor- als auch in der IBM-Entscheidung äußerte sich das Gericht in detaillierter Hinsicht zur Außenwirkung von Satzungsverstößen. Obwohl das Gericht umfangreiche Begründungen in seinen Entscheidungen lieferte, blieben wichtige Fragen offen. In Sachen IBM führte das Gericht aus, dass trotz wirksamer Inkorporation des § 15 Nr. 2 der DGB-Satzung ein Verstoß gegen diese Regelung „– *jedenfalls in der bis 1998 geltenden Fassung* –" im Außenverhältnis zu möglichen Tarifpartnern nicht zur Unwirksamkeit der Satzungsänderung führe.[681] Der gedankliche Einschub des Gerichts ist nicht zu übersehen. Zwar war in der bis 1998 geltenden Fassung – wie es auch in der aktuelleren Fassung der Fall ist – die Satzungsänderung von einer Zustimmung eines DGB-Organes abhängig. Allerdings divergierte der Wortlaut der neueren Satzungsbestimmung erheblich von der älteren Fassung: „ *Die [...] angegebenen Organisationsbereiche und Organisationsbezeichnungen können nur mit Zustimmung des Bundesausschusses rechtswirksam geändert werden.*" Mangels Erheblichkeit musste das Gericht aber nicht entscheiden, ob nach neuerer Fassung eine andere Beurteilung gerechtfertigt wäre.

Allerdings ist unter Zugrundelegung der neuen Fassung des § 15 Nr. 2 der Satzung des DGB eine andere Bewertung angezeigt. Im Unterschied zur älteren Fassung sind in der neuen Fassung die Rechtsfolgen eines Verstoßes ausdrücklich genannt. Die DGB Satzung macht die Rechtswirksamkeit der Satzungsänderung von der Einhaltung des Zustimmungsverfahrens abhängig und bestimmt die Alleinzuständigkeit derjenigen Gewerkschaft, die vor der beabsichtigten Satzungsänderung zuständig war. Trotz der Inkorporation in die eigene Satzung der Mitgliedsgewerkschaften hat dies aber noch nicht zwingend zur Folge, dass

680 BAG 27.9.2005 – 1 ABR 41/04, NZA 2006, 273, 278.
681 BAG 27.9.2005 – 1 ABR 41/04, NZA 2006, 273, 278.

ein Verstoß gegen das Zustimmungsverfahren die Unwirksamkeit der Satzungsänderung auch für das Außenverhältnis zur Folge hat und zwar aus folgenden Gründen:

(i) Verbandsrechtliche Bewertung

Nach verbandsrechtlichen Grundsätzen käme eine Außenwirkung im Falle des Verstoßes gegen die Satzung des DGB dann in Betracht, wenn diese Dachverbandssatzung statutarische Wirkung hätte, das heißt, dass sie die Satzung der Einzelvereine überlagert. Für die Außenwirkung wäre aber zusätzlich erforderlich, dass die Dachverbandssatzung Rechtsfolgen vorsieht, die sich auch im Außenverhältnis auswirken. Letzteres wäre hier gegeben, da die Satzung des DGB die Rechtswirksamkeit der Änderung der Tarifzuständigkeit von der Einhaltung des Zustimmungsverfahrens abhängig macht. Tarifunzuständige Tarifparteien können jedoch keine wirksamen Tarifverträge schließen.

Der Fokus liegt daher auf der erst genannten Voraussetzung: Entscheidend ist demnach, ob die Satzung des Dachverbands wie eine Rechtsnorm durchgreift, weil sie statutarische Wirkung entfaltet und somit die Satzung der Mitgliedsgewerkschaften überlagert. Hierfür ist erneut ein Blick auf die im allgemeinen Teil dieser Ausarbeitung bereits behandelte Rechtsnatur der Verbandssatzung[682] erforderlich:

Folgt man der korporationsrechtlichen Ansicht (sog. Normentheorie), nach der es sich bei der Verbandssatzung um objektive Rechtsetzung handelt, so gilt was immer bei kollidierenden Rechtsnormen gilt: die höherrangige setzt sich durch.[683] Dies hätte zur Folge[684], dass eine rechtswirksame Änderung der Tarifzuständigkeit nicht möglich ist, wenn die Mitgliedsgewerkschaft das DGB-Zustimmungsverfahren nicht einhält.

Folgt man dem anderen Lager – den Vertretern der Vertragstheorie – die davon ausgehen, dass es sich bei der Satzung um einen Akt des Privatrechts handelt, dann wirkt die Dachverbandssatzung rein schuldrechtlich, sodass sie die Satzung der angehörigen Mitgliedsgewerkschaften nicht überlagert, da schuldrechtliche Bindungen keinen Vorrang beanspruchen.[685] Nach dieser Ansicht wären die Rechtsfolgen des Satzungsverstoßes rein innenrechtlicher Natur. Die

682 Vgl. dazu: B.IV.3.a)cc).

683 *Lepsius*, Jus 2018, 950, 952 f.

684 Anmerkung: die noch zu besprechenden Besonderheiten des Art. 9 Abs. 3 GG werden hier erst einmal außen vor gelassen.

685 MüHandbuch GesellschR/*Steinbeck*, § 5 Rn. 31.

Rechtswirksamkeit der Änderung der Tarifzuständigkeit hinge im Außenverhältnis nicht von der Einhaltung des Zustimmungsverfahrens ab.

Die höchstrichterliche Rechtsprechung vertritt jedoch die modifizierte Normentheorie, die sich zwischen den beiden vorgenannten Ansätzen bewegt. Danach handelt es sich bei der Satzung zunächst um einen zwischen den Gründern geschlossenen Vertrag, der mit Vereinsentstehung zur Verfassung des Vereins wird und normähnlichen Charakter erlangt, ohne jedoch Rechtsnorm zu werden.[686] Die Rechtsprechung hat bewusst betont, dass der Vereinssatzung keine Rechtsnormwirkung zukommt. Aus diesem Grund hat die Dachverbandssatzung auch keine die Satzung der Mitgliedsgewerkschaften überlagernde Wirkung. Dies ist schon vor dem Hintergrund richtig, als privatrechtliche Verbände grundsätzlich kein allgemein verbindliches Recht setzen können.[687] In dieser Konsequenz kann ein Verstoß gegen das Zustimmungsverfahren wiederum nur verbandsinterne Folgen bewirken.

Auch der Fall einer wirksamen Inkorporation der Dachverbandssatzung mit der Folge, dass ihre Regelungen zum Bestandteil der Gewerkschaftssatzung gemacht werden, würde an obengenannten Überlegungen nichts ändern. Die Anerkennung der Satzung des DGB als Eigene kann durch bloße Satzungsänderung – vorausgesetzt die vereinsrechtlichen Anforderungen an eine wirksame Satzungsänderung liegen vor[688] – wieder aufgehoben werden. Wenn also ein Mitgliedsverein seine Satzung durch Beschluss ändert – dies aber im Widerspruch zur Satzung des Dachverbandes steht – hat dies keine Auswirkung auf die Wirksamkeit der Satzungsänderung.[689] Dass ein derartiges Handeln die Satzung des Dachverbandes missachtet und daher im Innenverhältnis zu Sanktionierungen führen kann, steht nicht zur Debatte. Sie vermag jedoch keine Außenwirkung begründen.

(ii) Koalitionsrechtliche Bewertung

Auch wenn man der Normentheorie folgen würde, die dazu führen würde, dass die Satzung des DGB die Satzungen ihrer Mitglieder überlagert, käme man bei Koalitionen zu keinem anderen Ergebnis: Ein Verstoß gegen die Dachverbandssatzung kann nicht zur Folge haben, dass eine Tarifvertragspartei ihre Tarifzuständigkeit nicht rechtswirksam ändern kann. Auch wenn Vereinigungen

---

686 BGH 4.10.1956 – II ZR 121/55, NJW 1956, 1793.

687 Reichert/*Wagner*, Vereins- und VerbandsR, Kap. 2 Rn. 25.

688 Zu den Voraussetzungen an eine wirksame Satzungsänderung, vgl.: B.IV.3.a)bb).

689 MüHandbuch GesellschR/*Steinbeck*, § 5 Rn. 38.

aufgrund ihrer Vereinsautonomie das Recht zusteht, ihre Satzungskompetenz zum Teil auf einen Dritten zu übertragen, betont das BAG in der IBM Entscheidung – ohne jedoch den Gedanken weiter fortzuführen und zu konkretisieren – zu Recht, dass bei Gewerkschaften im Rahmen von Zustimmungsvorbehalten die Besonderheiten der Koalitionsfreiheit berücksichtigt werden müssen:

> *„Dabei müssen bei einem Zustimmungsvorbehalt in einer Gewerkschaftssatzung auch die Vorgaben des Art. 9 Abs. 3 GG als Spezialgewährleistung zur allgemeinen Vereinigungsfreiheit und die besondere Situation der in einem Dachverband organisierten Gewerkschaften berücksichtigt werden.“*[690]

Wie im allgemeinen Teil aber bereits ausgeführt, kann wegen der funktionalen Unterschiede zwischen Vereinigungen im Sinne des Art. 9 Abs. 1 GG und solchen im Sinne des Art. 9 Abs. 3 GG ein anderer Umgang bezüglich ihrer Satzungen gerechtfertigt sein.[691] Aus der Organisationsautonomie, die aus der Koalitionsbetätigungsfreiheit der Tarifparteien entspringt, folgt zwingend, dass die Entscheidung über die Tarifzuständigkeit dem Verband vorbehalten sein muss. Nur seine Mitglieder- bzw. Vertreterversammlung kann hierüber entscheiden und zwar im Wege des Beschlusses.[692] Die Änderung der Satzung muss auf dem Willen der Mitglieder aufbauen. Als zwingend autonome Entscheidung darf die Bestimmung über die Tarifzuständigkeit nicht fremdbestimmt sein.[693] Das bedeutet, dass die Tarifzuständigkeit weder unmittelbar durch Dritte definiert, noch die Entscheidung hierüber mittelbar von Zustimmungserfordernissen Dritter – etwa einem Dachverband, wie es beim DGB der Fall ist – abhängig gemacht werden kann.[694] Denn der Dachverband könnte hierdurch jede Satzungsänderung verhindern, die sich auf die Tarifzuständigkeit bezieht.

Dem steht auch nicht entgegen, dass die Gewerkschaften in ihren eigenen Satzungen das Zustimmungsverfahren des DGB zur Satzungsänderung anerkennen beziehungsweise kraft ihrer Mitgliedschaft zur Beachtung der DGB-Satzung verpflichtet sind.[695] Derartige schuldrechtliche Verpflichtungen sind aufgrund des Verstoßes gegen Art. 9 Abs. 3 S. 2 GG, wonach Abreden, die die Koalitionsfreiheit einschränken oder zu behindern suchen nichtig sind, nicht haltbar.[696]

---

690 BAG 27.9.2005 – 1 ABR 41/04, NZA 2006, 273, 278.
691 Vgl. dazu: B.IV.4.a).
692 *Löwisch/Rieble*, TVG, § 2 Rn. 263.
693 *Löwisch/Rieble*, TVG, § 2 Rn. 271.
694 *Löwisch/Rieble*, TVG, § 2 Rn. 267.
695 *Löwisch/Rieble*, TVG, § 2 Rn. 275, 281.
696 *Löwisch/Rieble*, TVG, § 2 Rn. 275, 281.

Die Nichtigkeitsfolge erfasst nämlich jede objektiv gegebene, mithin tatsächliche Einschränkung der Koalitionsfreiheit.[697] Da die selbständige Bestimmung der Tarifzuständigkeit zum Kern koalitionsmäßiger Betätigung gehört[698] und der Zustimmungsvorbehalt einen zu weitgehenden Einfluss auf die Satzungsautonomie der Verbände darstellt[699], ist der Tatbestand erfüllt.

Weiterhin ist der Transparenzgrundsatz zu berücksichtigen. Wie bereits herausgearbeitet, muss sich die Tarifzuständigkeit einer Gewerkschaft vor dem Hintergrund ihrer tariflichen Rechtsetzungsmacht zwingend aus der Vereinssatzung ergeben. Das bedeutet insbesondere, dass sie sich im Wortlaut der Satzung wiederfinden muss. Die bloße Inkorporation des Zustimmungsverfahrens trägt nicht zur Transparenz bei. Vielmehr führt sie nur zu Unsicherheiten, da sich die Tarifzuständigkeit eben nicht mehr allein aus der Satzung der Gewerkschaft ergibt, sondern ihre Bestimmung von anderen Faktoren abhängig gemacht wird. Ob die Gewerkschaft das Zustimmungsverfahren eingehalten hat, wird ein außenstehender Dritter – mithin der Tarifpartner oder ein zukünftiges Mitglied der Gewerkschaft – im Zweifel gar nicht beurteilen können.[700]

Insgesamt ist der arbeitsgerichtlichen Rechtsprechung und der herrschenden Literaturansicht vor dem Hintergrund der Satzungs- und Organisationsautonomie der Verbände vollumfänglich zuzustimmen. Sofern die einzelne Gewerkschaft des DGB ihre satzungsmäßige Zuständigkeit ohne Zustimmung des DGB ändert, ist dies für die Wirksamkeit im Außenverhältnis ohne Belang. Hier folgt das BAG dem Grundsatz, wonach Verstöße gegen die Vereinssatzung keine Außenwirkung entfalten. Sofern ein Verstoß ausnahmsweise im Außenverhältnis durchschlagen soll, ist zumindest erforderlich, dass es Anhaltspunkte für einen derartigen Willen in der eigenen Satzung der betroffenen Gewerkschaft gibt. Das BAG diskutierte diese Möglichkeit – wie bereits ausgeführt – nur für den Fall, dass die Mitgliedsgewerkschaft die Satzung des DGB in ihrer eigenen Satzung inkorporiert. Das bedeutet, dass es nach der höchstrichterlichen Rechtsprechung des Vorhandenseins weiterer Anhaltspunkte als die des „bloßen" Satzungsverstoßes bedarf, um von einer Durchschlagskraft im Außenverhältnis auszugehen.

Zumindest aber kann nach Ansicht des BAG in der Entscheidung IBM eine Verpflichtung zur Einhaltung der Satzung des DGB im Rahmen der Auslegung

---

697 Maunz/Dürig/*Scholz*, Art. 9 GG Rn. 333.

698 *Löwisch/Rieble*, TVG, § 2 Rn. 275, 281.

699 *Seeger*, Organisationskonflikte, S. 99 f.

700 Offen gelassen: BAG 27.9.2005 – 1 ABR 41/04, NZA 2006, 273, 278.

der Satzung der Gewerkschaft berücksichtigt werden. Eine derartige Verpflichtung hat mithin satzungsinterpretierende Funktion.[701] Dies kann nach hiesiger Ansicht jedoch nur gelten, wenn die Tarifzuständigkeitsklausel uneindeutig formuliert ist und entsprechender Auslegungsspielraum besteht. Sofern aber eine Gewerkschaft trotz Anerkennung der DGB-Satzung bewusst gegen diese verstößt, indem sie ihre Tarifzuständigkeit ohne das vorgesehene Verfahren in der Satzung – nach vereinsrechtlichen Grundsätzen wirksam – ändert, kann nicht mehr davon ausgegangen werden, dass diejenige Auslegung der Gewerkschaftssatzung vorzuziehen ist, die nicht gegen die Satzung des DGB verstößt. Unabhängig von der Frage, ob man die Möglichkeit eines Fremdeinflusses im Sinne einer Selbstbeschränkung der Vereins- und Satzungsautonomie bejaht, hat sich die Gewerkschaft durch Satzungsänderung ihre vollumfängliche Kompetenz im Hinblick auf die Festlegung des Organisationsbereiches „zurückgeholt" – eine ausdrückliche Einhaltungsverpflichtung stünde also nicht entgegen.[702]

Trotz alledem darf nicht verwechselt werden: Der Weg über die Satzungsauslegung wirkt sich nur mittelbar aus und ist streng von der Konstellation zu trennen, dass sich ein Verstoß gegen die Satzung des DGB sofortig im Außenverhältnis auswirken würde. Letzteres ist grundsätzlich zu verneinen. *Ricken* hat die satzungsinterpretierende Wirkung der Einhaltungsverpflichtung zutreffend

701 *Ricken*, RdA 2007, 35, 38 f.

702 Ähnlich: Wiedemann/*Oetker*, TVG, § 2 Rn. 109: *„Selbst wenn die Satzung die Rechtswirksamkeit ihrer Änderung ausdrücklich von der Zustimmung Dritter abhängig machen würde, so verlöre sie hierdurch nicht die Rechtsmacht, diese statutarische Selbstbeschränkung jederzeit wieder ausdrücklich oder konkludent zurückzunehmen, solange nicht die Selbständigkeit der im Dachverband zusammengeschlossenen Einzelgewerkschaften und der Charakter des DGB als Dachverband in Frage gestellt sein soll."*; Zudem gilt zu beachten, dass die Gewerkschaftsmitglieder zwar kraft Mitgliedschaft zur Satzungseinhaltung verpflichtet sind, jedoch überlagert die Satzung des DGB nicht die eigenen Satzungen der Mitgliedsgewerkschaften – MüHandbuch GesellschR/*Steinbeck*, § 5 Rn. 31 ff.: Die Autorin begründet dies mit dem rein rechtsgeschäftlichen Charakter der Verbandssatzung. Zwar wird hier – wie bereits ausgeführt – mit der herrschenden Meinung vertreten, dass die Verbandssatzung eben nicht rein rechtsgeschäftlicher Natur ist, sondern normähnliche Wirkung entfaltet (sog. modifizierte Normentheorie), jedoch verbietet schon die Koalitionsfreiheit, die Satzungsmacht betreffend der Tarifzuständigkeit komplett auf einen verbandsfremden Dritten zu übertragen. Dies wäre aber der Fall, wenn die Dachverbandssatzung die Satzung der Einzelgewerkschaften überlagern würde.

als „*Kunstgriff*“ bezeichnet[703], da sie nach der Rechtsprechung des BAG über den Umweg der Satzungsauslegung Außenwirkung verursachen kann.

3. Schiedsverfahren bei Streitigkeiten um die Tarifzuständigkeit

Die Satzung des DGB[704] sieht für den Fall von Zuständigkeitskonflikten - nach Durchführung des soeben besprochenen Zustimmungsverfahrens für eine Satzungsänderung - die Ausführung eines außergerichtlichen, verbandsinternen Schiedsverfahrens vor, dessen Grundlagen ausschließlich auf der Satzung des DGB basieren. Das genaue Verfahren wird in einer Schiedsgerichtsordnung („Anlage 2“) präzisiert, die Bestandteil der DGB-Satzung ist.[705] Diese bestimmt zunächst die erfolglose Durchführung eines gesonderten Vermittlungsverfahrens bevor in das eigentliche Schiedsgerichtsverfahren übergeleitet werden kann.[706]

a) Rechtslage vor Einleitung des Schiedsverfahrens

Klärungsbedürftig sind die Auswirkungen für den Fall, dass eine Gewerkschaft sich dem Schiedsverfahren nicht stellt oder das verbandsintere Schiedsgerichtsverfahren zur Klärung von Kompetenzkonflikten noch nicht durchgeführt worden ist. An dieser Stelle sind die innerverbandlichen Konsequenzen wiederum von den außerverbandlichen zu trennen. Die Satzung des DGB sieht für einen Verstoß gegen das Schiedsgerichtsverfahren die Möglichkeit des Ausschlusses des Mitglieds vor.[707] Für die außerverbandlichen Konsequenzen begehrt sie die Alleinzuständigkeit derjenigen Gewerkschaft, die vor der beabsichtigten Satzungsänderung zuständig war, § 15 Nr. 2 S. 3 der Satzung des DGB.

---

703 *Ricken*, RdA 2007, 35, 38.

704 *§ 16 Nr. 1: Streitigkeiten zwischen den im Bund vereinigten Gewerkschaften, die trotz Vermittlung des Bundesvorstandes nicht geschlichtet werden können, sind durch Schiedsgerichtsverfahren zu entscheiden.*

705 *§ 16 Nr. 2: Der Bundesausschuss beschließt eine Schiedsgerichtsordnung, die Bestandteil dieser Satzung ist.*

706 *Nr. 2: Bleibt das Vermittlungsverfahren insgesamt oder zum Teil erfolglos, findet auf Antrag einer der streitenden Parteien ein Schiedsgerichtsverfahren vor dem Schiedsgericht statt.*

707 *§ 3 N. 4: Eine Gewerkschaft, die der Satzung des Bundes zuwiderhandelt […] kann […] aus dem Bund ausgeschlossen werden. Das gleiche gilt für eine Gewerkschaft, die sich einem Schiedsgerichtsverfahren nicht stellt […].*

In Literatur und Rechtsprechung ist umstritten, ob es zunächst bei der alleinigen Zuständigkeit derjenigen Gewerkschaft bleibt, die vor der Satzungsänderung tarifzuständig war, wenn das Schiedsgerichtsverfahren nicht durchgeführt wurde oder noch nicht abgeschlossen ist.

Diejenigen Stimmen, die eine Doppelzuständigkeit ablehnen, begründen dies im Wesentlichen mit der in den einzelnen Gewerkschaftssatzungen inkorporierten Selbstverpflichtung zur Einhaltung der Satzung des DGB.[708] Die Befürworter der Möglichkeit einer Doppelzuständigkeit sehen den Grundsatz „Ein Betrieb – eine Gewerkschaft" lediglich als Zielvorstellung unter den DGB-Gewerkschaften und nicht als unabdingbares Statut an, insbesondere weil es in den Satzungen der Gewerkschaften keinerlei Grundlage hierfür gebe, sodass ein Konflikt vielmehr nach den Regeln einer Tarifkonkurrenz zu lösen ist.[709]

Das BAG ist noch in einer älteren Entscheidung davon ausgegangen, dass es vor Durchführung eines Schiedsverfahrens bei der Alleinzuständigkeit derjenigen Gewerkschaft verbleibt, die vor der Satzungsänderung und damit vor der Konkurrenzsituation tarifzuständig war – eine Doppelzuständigkeit zweier DGB-Gewerkschaften sei aufgrund der von beiden Gewerkschaften durch ihre Mitgliedschaft anerkannten Satzung des DGB im Zweifel auszuschließen – hier stützte sich das BAG allerdings primär auf eine Auslegung der Satzung des DGB und nicht der Satzung der Gewerkschaften.[710] In der IBM-Entscheidung[711] revidierte das Gericht seine Auffassung und bejahte die Möglichkeit von Doppelzuständigkeiten vor Durchführung des Schiedsgerichtsverfahrens und zwar mit der Begründung, dass es gerade Aufgabe dieses Verfahrens sei die bestehenden Doppelzuständigkeiten zu beseitigen. Das Schiedsgerichtsverfahren setze eine zu beseitigende Doppelzuständigkeit gerade voraus.[712] Das Gericht stellte allerdings auch klar, dass der Sachverhalt, der der Entscheidung von 1996 zu Grunde lag, nicht mit dem zu entscheidenden Sachverhalt im IBM-Fall zu vergleichen war, da im ursprünglichen Fall auf die Durchführung eines Schiedsgerichtsverfahrens komplett verzichtet wurde, während es im IBM-Fall durchgeführt und abgeschlossen worden war. Die Entscheidung der Frage, ob eine Doppelzuständigkeit

708 Anmerkung *Oetker* zu AP § 2 Tarifzuständigkeit Nr. 11, II 2 b); *Ludwig/Ramcke*, BB 2015, 2933, 2934 f.; *Ebert*, Zuständigkeit, S. 226 ff.

709 *Ricken*, RdA 2007 35, 42 f.; *Gamillscheg*, Kollektives Arbeitsrecht, S. 533.

710 BAG 12.11.1996 – 1 ABR 33/96.

711 BAG 27.9.2005 – 1 ABR 41/04, NZA 2006, 273, 279.

712 BAG 27.9.2005 – 1 ABR 41/04, NZA 2006, 273, 279.

möglich sei, wenn auf die Durchführung eines Schiedsgerichtsverfahrens verzichtet werde, ließ das Gericht mangels Entscheidungserheblichkeit offen.[713]

Es ist jedoch davon auszugehen, dass das BAG den Fall von 1996 mittlerweile anders entscheiden würde. Zum einen kann es für die Frage der Anerkennung von Doppelzuständigkeiten vor einem Schiedsspruch keinen Unterschied machen, ob auf die Durchführung eines Schiedsgerichtsverfahrens verzichtet wurde oder ob es später einmal doch abgeschlossen wird. Ein vernünftiger Grund für eine Ungleichbehandlung beider Sachverhalte ist nicht ersichtlich. Zum anderen legte das Gericht in der IBM-Entscheidung dar, dass die Zuständigkeitsbestimmung eine satzungsautonome Entscheidung der Einzelgewerkschaften darstelle, die zumindest im Kern vor Fremdbestimmung geschützt sei. Aus diesem Grund kann die DGB-Satzung das Entstehen von Doppelzuständigkeiten vor Durchführung eines schiedsgerichtlichen Verfahrens nicht vermeiden, wenn in der Satzung der betroffenen Gewerkschaft kein dahingehender Wille erkennbar ist. Im Übrigen wäre es sinnwidrig, mit dem BAG einerseits zu behaupten, dass Satzungsänderungen ohne Einhaltung des DGB-Zustimmungsverfahrens im Außenverhältnis Wirksamkeit entfalten, um im selben Augenblick zu sagen, dass es bis zur Durchführung eines Schiedsgerichtsverfahrens bei einer Alleinzuständigkeit derjenigen Gewerkschaft bleibe, die vor der Konkurrenzsituation zuständig war. Da sich das schiedsgerichtliche Verfahren regelmäßig – aber eben auch nicht zwingend (falls keine Partei einen Antrag auf Durchführung stellt) – dem Zustimmungsverfahren anschließt, würde es die Entscheidung, wonach Verstöße gegen das Zustimmungsverfahren eben keine Auswirkung im Außenverhältnis haben, vollständig konterkarieren.

Die jüngeren Entscheidungen der unterinstanzlichen Arbeitsgerichte befürworten die auch hier vertretene Ansicht, wonach Doppelzuständigkeiten vor Durchführung eines schiedsgerichtlichen Verfahrens grundsätzlich möglich sind. So hat das LAG Hamburg unter Verweis auf das IBM-Urteil eine Doppelzuständigkeit für den Fall angenommen, dass sich beide Parteien bewusst gegen die Anrufung des Schiedsgerichts entscheiden.[714] Das LAG Hessen bejahte die Doppelzuständigkeit zweier Gewerkschaften in einem Sachverhalt, in dem beide Gewerkschaften nach ihren Satzungen Tarifzuständigkeit beanspruchten und ein Schiedsverfahren noch nicht abgeschlossen war.[715] Das Gericht begründete seine Auffassung damit, dass es für die Zwischenzeit keinen Bedarf einer

713 BAG 27.9.2005 – 1 ABR 41/04, NZA 2006, 273, 280.

714 LAG Hamburg 21.5.2014 – 5 SaGa 1/14, NZA-RR 2015, 101, 102.

715 LAG Hessen 9.7.2015 – 9 BVL 1/15, BeckRS 2016, 65643.

gerichtlichen Kollisionsregelung gebe, insbesondere weil Tarifkollisionen über die gesetzlichen Regelungen des Tarifeinheitsgesetzes zu regeln seien.[716] Die gegen den Beschluss eingeleitete Rechtsbeschwerde wurde zurückgenommen[717], weshalb eine höchstrichterliche Entscheidung in anderer Sache abzuwarten bleibt. Es ist jedoch nach den vorausgegangenen Überlegungen davon auszugehen, dass die Entscheidung von 1996 als überholt anzusehen ist.

b) Schiedsurteil

Wird ein Schiedsverfahren eingeleitet, weil eine Partei dies beantragt, endet es regelmäßig mit einem Schiedsurteil, das für die streitenden Parteien die Tarifzuständigkeit verbindlich festlegt, indem es die Zuständigkeit einer Gewerkschaft bestätigt und der anderen Gewerkschaft abspricht. Klärungsbedürftig ist, wie der Schiedsspruch sich zur autonomen Bestimmung der Tarifzuständigkeit durch die einzelnen Gewerkschaften verhält.

aa) Wirkung

Der Schiedsspruch an sich kann die Tarifzuständigkeit nicht erweitern oder berichtigen – vielmehr legt das Schiedsgericht die Satzungen der beteiligten Gewerkschaften nur verbindlich aus.[718] Nach der Rechtsprechung des BAG werde die Gewerkschaftssatzung durch einen Schiedsspruch authentisch interpretiert oder ergänzt.[719] Letztere Wortwahl des Gerichts ist jedoch missverständlich: Denn das Schiedsurteil muss sich im Rahmen des durch die Satzungen der Gewerkschaften eröffneten Interpretationsspielraums halten – das bedeutet insbesondere, dass der Spruch eine Satzung nicht im Sinne einer echten Zuständigkeitserweiterung ergänzen kann.[720]

Zweifellos ist die Entscheidung im schiedsgerichtlichen Verfahren zwischen den Gewerkschaften, die im Verfahren beteiligt sind, verbindlich.

716 LAG Hessen 9.7.2015 – 9 BVL 1/15, BeckRS 2016, 65643; a.A: Däubler/*Peter*, TVG, § 2 Rn. 193: Hiernach habe das Ergebnis des schiedsgerichtlichen Verfahrens stets Vorrang vor der Anwendung des § 4 a TVG.

717 ErfK/*Linsenmaier*, GG Art. 9 Rn. 68 b.

718 HWK/*Henssler*, § 2 TVG Rn. 46.

719 BAG 17.2.1970 – 1 ABR 15/69, BeckRS 1970, 104448; 22.11.1988 – 1 ABR 6/87, NZA 1989, 561, 562; 25.9.1996 – 1 ABR 4/96, NZA 1997, 613, 615; 14.12.1999 – 1 ABR 74/98, NZA 2000, 949, 952.

720 BAG 27.9.2005 – 1 ABR 41/04, NZA 2006, 273, 278, 280; 25.9.1996 – 1 ABR 4/96, NZA 1997, 613, 616.

Der Satzungsgeber des DGB behaftet den Schiedsspruch sogar mit einer Außenwirkung und verpflichtet die Gewerkschaften zur Durchsetzung desselben, Nr. 1 e) und f), Nr. 5 d) der Anlage 1 zur Satzung des DGB.[721]

Die Verbindlichkeit der Entscheidung im schiedsgerichtlichen Verfahren gilt auch nach der Rechtsprechung nicht nur im Verhältnis zwischen den beteiligten DGB-Gewerkschaften – nach dem BAG wird durch den Schiedsspruch die Frage der Tarifzuständigkeit auch für den tariflichen Gegenspieler bindend geklärt, er wirkt mithin erga-omnes, das heißt auch gegenüber Dritten.[722] Die Einigung im Vermittlungsverfahren hat im Übrigen dieselbe Wirkung.[723]

bb) Legitimation des Schiedsspruchs

Das BAG hält das schiedsgerichtliche Verfahren mit Blick auf die Vereinsautonomie für unbedenklich. Diese garantiere den Vereinen im Kern das Recht, sich die ihrem Zweck entsprechende Organisation selbst zu geben und den verfolgten Zweck frei zu bestimmen – dieses Selbstverwaltungsrecht könne auch in der Weise ausgeübt werden, dass es satzungsmäßig zu Gunsten Dritter beschränkt wird.[724] Die Anerkennung eines satzungsinterpretierenden Verfahrens diene dem legitimen Ziel der Gewerkschaften, eine möglichst effektive Gewerkschaftsarbeit durch Verhinderung von Zuständigkeitsüberschneidungen zu betreiben.[725] Nach dem BAG beruht der Schiedsspruch also auf einer vereinsrechtlichen Legitimation.

---

721 *Nr. 1 e): „Schiedsurteile und Einigungen im Rahmen eines Schiedsgerichtsverfahrens nach § 16 der DGB-Satzung interpretieren die Satzungen der Gewerkschaften des DGB im Innenverhältnis und mit verbindlicher Wirkung nach außen."*
Nr. 1 f): „Die von einem Schiedsurteil betroffenen Gewerkschaften sind verpflichtet, alle erforderlichen Maßnahmen zu treffen, um das Schiedsurteil wirksam werden zu lassen und den Organisationsstreit zu beenden.
Über die eingeleiteten Maßnahmen und Ergebnisse der Umsetzung des Schiedsurteils ist die/der Vorsitzende der Vermittlungsstelle innerhalb eines halben Jahres nach dem Vermittlungs- bzw. Schiedsgerichtsverfahrens schriftlich zu unterrichten."
Nr: 5 d): „Das Schiedsurteil hat unter den Parteien die Wirkung eines rechtskräftigen Urteils."

722 BAG 17.2.1970 – 1 ABR 15/69, BeckRS 1970, 104448; 25.9.1996 – 1 ABR 4/96, NZA 1997, 613, 615; 14.12.1999 – 1 ABR 74/98, NZA 2000, 949, 952.

723 *Nr. 1 c: […] Die Einigung hat die Wirkung eines Schiedsurteils;* BAG 17.2.1970 – 1 ABR 15/69, BeckRS 1970, 104448; 25.9.1996 – 1 ABR 4/96, NZA 1997, 613, 615; 14.12.1999 – 1 ABR 74/98, NZA 2000, 949, 952.

724 BAG 25.9.1996 – 1 ABR 4/96, NZA 1997, 613, 616.

725 BAG 25.9.1996 – 1 ABR 4/96, NZA 1997, 613, 616.

Die Entscheidungen des BAG hinsichtlich der Zulässigkeit der schiedsgerichtlichen Urteile und ihrer Außenwirkung hat in der Literatur viel Zuspruch erhalten. So wird vorgebracht, dass die Möglichkeit einer Fremdbestimmung durch Schiedsspruch aufgrund der Inkorporation der DGB-Satzung in den einzelnen Gewerkschaftssatzungen und der Anerkennung der DGB-Richtlinien statutarisch verankert und das schiedsgerichtliche Verfahren somit hinreichend legitimiert sei.[726] Die Legitimation des Schiedsverfahrens folge auch aus der Mitgliedschaft zum DGB, zu dem sich die DGB-Gewerkschaften freiwillig verpflichtet haben.[727] Teilweise wird sogar angeführt, dass es an einer Fremdbestimmung fehle, da die Gewerkschaften Teil des Dachverbandes seien.[728] Zudem wird vorgebracht, dass der Spruch eben keine gestaltende Wirkung auf die Satzung der Gewerkschaft habe, sondern lediglich im äußersten Falle eine Verwerfungskompetenz der Schiedsstelle darstelle und das Verfahren nicht zwingend mit einer „Entweder-Oder“ Lösung enden müsse, da die Schiedsgerichtsordnung mehrere Möglichkeiten – etwa die Einigung über Übergangszeiten oder die Bildung von Tarifgemeinschaften zulasse.[729]

Die Kritiker der Rechtsprechung bemängeln wiederum, dass es eine hinreichende Legitimation für den Schiedsspruch eben nicht gebe, unter anderem mangels demokratischer Rückbindung der Schiedsstelle.[730] Außerdem sei eine authentische Interpretation der Satzung nicht mit dem Grundsatz der Vereinsautonomie vereinbar – insbesondere, stelle das Prinzip „Ein Betrieb – eine Gewerkschaft“ keine legitime Zwecksetzung für eine Einschränkung der Vereinsautonomie durch Dritteinfluss dar, weil die einzelnen DGB-Gewerkschaften durchaus in der Lage seien dieses Prinzip in ihren eigenen Satzungen zu manifestieren.[731] Aus § 4a TVG folge außerdem, dass durch Zuständigkeitsüberschneidungen bedingte Tarifkollisionen nach dem Majoritätsprinzip zu lösen seien.[732] Zugleich wird verlangt, dass die vereinsrechtlichen Prämissen, die für einen

726 *Oetker* zu AP § 2 Tarifzuständigkeit Nr. 11, III 3 d) aa); Däubler/*Peter*, TVG, § 2 Rn. 193; a.A.: *Seeger*, Organisationskonflikte, S. 112 ff., wonach eine satzungsrechtliche Legitimation durch wirksame Inkorporation der DGB-Satzung eben nicht vorliege, da die pauschalen Verweise auf die DGB-Satzung dem Bestimmtheitserfordernis nicht genügten.

727 Däubler/*Peter*, TVG, § 2 Rn. 193; *Kempen*, FS Frhr. v. Hoyningen-Huene, S. 191, 199.

728 Kempen/Zachert/*Wendeling-Schröder*, TVG, § 2 Rn. 228.

729 *Zachert*, Tarifeinheit, S. 26, 46.

730 *Löwisch/Rieble*, TVG, § 2 Rn. 282, 293.

731 *Ricken*, Autonomie und tarifliche Rechtsetzung, S. 194 f.

732 MüHandbuch ArbR, *Klumpp*, § 233 Rn. 61.

Zustimmungsvorbehalt gelten, erst recht für den Schiedsspruch gelten müssten, sodass es einer Gleichbehandlung beider Sachverhalte bedürfe.[733] Zudem werden auch verfassungsrechtliche Bedenken geäußert – es sei bedenklich, ob der Schiedsspruch mit der Koalitionsfreiheit der Gewerkschaft vereinbar sei, da sie das Recht schütze, den Tätigkeitsbereich selbst festzulegen.[734] Einige Stimmen argumentieren auch mit dem Schutzbedürfnis der Arbeitgeberseite: Durch die Drittwirkung des Spruchs werde in die Koalitionsfreiheit derjenigen Arbeitgeber eingegriffen, deren Arbeitgeberverband die Tarifzuständigkeit abgesprochen wurde, da sich Arbeitgeber regelmäßig dem Verband anschließen, der für ihren Bereich wirksame Tarifverträge abschließt – hierbei orientiere sich der Arbeitgeber aber eben auch am Organisationsschema der Gegenseite.[735] Außerdem sei bedenklich, dass den Mitgliedern der zurückgewiesenen Gewerkschaft ihr Recht auf Normsetzung entzogen werde.[736]

cc) Bewertung

Zweifelhaft ist, ob die Vereinsautonomie und die Koalitionsfreiheit der Verbände mit einer authentischen Satzungsinterpretation durch Dritte vereinbar sind. Entgegen einiger Literaturstimmen[737] kann nicht davon ausgegangen werden, dass es bei der Schiedsstelle am Merkmal der Fremdheit – mithin an der Dritteigenschaft fehlt, da die Gewerkschaften keinen Einfluss auf die Besetzung aller Mitglieder des Schiedsgerichts haben – beispielsweise besetzt die Stelle des Vorsitzenden eine unparteiische Person, die vom Bundesvorstand des DGB gewählt wird, Nr. 3 S. 1, 3 der Anlage 2 zur Satzung des DGB. Bei der Schiedsstelle handelt es sich vielmehr um ein Vereinsorgan des DGB[738], sodass ein Schiedsspruch zwingend fremden Einfluss darstellt. Daher ist zu überprüfen, inwieweit ein Fremdeinfluss zulässig ist. Das Schiedsgericht handelt im Übrigen nach einer vom Bundesausschuss erlassenen Schiedsgerichtsordnung – die Mitglieder des Bundesausschusses werden allerdings nicht gewählt und repräsentieren schon gar nicht die Mitglieder- bzw. Delegiertenversammlungen, sondern sie werden von den Einzelgewerkschaften entsandt.[739]

733 *Konzen*, FS Kraft, S. 291, 313.

734 *Kraft*, FS Schnorr von Carolsfeld, S. 255, 268; *Heinze*, DB 1997, 2122, 2126.

735 *Kraft*, FS Schnorr von Carolsfeld, S. 255, 268; *Feudner*, BB 2004, 2297, 2302 f.

736 *Feudner*, BB 2004, 2297, 2302.

737 Kempen/Zachert/*Wendeling-Schröder*, TVG, § 2 Rn. 228.

738 *Ebert*, Zuständigkeit, S. 198.

739 *Rieble*, RdA, 26, 27.

Die durch Art. 9 Abs. 1 GG geschützte Vereinsautonomie garantiert den Mitgliedern die Selbstbestimmung über die eigene Organisation, das Verfahren ihrer Willensbildung und die Führung ihrer Geschäfte – eine Fremdbestimmung kann hiermit – insbesondere mit Blick auf die Satzungsautonomie der Verbände – in Konflikt geraten.[740] Die Selbstbestimmung über die Vereinsangelegenheiten ist jedoch kein unantastbarer Grundsatz.[741] Dies entspricht auch der Vorstellung des Gesetzgebers, der den § 32 BGB, wonach die Angelegenheiten des Vereins vom Vereinsvorstand oder einem anderen Vereinsorgan zu besorgen sind, nach § 40 BGB zum dispositiven Gesetzesrecht macht.[742] Selbiges gilt für den § 33 BGB, der für eine Satzungsänderung den Beschluss der Satzungsorgane des Vereins verlangt.[743] Ein Fremdeinfluss ist daher nicht per se unzulässig.

Trotz alledem darf – wie das BAG in Sachen IBM zutreffend betont hat – eine Selbstbeschränkung der Satzungsautonomie die eigene Willensbestimmung des Verbandes nicht vollständig zum Erliegen bringen.[744] Die Koalitionsfreiheit nach Art. 9 Abs. 3 GG als besondere Ausgestaltung der Vereinigungsfreiheit umfasst die Satzungsautonomie als Ausdruck der Betätigungsfreiheit. Die Entscheidung über die Tarifzuständigkeit ist zwingend eine autonome Entscheidung des Verbandes und vor jeder Fremdbestimmung zu bewahren.[745] Solange der Schiedsspruch die Tarifzuständigkeit eines Verbandes nicht selbst bestimmt, sondern sich im Rahmen der Auslegung an den Wortlaut der satzungsmäßigen Tarifzuständigkeit der Einzelgewerkschaft hält, wäre hierin keine unzulässige Fremdbestimmung zu sehen. Es bleibt den Verbänden überlassen, ihre Tarifzuständigkeit so genau zu bestimmen, dass ein nennenswerter Interpretationsspielraum für das Schiedsgericht nicht entsteht. Allerdings ist schon zweifelhaft, ob sich der Schiedsspruch wirklich immer nur auf eine Interpretation der Gewerkschaftssatzung beschränkt:

Das Schiedsurteil stellt nämlich die Tarifzuständigkeit der obsiegenden Gewerkschaft und die Unzuständigkeit der unterliegenden Gewerkschaft fest.[746] Ob dieses Ergebnis tatsächlich noch mit den Grenzen einer authentischen

740 BVerfG 1.3.1997 – 1 BvR 532/77, 1 BvR 533/77, 1 BvR 419/78, 1 BvL 21/78, NJW 1979, 699, 706; Anmerkung *Oetker* zu AP § 2 Tarifzuständigkeit Nr. 11, III 3 b).

741 *Oetker* zu AP § 2 Tarifzuständigkeit Nr. 11, III 3 b); BayObLG 23.8.1979 – BReg. 2 Z 14/79, BayObLGZ 1979, 303, 309.

742 *Oetker* zu AP § 2 Tarifzuständigkeit Nr. 11, III 3 b).

743 *Oetker* zu AP § 2 Tarifzuständigkeit Nr. 11, III 3 b).

744 BAG 27.9.2005 – 1 ABR 41/04, NZA 2006, 273, 278.

745 Vgl dazu: C.III.4.

746 *Ebert*, Zuständigkeit, S. 198.

Interpretation der Gewerkschaftssatzung vereinbar ist, ist jedoch zweifelhaft. Die streitenden Gewerkschaften haben ihre Tarifzuständigkeit vorab in ihren Satzungen festgelegt und beansprucht, sodass es sich gerade widersprüchlich verhält, würde man einer Gewerkschaft die sich aus ihrer Satzung ergebende Tarifzuständigkeit wieder absprechen, obwohl sie durch Satzung einen anders lautenden Willen kundgetan hat. Es handelt sich folglich nicht mehr um eine Interpretation der Gewerkschaftssatzung – das Schiedsurteil hat vielmehr gestaltenden Charakter[747] und schränkt die Tarifzuständigkeit ein, da die Gewerkschaft trotz ihrer satzungsmäßig gegebenen Zuständigkeit keine wirksamen Tarifverträge in dem Bereich schließen kann, in dem die Zuständigkeit durch das Schiedsgericht abgelehnt wurde. Der Spruch bindet nämlich auch die Arbeitsgerichte – auch das Beschlussverfahren nach §§ 2 a Abs. 1 Nr. 4, 97 Abs. 1 ArbGG ist gesperrt.[748] Die Verwendung der Begrifflichkeit der „authentischen Interpretation“ lenkt nur von der Tatsache ab, dass der tarifliche Zuständigkeitsbereich abgeschnitten – mithin im Sinne einer Verkürzung doch geändert wird, da das Schiedsgericht einer Partei die Tarifzuständigkeit zuweist und der andern abspricht. Eine derartige „Satzungsinterpretation“ wäre in diesem Sinne nur dann zulässig, wenn die Gewerkschaft nach ihrer Satzung schon nicht tarifzuständig wäre, dann dürfte das Schiedsurteil ihre Tarifzuständigkeit richtigerweise verneinen.

Sofern die Gegner der BAG-Rechtsprechung zur Drittwirkung schiedsgerichtlicher Urteile auf die Schutzbedürftigkeit der Arbeitgeberseite insistieren, ist dem vollumfänglich zuzustimmen. Das Urteil greift in die Koalitionsfreiheit der Arbeitgeber ein, die sich einen bestimmten Arbeitgeberverband im Vertrauen darauf ausgesucht haben, dass dieser mit einer bestimmten Gewerkschaft wirksame Tarifverträge schließt. Diese Entscheidung wird dadurch relativiert, dass der Schiedsspruch mit der Feststellung der Unzuständigkeit einer Gewerkschaft die Grundlage eines wirksamen Tarifvertrages entzieht. Zwar hat der Arbeitgeber keinen Anspruch auf Abschluss eines Tarifvertrages mit einer bestimmten Gewerkschaft, allerdings wird er sich in der Regel auf die tradierten gewerkschaftlichen Zuständigkeiten verlassen.[749] Das schiedsgerichtliche Verfahren ist im Übrigen rein innergewerkschaftlicher Natur und nicht öffentlich – der Arbeitgeber hat dementsprechend keine Möglichkeit, das

---

747 *Ricken* bezeichnet die authentische Interpretation des Gerichts wegen der Drittwirkung und der Überschreitung der Grenzen einer Auslegung sogar als *„rechtsschöpfenden Akt“*, *Ricken*, Autonomie und tarifliche Rechtsetzung, S. 181 f.

748 Däubler/*Peter*, TVG, § 2 Rn. 193.

749 *Feudner*, BB 2004, 2297, 2302.

Urteil nachzuvollziehen, sodass es zu überraschenden Änderungen der Tarifzuständigkeit führen kann – gegen die sich der Arbeitgeber mangels Existenz eines Rechtsmittels gegen den Schiedsspruch in der Regel nicht wehren können wird, was zu einer Beeinträchtigung der Parität führt.[750] Zudem ist auch an dieser Stelle die Einhaltung des Transparenzgrundsatzes bedenklich, da sich die Tarifzuständigkeit weder aus der Satzung der Gewerkschaften noch aus der Satzung des DGB ergibt. Sofern ein Arbeitgeber überhaupt zu der Idee gelangt, in die Satzungen mehrerer Gewerkschaften zu schauen, um die Überschneidungen von Tarifzuständigkeiten zu prüfen, muss er sich anschließend noch darüber vergewissern, ob zwischen den Gewerkschaften ein Konflikt ausgetragen wurde und welchen Inhalt das Schiedsurteil hat. Dieses wird aber grundsätzlich nicht veröffentlicht[751], sodass der Arbeitgeber weitere Anstrengungen vornehmen muss, um an die Information zu gelangen. Gleiches gilt für die Gewerkschaftsmitglieder, die vor dem Hintergrund der Tarifmacht ihres Verbandes wissen müssen oder zumindest die Möglichkeit der Kenntnisnahme darüber haben müssen, inwieweit sie sich der tariflichen Normsetzungsbefugnis unterwerfen. Auf den ersten Blick scheint die Rechtsprechung des BAG zur Verbindlichkeit des Schiedsspruchs konsequent, da Tarifverträge Normenwirkung entfalten und insofern Rechtssicherheit über die Frage der Tarifzuständigkeit bestehen muss. Dieser Grundsatz wird jedoch durch die fehlende Transparenz – der Schiedsspruch ist immerhin nicht öffentlich einsehbar – wieder revidiert.

4. Zwischenfazit

Die bundesarbeitsgerichtliche Behandlung des Zuwiderhandelns einer DGB-Gewerkschaft gegen das in der DGB-Satzung vorgesehene Zustimmungserfordernis bei einer Änderung der satzungsmäßigen Tarifzuständigkeit bestärkt die These, wonach Verstöße gegen Verbandssatzungen von Tarifvertragsparteien grundsätzlich nur im verbandsinternen Bereich Wirkung entfalten.

Unklar bleibt, wieso das BAG zwar Verstößen gegen das Zustimmungserfordernis keine Bedeutung im Außenverhältnis beimisst – jedoch den Schiedsspruch mit einer erga-omnes Wirkung behaftet, denn sowohl in der Allfloor- als auch in der IBM-Entscheidung arbeitete das Gericht deutlich heraus, dass eine freiwillig eingegangene Bindung an die Satzung des DGB einer autonomen Ausgestaltung der Tarifzuständigkeit in den eigenen Satzungen der

750 *Feudner*, BB 2004, 2297, 2302; ders. DB 2006, 1954, 1956, 1958.
751 *Löwisch/Rieble*, TVG, § 2 Rn. 282.

Mitgliedsgewerkschaften nicht entgegenstehen dürfe. Der Schiedsspruch entwertet die autonome Zuständigkeitsbestimmung aber, wenn eine grundsätzlich bestehende Tarifzuständigkeit zur Verhinderung von Konkurrenzsituationen im Nachhinein abgesprochen wird. Für eine Ungleichbehandlung beider Sachverhalte gibt es keine sachliche Rechtfertigung. Zudem ist anzumerken, dass es sich beim schiedsgerichtlichen Verfahren um ein rein internes Verfahren des DGB handelt und seinen Ursprung ausschließlich aus der DGB-Satzung und seinen Anlagen herleitet. Die Schiedsstelle ist nämlich kein Schiedsgericht im Sinne der §§ 1025 ff. ZPO, weil sie nicht von unbeteiligten und neutralen Dritten ausgeübt wird und daher als zusätzliches DGB-Vereinsorgan anzusehen ist.[752] Wenn aber der Schiedsspruch seine Kompetenz ausschließlich aus der Satzung des DGB nimmt, das BAG aber Verstößen gegen die Verbandssatzung einen rein verbandsinternen Charakter beimisst, dann stellt es einen Systembruch dar, wenn ein aus der Satzung entspringender Schiedsspruch Verbindlichkeit auch für außerhalb des Verbandes stehende Dritte entfalten soll. Der bundesarbeitsgerichtlichen Rechtsprechung zur Außenwirkung schiedsgerichtlicher Urteile ist daher nicht zuzustimmen.

V. Fallbeispiel 4: Die OT-Mitgliedschaft in Arbeitgeberverbänden

1. Einleitung

Dieses Fallbeispiel der OT-Mitgliedschaft ist in zweifacher Hinsicht für diese Arbeit von Relevanz:

Zum einen ist hier erneut die Frage der Tarifzuständigkeit tangiert, da Arbeitgeberverbände in der Vergangenheit versucht haben, über eine satzungsmäßige Begrenzung ihrer Tarifzuständigkeit eine Tarifbindung solcher Mitglieder zu vermeiden, die hieran kein Interesse hatten. Einem solchen Vorgehen hat das Bundesarbeitsgericht jedoch eine Absage erteilt, da die Frage der Tarifbindung und die der Tarifzuständigkeit streng voneinander zu trennen seien. Seitdem werden Zuständigkeitsregelungen in der Verbandssatzung, die sich lediglich auf die Vollmitglieder des Verbandes beschränken als unwirksam erachtet – mit der Folge, dass die Beschränkung im Außenverhältnis unwirksam ist und das betroffene Mitglied trotz entgegenstehendem Willen der Tarifbindung unterworfen wird.

752 BAG 25.9.1996 – 1 ABR 4/96, NZA 1997, 613, 616; 12.11.1996 – 1 ABR 33/96, NZA 1997, 612.

Zum anderen berührt dieses Fallbeispiel die im zweiten Teil dieses Abschnitts behandelte Frage, wie die Tarifbindung einzelner Mitglieder des Arbeitgeberverbandes verhindert werden kann. Sofern ein Verband ein Mitgliedschaftsmodell ohne Tarifbindung anbieten möchte, stellt die Rechtsprechung seit jüngerer Zeit strenge Voraussetzungen an die Verbandssatzung auf, die eine unmittelbare Einflussnahme dieser Mitglieder auf das tarifpolitische Wirken des Verbandes verhindern sollen. Im Rahmen dieses Abschnitts sollen die konkreten Satzungsanforderungen der Rechtsprechung und die Rechtsfolgen einer ungenügenden Satzungsgestaltung näher beleuchtet werden. Außerdem soll untersucht werden, mit welcher Begründung die Rechtsprechung in die Satzungsautonomie der Verbände eingreift. Hierbei spielen wiederum verfassungsrechtliche Erwägungen eine große Rolle. Zugleich soll im Rahmen eines Exkurses die Gastmitgliedschaft im Arbeitgeberverband behandelt werden, da die Rechtsprechung für die Zulässigkeit dieser Mitgliedschaft schon recht früh strenge Satzungsanforderungen aufgestellt hat.

2. Grundlagen der OT-Mitgliedschaft

Arbeitgeberverbände eröffnen Arbeitgebern die Möglichkeit, statt einer vollwertigen Mitgliedschaft, eine Mitgliedschaft ohne Verbandstarifbindung (sog. OT-Mitgliedschaft) zu begründen oder in eine solche zu wechseln. Das hat den Vorteil, dass diese Mitglieder die Tarifverträge des Arbeitgeberverbandes nicht für oder gegen sich nach § 3 Abs. 1 TVG gelten lassen müssen. Sie können aber dennoch die angebotenen Dienstleistungen – etwa eine Rechtsberatung – in Anspruch nehmen. Für Arbeitgeberverbände bietet sich der Vorteil, dass sie höhere Mitgliederbeiträge verzeichnen können, da auch OT-Mitglieder beitragspflichtig sind. Allerdings werden diese Mitglieder grundsätzlich von einer Einflussnahme auf die Tarifpolitik sowie von den arbeitskamprechtlichen Fragen des Verbandes ausgeschlossen (s. u.). Außerdem stehen dem OT-Mitglied wesentliche Rechte, die den Vollmitgliedern gebühren, nicht zu: Es fehlt beispielsweise die Arbeitskampfunterstützung oder eine gerichtliche Vertretung in arbeits- und sozialpolitischen Angelegenheiten.[753] Nach tarifrechtlichen Grundsätzen sind diese Arbeitgeber keine Verbandsmitglieder im Sinne des § 3 Abs. 1 TVG.[754] Nach vereinsrechtlichen Grundsätzen bleibt es aber bei einer „vollwertigen" Mitgliedschaft des OT-Mitglieds.[755]

---

753 *Höpfner*, ZfA 2009, 541, 543.
754 *Bayreuther*, BB 2007, 325, 326.
755 *Bayreuther*, BB 2007, 325, 326.

In den bundesarbeitsgerichtlichen Entscheidungen zur OT-Mitgliedschaft wurden bislang zwei Fragen diskutiert, die sich mit dem Themenkomplex der Außenwirkung von Satzungsregelungen auseinandersetzen.

Der erste Fall betrifft die Zulässigkeit einer satzungsmäßigen Beschränkung der Tarifzuständigkeit auf die jeweiligen Vollmitglieder des Arbeitgeberverbandes. Der zweite Fall behandelt die rechtlichen Anforderungen an eine Satzung für den Fall, dass ein Verband die OT-Mitgliedschaft anbietet.

3. Mitgliedschaftsbezogene Regelung der Tarifzuständigkeit?

In Konstellationen der OT-Mitgliedschaft stellt sich die Frage, inwieweit der Verband für seine OT-Mitglieder die Tarifzuständigkeit festlegen bzw. begrenzen kann. Früher versuchten Arbeitgeberverbände durch Satzungsregelung ihre Tarifzuständigkeit nur auf ihre Vollmitglieder festzulegen. Über diesen Weg sollte für alle anderen Mitglieder die Tarifbindung vermieden werden und zwar mit der Begründung, dass der Verband für sie keine Zuständigkeit besäße und die Tarifverträge daher bezüglich dieser Mitglieder unwirksam seien.

Seit 2006 ist dies nicht mehr möglich, da das BAG[756] diese Konstellation verworfen hat: Das Gericht ist der Ansicht, dass ein Arbeitgeberverband seine Tarifzuständigkeit nicht wirksam auf seine jeweiligen (Voll-)Mitglieder beschränken könne, eine mitgliedschaftsbezogene Regelung der Tarifzuständigkeit sei nicht wirksam. Es führte weiterhin aus, dass der Arbeitgeberverband jedoch in seiner Satzung eine Form der Mitgliedschaft vorsehen könne, die nicht zur Tarifgebundenheit nach § 3 Abs. 1 TVG führe. Die Frage der Tarifbindung und der Tarifzuständigkeit seien zwei unterschiedliche Rechtsinstitute und streng voneinander zu unterscheiden. Im Gegensatz zur Tarifgebundenheit sei die Tarifzuständigkeit eine rechtliche Eigenschaft des Arbeitgeberverbandes bzw. der Gewerkschaft. Die Festlegung der Tarifzuständigkeit gründe aus der grundrechtlich geschützten kollektiven Betätigungsfreiheit, wohingegen die Frage der Tarifgebundenheit auf der individuellen Koalitionsfreiheit des Arbeitgebers, also des Verbandsmitglieds beruhe. Dass der Verband seine Tarifzuständigkeit nicht wirksam auf seine jeweiligen Mitglieder beschränken könne, hänge insbesondere damit zusammen, dass die Tarifzuständigkeit ansonsten vom Willen der Mitglieder abhängig wäre, was mit der durch Art. 9 Abs. 3 GG geschützten Tarifautonomie unvereinbar sei. Durch Ein- bzw. Austritt eines Mitglieds würde sich die Zuständigkeit jedes Mal vergrößern bzw. verkleinern. Die Tarifzuständigkeit

756 BAG 18.7.2006 - 1 ABR 36/05, NZA 2006, 1225, 1228 ff.

müsse daher so abstrakt formuliert sein, dass diese eben nicht vom Ein- oder Austritt der Mitglieder abhänge. Als weiteres Argument gegen die Zulässigkeit einer mitgliedschaftsbezogenen Festlegung der Tarifzuständigkeit führt das BAG aus, dass ansonsten Dritte – insbesondere der tarifunterworfene Arbeitnehmer – allein anhand der Satzung die Tarifzuständigkeit nicht zuverlässig erkennen könnten, was gegen den Transparenzgrundsatz verstoßen würde.[757]

Es lässt sich zusammenfassen, dass das BAG entgegen seiner früheren Auffassung[758] sowie einiger früherer Literaturstimmen[759] anerkannt hat, dass die Zulässigkeit einer OT-Mitgliedschaft kein Problem der Tarifzuständigkeit, sondern der Tarifgebundenheit ist.[760]

Dem ist zuzustimmen. Klarzustellen bleibt, dass der Verband grundsätzlich in der Bestimmung seiner Tarifzuständigkeit frei ist. Wenn er über seine Tarifzuständigkeit in personeller Hinsicht entscheidet, so kann er aber nur über seinen *„tariflichen Aktionsradius"* bestimmen, indem er beispielsweise seine Zuständigkeit für leitende Angestellte etc. bestimmt.[761] Er darf hingegen nicht eine mitgliedschaftsbezogene Festlegung der Tarifzuständigkeit vornehmen (s.o.). Hierdurch würde der Verband die Voraussetzungen festlegen, unter denen die tarifliche Normgewalt Anwendung findet, was allein im Zuständigkeitsbereich des TVG liegt.[762] Die Regelungen des TVG wirken jedoch über den

---

757 BAG 18.7.2006 – 1 ABR 36/05, NZA 2006, 1225, 1230.

758 BAG 23.2.2005 – 4 AZR 186/04, NJOZ 2005, 4775, 4777: *„Die Frage der Zulässigkeit einer Mitgliedschaft ohne Verbandstarifbindung (OT-Mitgliedschaft) hängt davon ab, ob die Begrenzung der personellen Tarifzuständigkeit auf einen Teil der Verbandsmitglieder zulässig ist. Die Frage der Zulässigkeit einer OT-Mitgliedschaft ist deshalb eine Frage der Tarifzuständigkeit."*

759 *Buchner*, NZA 1994, 2, 5 ff.: *„Wenn jedes Mitglied eines Verbandes, sofern es mit seinem Arbeitsverhältnis in den räumlichen, betrieblichen und fachlichen Geltungsbereich eines Tarifvertrages fällt, notwendigerweise in die Tarifgeltung einbezogen werden muß und eine tarifliche Differenzierung in persönlicher Hinsicht gar nicht vorgesehen werden könnte, wäre es sinnlos, das Merkmal der Tarifzuständigkeit in persönlicher Hinsicht überhaupt einzuführen."*; ebenfalls: *Otto*, NZA, 1996, 624, 629: *„Es ist deshalb nicht erkennbar, warum eine ausdrückliche Herausnahme der OT-Mitglieder, die in sich eine klar abgrenzbare Gruppe bilden, aus der Tarifzuständigkeit nicht zulässig sein soll, während eine Feststellung der Tarifzuständigkeit und damit auch der „Tarifunzuständigkeit" nach allgemeinen geographischen, persönlichen und sachbezogenen Kriterien zulässig ist."*

760 HMB/*Höpfner*, Der Tarifvertrag, Teil 2 Rn. 154.

761 *Bayreuther*, BB 2007, 325, 326.

762 *Bayreuther*, BB 2007, 325, 326.

Mitgliederbestand hinaus.[763] Eine autonome Bestimmung der Tarifzuständigkeit darf nicht dazu führen, dass die gesetzgeberische Grundentscheidung nach § 3 Abs. 1 TVG umgangen wird.[764]

Nimmt man die verfassungsrechtlich garantierte Tarifautonomie des Verbandes ernst, so ergibt sich hieraus kein anderes Ergebnis. Durch eine Beschränkung der Tarifzuständigkeit auf seine tarifwilligen Vollmitglieder verlöre der Verband teilweise seine Dispositionsbefugnis über die Festlegung des Bereiches, für den er Tarifverträge abschließen möchte. Der Ein- und Austritt von Mitgliedern würde nicht nur die Zuständigkeitsgrenze unabhängig vom Willen des Verbandes verschieben. Er würde im Außenverhältnis auch die Grenzen wirksamer Tarifverträge festlegen, da ein Verband außerhalb seiner Tarifzuständigkeit keine rechtsgültigen Tarifverträge schließen kann (s.o.). Sofern ein Vollmitglied in die OT-Mitgliedschaft wechselt, wäre der Verband aufgrund der satzungsmäßigen Festlegung, dass er nur für Vollmitglieder Tarifzuständigkeit besitze, für dieses Mitglied nunmehr tarifunzuständig. Wechselt ein OT-Mitglied in die Vollmitgliedschaft, bestünde die Tarifzuständigkeit wieder. Die Zuständigkeitsgrenzen und damit auch der Bereich, für den wirksame Tarifverträge abgeschlossen werden können, würden nunmehr von einzelnen Mitgliedern und nicht vom Verband verändert werden.

Zusammengefasst ist also eine Satzungsregelung, mit der die Tarifzuständigkeit nur auf die Vollmitglieder des Verbandes beschränkt wird, unzulässig. Findet sich in der Verbandssatzung dennoch eine derartige Regelung wieder, ist das OT-Mitglied – trotz der beabsichtigten Tarifungebundenheit – im Außenverhältnis der Tarifbindung unterworfen, wenn die Verbandssatzung keine andere Regelung[765] zur Verhinderung der Tarifbindung von OT-Mitgliedern vorsieht. Der innerverbandliche Status als OT-Mitglied würde dem einzelnen Mitglied nichts nützen.

4. Anforderungen an eine wirksame OT-Mitgliedschaft

Arbeitgeberverbände bieten in der Regel zwei OT-Mitgliedschaftsmodelle an: Das Aufteilungs- und das Stufenmodell. Beim Aufteilungsmodell wird ein von der Tarifgemeinschaft separater OT-Verband gegründet, der nicht tarifwillig und somit auch nicht tariffähig ist und dem die Zuständigkeit für nichttarifliche Aufgaben obliegt.[766] Dieser Verband ist mithin nicht in den Abschluss von

763 *Löwisch/Rieble*, TVG, § 2 Rn. 379.
764 *Däubler*, NZA 1996, 225, 231.
765 Vgl. dazu sogleich: C.V.4.a).
766 HMB/*Höpfner*, Der Tarifvertrag, Teil 2 Rn. 151.

Tarifverträgen involviert. Auch die unmittelbare Einflussnahme auf die Tarifpolitik der Tarifgemeinschaft oder die Involvierung in Fragen des Arbeitskampfes ist ausgeschlossen. Im Rahmen des Stufenmodells werden in einem tariffähigen Verband zwei Arten von Mitgliedschaften akzeptiert. Es wird zwischen Vollmitgliedern und solchen ohne Tarifbindung unterschieden.[767] Letztere werden von der unmittelbaren Einflussnahme auf tarifpolitische Angelegenheiten ausgeschlossen.[768] Im Gegensatz zur Variante des Aufteilungsmodells war die Zulässigkeit einer OT-Mitgliedschaft im Stufenmodell bis vor kurzem lange umstritten.

a) Satzungsanforderungen an das Stufenmodell: Trennungsprinzip

Im Jahr 2006 hat das BAG[769] jedoch in einer Grundsatzentscheidung die prinzipielle Zulässigkeit der OT-Mitgliedschaft im Stufenmodell anerkannt und das Recht zur Einführung einer OT-Mitgliedschaft in dieser Form auf die Verbandsautonomie und die Koalitionsfreiheit der Arbeitgeberverbände gestützt: „*Dieses durch Art. 9 Abs. 3 GG garantierte Freiheitsrecht schützt ua. die Selbstbestimmung der Koalitionen über ihre eigene Organisation, das Verfahren ihrer Willensbildung und die Führung der Geschäfte. Dementsprechend unterfällt auch die Art und Weise der innerverbandlichen Organisation der Betätigungsfreiheit der Koalition.*“ Hieraus folge, dass die Verbände die Rechte und Pflichten ihrer Mitglieder auch in ihrer Satzung unterschiedlich ausgestalten und in dieser OT-Mitgliedschaften und Vollmitgliedschaften vorsehen können.[770] Durch die bloße Existenz einer OT-Mitgliedschaft werde auch nicht die Verhandlungsparität, die Voraussetzung einer funktionierenden Tarifautonomie ist, zwischen Arbeitgeberverband und Gewerkschaft in unzulässiger Weise zu Lasten der einen oder der anderen Seite beeinträchtigt.[771] Eine Störung des Kräftegleichgewichts liege durch das reine Anbieten einer solchen Mitgliedschaftsform noch nicht vor.[772]

Für die wirksame Begründung einer OT-Mitgliedschaft im Stufenmodell verlangt das BAG[773] jedoch, dass die Arbeitgeberverbände in ihrer Satzung dem

---

767 HMB/*Höpfner*, Der Tarifvertrag, Teil 2 Rn. 151.

768 HMB/*Höpfner*, Der Tarifvertrag, Teil 2 Rn. 151.

769 BAG 18.7.2006 – 1 ABR 36/05, NZA 2006, 1225, 1230 f.

770 BAG 18.7.2006 – 1 ABR 36/05, NZA 2006, 1225, 1230.

771 BAG 18.7.2006 – 1 ABR 36/05, NZA 2006, 1225, 1231.

772 BAG 18.7.2006 – 1 ABR 36/05, NZA 2006, 1225, 1231.

773 BAG 4.6.2008 – 4 AZR 419/07, NZA 2008, 1366, 1369 f.; 22.4.2009 – 4 AZR 111/08, NZA 2010, 105, 107 f.; 12.2.2014 – 4 AZR 450/12, BeckRS 2014, 67190.

Schutz der Tarifautonomie gerecht werden. Hierfür stellt es strenge Anforderungen an die Ausgestaltung der Satzung auf:

Neben der Abbedingung der Rechtsfolge des § 3 Abs. 1 TVG, wonach die Mitglieder der Tarifvertragsparteien tarifgebunden sind, fordert das BAG für die Wirksamkeit der OT-Mitgliedschaft, dass die Verbandssatzung sicherstellt, dass eine grundsätzliche Kongruenz zwischen der Gruppe derjenigen Arbeitgeber, die bei einem Tarifabschluss Mitentscheidungsrecht haben, und derjenigen, welche in der Folge an diesen gebunden sind, besteht: „*Die Funktionsfähigkeit der Tarifautonomie setzt einen rechtlichen Rahmen voraus, der es den Tarifvertragsparteien ermöglicht, im Verhandlungswege ausgewogene, den beiderseitigen Interessen möglichst angemessene Arbeits- und Wirtschaftsbedingungen festzulegen. Dieser rechtliche Rahmen muss gewährleisten, dass die Geschäftsgrundlage der Tarifvertragsverhandlungen mit derjenigen des Tarifabschlusses übereinstimmt.*“ Nur durch einen „*Gleichlauf von Verantwortlichkeit und Betroffenheit*“ hinsichtlich tarifpolitischer Entscheidungen bestehe eine hinreichende Wahrscheinlichkeit für beiderseits angemessene Interessenwahrnehmung. Gleiches gilt auch für die Involvierung bei Fragen des Arbeitskampfes.[774]

Aufgrund des Bedürfnisses einer für Arbeitgeber und Arbeitnehmer angemessenen Interessenwahrnehmung folgert das BAG, dass eine mitentscheidende Beteiligung von OT-Mitgliedern ausscheiden müsse. Die Verbandssatzung müsse „*wegen der an die Tarifgebundenheit anknüpfenden und ggf. weitreichenden Rechtswirkungen auch auf Dritte*“ eine klare und eindeutige Trennung der Befugnisse von Mitgliedern mit und ohne Tarifbindung vorsehen.[775]

Zusammengefasst möchte das BAG verhindern, dass OT-Mitglieder wie Vollmitglieder in Angelegenheiten der Tarifpolitik mitentscheiden können, obwohl diese nicht von der Wirkung des Tarifvertrages betroffen sind. Ähnliches gilt auch für Fragen des Arbeitskampfes, da dieser als Teil der Tarifverhandlungen anzusehen ist.[776] Das Interessenungleichgewicht, das durch eine unmittelbare Einflussnahme von OT-Mitgliedern auf tarif- und arbeitskampfpolitische Angelegenheiten entstehen würde, soll bereits durch die Satzung ausgeschlossen werden.

Das BAG verlangt für eine wirksame Ausgestaltung der OT-Mitgliedschaft zwingend, dass die Trennung zwischen den Kompetenzen der OT-Mitglieder und der Vollmitglieder durch eine Regelung in der Satzung erfolgt. Eine Regelung

---

774 BAG 4.6.2008 – 4 AZR 419/07, NZA 2008, 1366, 1370.
775 BAG 22.4.2009 – 4 AZR 111/08, NZA 2010, 105, 107.
776 *Niklas/de Diego/Weishaupt*, ArbRAktuell 2016, 158, 159.

im unterrangigen Vereinsrecht, beispielsweise in einer Geschäftsordnung, soll den Erfordernissen nicht genügen.[777] Dies folgert das BAG aus dem Grundsatz, dass „*die das Vereinsleben bestimmenden Grundentscheidungen als „Verfassung" des Vereins in die Satzung aufzunehmen*" seien. Diese würden vom demokratisch legitimierten Organ des Vereins – der Mitgliederversammlung – beschlossen. Dies betreffe „*nicht nur die Kontrolle der Mitglieder über solch grundlegenden Fragen wie die wirksame Begründung der Möglichkeit einer Verbandsmitgliedschaft ohne Tarifgebundenheit sondern auch die Bestandsfestigkeit und Kontinuität und damit das Ausmaß der Verbindlichkeit einer solchen Ordnung*". Geschäftsordnungen könnten leicht ohne Involvierung der Mitgliederversammlung durch das zuständige Gremium geändert werden. Außerdem sind diese im Gegensatz zu den Satzungen nicht öffentlich einsehbar, sodass die erforderliche Transparenz nicht gewährt werden könnte.[778] Für den wirksamen Beitritt oder Wechsel in eine OT-Mitgliedschaft ist im Falle einer fehlenden den Anforderungen entsprechenden Regelung in der Satzung eine Satzungsänderung erforderlich. Diese bedarf wegen § 71 Abs. 1 S. 1 BGB zusätzlich der Eintragung in das Vereinsregister, die konstitutiv wirkt.[779]

Im Ergebnis bedeutet dies, dass eine unmittelbare Beeinflussung von OT-Mitgliedern auf die Tarifpolitik des Verbandes sowie bei Fragen des Arbeitskampfes unzulässig ist.[780] Ausgeschlossen sind danach Entsendungen von OT-Mitgliedern in Tarifkommissionen sowie die Bestimmung der Kommissionsmitglieder unter Mitwirkung von OT-Mitgliedern[781], eine tarifpolitische Vertretung des Verbandes durch OT-Mitglieder im Außenverhältnis[782], die Mitwirkung in Aufsichtsorganen, die die Streikfonds verwalten[783] sowie die Teilnahme an Abstimmungen, in denen die tarifpolitischen Ziele festgelegt oder Ergebnisse von Tarifverhandlungen angenommen werden.[784]

---

777 BAG 21.1.2015 – 4 AZR 797/13, NZA 2015, 1521, 1525.

778 BAG 21.1.2015 – 4 AZR 797/13, NZA 2015, 1521, 1525.

779 MüKo BGB I 2015/*Arnold*, § 71 BGB Rn. 2 ff.

780 BAG 4.6.2008 – 4 AZR 419/07, NZA 2008, 1366, 1369 f.; 22.4.2009 – 4 AZR 111/08, NZA 2010, 105, 108 ff.; BVerfG 1.12.2010 – 1 BvR 2593/09, NZA 2011, 60, 61 – das die verfassungsrechtlichen Bedenken verneint.

781 BAG 4.6.2008 – 4 AZR 419/07, NZA 2008, 1366, 1370; 21.1.2015 – 4 AZR 797/13, NZA 2015, 1521, 1526.

782 BAG 4.6.2008 – 4 AZR 419/07, NZA 2008, 1366, 1370; 21.11.2012 – 4 AZR 27/11, NZA-RR 2014, 545, 546.

783 BAG 4.6.2008 – 4 AZR 419/07, NZA 2008, 1366, 1370; 22.4.2009 – 4 AZR 111/08, NZA 2010, 105, 108; 21.11.2012 – 4 AZR 27/11, NZA-RR 2014, 545, 546 f.

784 BAG 4.6.2008 – 4 AZR 419/07, NZA 2008, 1366, 1370.

Eine lediglich beratende Funktion in Bezug auf tarifpolitische Fragen ist nach der Rechtsprechung des BAG allerdings unbedenklich, da es den Verbänden jederzeit freistehe, sich durch vom Verband Außenstehende beraten zu lassen.[785]

Ein Verstoß gegen das Trennungsprinzip liegt beispielsweise vor, wenn eine Satzungsregelung vorsieht, dass eine *„Tarifkommission vom Präsidenten geführt"* wird, ohne eine Ausnahmeregelung für solche „Präsidenten" vorzusehen, die nicht tarifgebundene Arbeitgeber repräsentieren.[786]

Hingegen ist nicht erforderlich, dass in jeder einzelnen Norm der Verbandssatzung wiederholt wird, dass OT-Mitglieder in Tarif- und Arbeitskampfangelegenheiten keine unmittelbare Einflussnahme in tarifpolitischen Entscheidungen haben. Eine allgemeine, alle Einzelkonstellationen abdeckende Formulierung des Ausschlusses ist ausreichend.[787] Als ausreichend wurde folgende Formulierung erachtet:

> *„Bei Beschlußfassung über Tariffragen und Arbeitskampfmaßnahmen haben Mitglieder ohne Tarifbindung kein Stimmrecht."*

Hierdurch war im konkreten Fall eine hinreichende Absicherung von der unmittelbaren Einflussnahme auf tarifpolitische Fragen durch OT-Mitglieder gewährleistet.[788] Eine solche pauschale Formulierung ist indes nur ausreichend, wenn in der gesamten Satzung keine dieser Formulierung widersprechende Regelung vorhanden ist.[789]

Im Grunde wird die Rechtsprechung des BAG zu den satzungsrechtlichen Anforderungen an eine OT-Mitgliedschaft im Stufenmodell in der Literatur befürwortet. Allerdings werden teilweise andere Begründungsansätze für die Erforderlichkeit des Trennungsgebots verfolgt. Zum Teil wird das Trennungsgebot aus dem Erfordernis der demokratischen Binnenstruktur von Verbänden deduziert, da sie fremdbestimmte Tarifnormsetzung nicht erlaube.[790] Da das BAG[791] jedoch die Anforderungen an die demokratische Binnenstruktur für

---

785 BAG 4.6.2008 – 4 AZR 419/07, NZA 2008, 1366, 1370.

786 BAG 21.1.2015 – 4 AZR 797/13, NZA 2015, 1521, 1524 f.

787 BAG 21.1.2015 – 4 AZR 797/13, NZA 2015, 1521, 1524.

788 BAG 12.2.2014 – 4 AZR 450/12, BeckRS 2014, 67190.

789 Eine umfassende Begutachtung der konkreten Anforderungen an eine zulässige Satzungsgestaltung betreffend die OT-Mitgliedschaft im Stufenmodel bietet: *Brahmstaedt,* Die Mitgliedschaft im Arbeitgeberverband ohne Tarifbindung im Stufenmodell, S. 137 ff.

790 *Deinert,* RdA 2007, 83, 86: Sie ist insbesondere fremdbestimmt, weil nicht von der Normenwirkung Betroffene ein Mitwirkungsrecht beanspruchen.

791 BAG 28.3.2006 – 1 ABR 58/04, NZA 2006, 1112, 1117.

die Tariffähigkeit aufgeweicht hat, kann dieser Begründungsansatz nicht vollumfänglich überzeugen. Nach der höchstrichterlichen Rechtsprechung reicht es nämlich aus, wenn die grundsätzliche Gleichheit der Mitglieder und deren Teilnahme am innerverbandlichen Willensbildungsprozess in den Statuten des Verbandes sichergestellt ist. Durch die unmittelbare Einflussnahme von OT-Mitgliedern auf tarifpolitische Angelegenheiten des Verbandes werden Vollmitglieder allerdings nicht an der Teilnahme am Willensbildungsprozess gehindert.[792]

Andere[793] hingegen folgern die strengen Satzungsanforderungen aus dem „*Gebot der Unabhängigkeit*". So genießt ein Verband nur dann den Status der Koalition nach Art. 9 Abs. 3 GG und ist tariffähig, wenn er von Weisungen Dritter unabhängig ist.[794] Sofern tarif- und arbeitskampfpolitische Angelegenheiten betroffen sind, handele es sich bei OT-Mitgliedern um Dritte, da sie nicht unter die tarifliche Normsetzung fallen.[795]

Das Bundesverfassungsgericht[796] hat im Jahr 2010 die Rechtsprechung des BAG bestätigt und beschlossen, dass die strengen Satzungsanforderungen, die an die Wirksamkeit der OT-Mitgliedschaft geknüpft sind, verfassungsrechtlich zulässig sind, da die „*Funktionsfähigkeit der Tarifautonomie einen Belang von Verfassungsrang darstelle.*" Sie könne dann beeinträchtigt sein, wenn Mitglieder ohne Tarifbindung Einfluss auf Tarifverhandlungen und Arbeitskämpfe ausüben können. Durch den Ausschluss einer solchen Einflussnahme werde grundsätzlich verhindert, dass im Rahmen von Tarifverhandlungen sachfremde Ergebnisse erzielt würden.

Das BVerfG lieferte – im Gegensatz zum BAG – allerdings keine Begründung für die Frage, wieso das Trennungsprinzip zwingend in der Verbandssatzung manifestiert sein muss. Dennoch finden sich hierfür – unter Zuhilfenahme der BAG-Rechtsprechung[797] – auch verfassungsrechtlich tragfähige Argumente:

Insbesondere aufgrund der Tatsache, dass Verbände die OT-Mitgliedschaft autonom in ihrer Satzung festlegen können, ist es geboten, dass die Gerichte im Wege eines korrigierenden Eingriffs an diese Satzung bestimmte Anforderungen stellen, um eine Gefährdung der Funktionsfähigkeit der Tarifautonomie

792 *Höpfner*, ZfA 2009, 541, 548.
793 HMB/*Höpfner*, Der Tarifvertrag, Teil 2 Rn. 161; *Höpfner*, ZfA 2009, 541, 549 f.
794 BVerfG 1.3.1979 – 1 BvR 532, 533/77, NJW 1979, 699, 709 f.
795 HMB/*Höpfner*, Der Tarifvertrag, Teil 2 Rn. 161.
796 BVerfG 1.12.2010 – 1 BvR 2593/09, NZA 2011, 60, 61.
797 Vgl. dazu: C.V.4.a).

auszuschließen. Und eben weil bloße Richtlinien, Geschäftsordnungen oder einfach die bloße praktische Umsetzung des Trennungsgebots im Gegensatz zu einer Satzung leicht änderbar sind, ist eine satzungsrechtliche Verankerung geboten.

b) Verstoß gegen das Trennungsprinzip und Rechtsfolgen

Der wesentliche Kern dieses Abschnitts betrifft die Untersuchung der Rechtsfolgen unzulässiger Satzungsgestaltungen. Besteht trotz einer OT-Mitgliedschaft die Möglichkeit der unmittelbaren Einflussnahme auf die Tarifpolitik oder auf arbeitskampfrechtliche Entscheidungen, so ist zum einen umstritten, welcher Grad an Einflussnahmemöglichkeit noch zulässig ist, um von einer wirksamen OT-Mitgliedschaft zu sprechen und zum anderen, welche Rechtsfolgen die OT-Mitglieder treffen, wenn ein Verstoß gegen das Trennungsgebot bejaht wird.

aa) Grad der zulässigen Einflussnahme

Teilweise wird vertreten[798], dass allein die satzungsmäßige (abstrakte) Möglichkeit der Teilnahme an tarif- und arbeitskampfpolitischen Abstimmungen durch OT-Mitglieder noch nicht zu einem Verstoß gegen das Trennungsprinzip führe. Vielmehr sei eine tatsächliche Beeinträchtigung der Willensbildung des Verbandes erforderlich. Entscheidend sei, dass ein verhältnismäßig hoher Anteil an OT-Mitgliedern tatsächlich an der tarif- bzw. arbeitskampfpolitischen Abstimmung teilnehme und Entscheidungen von Vollmitgliedern beeinflussen könne.[799]

Demgegenüber lässt sich aus der Rechtsprechung des BAG[800] entnehmen, dass eine tatsächliche unmittelbare Einflussnahme auf tarifpolitische Entscheidungen nicht erforderlich ist, um einen Verstoß gegen das Trennungsprinzip zu begründen. Das BAG folgert einen solchen Verstoß schon aus der undeutlichen oder ungenügenden Ausgestaltung einer Satzung im Hinblick auf eine konkrete Abgrenzung der Mitgliedschaftsarten. Erforderlich sei die „*satzungsmäßig abgesicherte Autonomie des tarifwilligen Teils*“, um einen Verstoß gegen das Trennungsprinzip zu vermeiden.[801] Weiterhin führt das BAG aus:

---

798 HMB/*Höpfner*, Der Tarifvertrag, Teil 2 Rn. 162.

799 HMB/*Höpfner*, Der Tarifvertrag, Teil 2 Rn. 162.

800 Etwa BAG 22.4.2009 – 4 AZR 111/08, NZA 2010, 105, 109; 21.1.2015 – 4 AZR 797/13, NZA 2015, 1521, 1522 ff.; 13.4.2016 – 4 AZR 13/13, BeckRS 2016, 73326.

801 BAG 22.4.2009 – 4 AZR 111/08, NZA 2010, 105, 109.

„Dabei ist von der Rechtslage nach der Satzung auszugehen; eine eventuell abweichende Praxis kann für die Frage, ob die Trennung der beiden Mitgliederbereiche insbesondere hinsichtlich tarifpolitischer und arbeitskampfrechtlicher Entscheidungen ausreichend konsequent durchgeführt worden ist, nur in Ausnahmefällen Bedeutung haben, etwa bei bewusstem Satzungsverstoß oder sehr geringer Regelungsintensität der Satzung".[802]

Eine Begründung für die Frage, wieso die praktische Handhabung keine Rolle spielt, liefert das Gericht jedoch nicht.

Gegen die Rechtsprechung des BAG ist einzuwenden, dass das Interessengleichgewicht zwischen Verantwortlichkeit und Betroffenheit eigentlich noch nicht gestört sein kann, nur weil keine Satzungsregelung vorhanden ist, die das Trennungsprinzip manifestiert. Das BAG berücksichtigt an dieser Stelle die tatsächlichen Verhältnisse im Verband nicht. Es reicht hiernach nicht aus, wenn nur in der praktischen Durchführung verhindert wird, dass OT-Mitglieder eine entsprechende Einflussnahme ausüben. Eine tatsächliche Störung des Gleichgewichts und damit der Funktionsfähigkeit der Tarifautonomie ist grundsätzlich erst in dem Moment anzunehmen, indem tatsächlich eine unmittelbare Beeinflussung durch ein OT-Mitglied stattfindet. Dies ist jedenfalls dann anzunehmen, wenn so viele OT-Mitglieder Einfluss ausüben, dass sie allein aufgrund ihrer Anzahl die Entscheidung der Vollmitglieder überstimmen können.

Andererseits bestehen auch überzeugende Argumente für die Rechtsprechung des BAG: Zum einen schadet es auch, wenn Verbände zwar das Trennungsprinzip ordnungsgemäß in ihrer Satzung vorsehen, aber in der praktischen Durchführung dagegen verstoßen. Folglich lässt die Rechtsprechung die tatsächlichen Verhältnisse nicht außer Acht, sondern verlangt vielmehr größtmöglichen Schutz. Es soll weder konkret noch abstrakt die Möglichkeit bestehen, dass OT-Mitglieder unmittelbaren Einfluss auf die Tarifpolitik des Verbandes ausüben können. Zum anderen kann davon ausgegangen werden, dass die Verfestigung in der Satzung mehr Verbindlichkeitscharakter aufweist: Auch wenn die Satzung keine Norm, sondern lediglich normähnlichen Charakter hat, werden dort enthaltene Vorgaben empirisch gesehen mehr Beachtung finden, als formlos in Geltung gesetzte Regeln, sodass die Gefahr des Interessenungleichgewichts geschmälert wird. Die Rechtsprechung des BAG zur zwingenden satzungsrechtlichen Fixierung des Trennungsgebotes ist zustimmungswürdig.

---

802 BAG 22.4.2009 – 4 AZR 111/08, NZA 2010, 105, 111.

bb) *Rechtsfolgen im Falle einer fehlenden oder ungenügenden Satzungsregelung*

Klärungsbedürftig sind die Rechtsfolgen im Falle einer fehlenden Regelung betreffend das Trennungsprinzip beziehungsweise bei einer festgestellten ungenügenden Satzungsgestaltung. Im Hinblick auf die Rechtsfolgen wird zwischen der Konstellation, dass ein Vollmitglied in die OT-Mitgliedschaft wechselt und derjenigen, dass ein Nichtmitglied in den Verband als OT-Mitglied eintreten möchte, differenziert.[803]

(i) *Wechsel in die OT-Mitgliedschaft*

Das BAG[804] hatte bislang nur den Fall des Wechsels von der Vollmitgliedschaft in die OT-Mitgliedschaft zu entscheiden. Ein Verstoß gegen das Trennungsprinzip führte hiernach zur Unwirksamkeit des Wechsels, sodass es bei der Tarifbindung des Mitglieds nach § 3 Abs. 1 TVG blieb.[805]

Ist der Wechsel in die OT-Mitgliedschaft hingegen zulässig, weil das Trennungsprinzip in der Verbandssatzung berücksichtigt wurde, so verbleibt es zunächst bei der Nachbindung gem. § 3 Abs. 3 TVG bis der Tarifvertrag endet.[806] Nach Ablauf des Tarifvertrages kann es zur Nachwirkung gem. § 4 Abs. 5 TVG kommen, sodass die Rechtsnormen des Tarifvertrages weiter gelten, bis sie durch eine andere Abmachung ersetzt werden.[807] Das BAG setzt den Wechsel in die OT-Mitgliedschaft mit dem vollständigen Verbandsaustritt gleich.[808]

Eine erste Bewertung dieser Rechtsprechung zeigt, dass die Rechtsfolgen der Tarifbindung im Falle eines unzulässigen Wechsels in eine OT-Mitgliedschaft nicht allzu schwer wiegen. Die Normsetzungsbefugnis der Tarifparteien und damit auch des Arbeitgeberverbandes gründen nach hiesiger Auffassung neben dem staatlichen Geltungsbefehl auch auf der Legitimation des Verbandsmitglieds, das sich durch seinen ursprünglichen Beitrittsakt der Tarifmacht des

---

803 HMB/*Höpfner*, Der Tarifvertrag, Teil 2 Rn. 163; *Thüsing/Stelljes*, ZfA 2005, 527, 569 ff.
804 BAG 22.4.2009 – 4 AZR 111/08, NZA 2010, 105, 108.
805 BAG 22.4.2009 – 4 AZR 111/08, NZA 2010, 105, 108 f., 111.
806 BAG 25.2.2009 – 4 AZR 986/07, NJOZ 2009, 4640, 4644 ff.; 20.5.2009 – 4 AZR 230/08, NZA-RR 2010, 591, 593.
807 BAG 25.2.2009 – 4 AZR 986/07, NJOZ 2009, 4640, 4648; 20.5.2009 – 4 AZR 230/08, NZA-RR 2010, 591, 594.
808 BAG 25.2.2009 – 4 AZR 986/07, NJOZ 2009, 4640, 4645; 20.5.2009 – 4 AZR 230/08, NZA-RR 2010, 591, 594.

Verbandes unterworfen hat. Ist der Wechsel in die OT-Mitgliedschaft also unwirksam, wirkt sich die ursprüngliche Legitimation noch aus.

(ii) Neueintritt als OT-Mitglied

Für den Fall des erstmaligen Neueintritts als OT-Mitglied ist im Schrifttum umstritten, welche Rechtsfolgen ein satzungsmäßiger Verstoß gegen das Trennungsprinzip herbeiführt. Teilweise wird befürwortet, das OT-Mitglied als Vollmitglied zu behandeln mit der Rechtsfolge der Tarifbindung nach § 3 Abs. 1 TVG.[809] Teilweise wird der Beitritt wegen Perplexität als nichtig angesehen, insbesondere weil das Mitglied offensichtlich eine Mitgliedschaft ohne Tarifbindung beabsichtigt und diese Vorstellung zum Vertragsinhalt macht, sodass die Rechtsfolge der Tarifbindung zu einer inneren Widersprüchlichkeit führt, die anders als durch Unwirksamkeit des Beitritts nicht sinnvoll gelöst werden kann.[810] Andere hingegen favorisieren den Weg über „das Verbot widersprüchlichen Verhaltens", sodass der Beitritt als OT-Mitglied zwar als wirksam angesehen wird, das OT-Mitglied jedoch unter die Tarifbindung fällt, soweit es an der tarifpolitischen Willensbildung teilgenommen hat und für diese Fälle wie ein Vollmitglied behandelt wird.[811] Ein satzungsmäßiger Verstoß[812] gegen das Trennungsgebot hat mithin zumindest für den Wechsel in die OT-Mitgliedschaft und nach der wohl herrschenden Ansicht in der Literatur auch im Falle des erstmaligen Eintritts in den Verband als OT-Mitglied unmittelbare Außenwirkung im Sinne einer Tarifbindung.

Eine erste inhaltliche Auseinandersetzung mit dieser Rechtsfolge verdeutlicht, dass im Gegensatz zur Konstellation des Wechsels in die OT-Mitgliedschaft der ursprüngliche Beitrittsakt des Mitglieds schwerlich als Legitimation zur Tarifnormsetzung bewertet werden kann, da das Mitglied durch die Wahl einer OT-Mitgliedschaft eben verdeutlicht hat, dass es sich der Normsetzung nicht unterwerfen will. Somit kann der Verbandsbeitritt nicht zum Anknüpfungspunkt

---

809 *Bayreuther*, BB 2007, 325 f.; in diese Richtung: *Kobler*, Fremdeinflüsse, S. 161, der die Rechtsfolge der Tarifbindung als angemessen einstuft, wenn das jeweilige Mitglied entscheidenden Einfluss auf die tarifliche Willensbildung des Arbeitgeberverbandes nehmen konnte.

810 *Thüsing/Stelljes*, ZfA 2005, 527, 570 ff.

811 HMB/*Höpfner*, Der Tarifvertrag, Teil 2 Rn. 166.

812 Die strengste Ansicht vertreten *Löwisch/Rieble* in: TVG, § 3 Rn. 64, 156 ff.: Hiernach kann ein Verstoß gegen das Trennungsprinzip zum Verlust der Tariffähigkeit des Arbeitgeberverbandes führen, da der Verband in seiner Willensbildung und seiner kollektiven Selbstbestimmung gestört sei.

für die Tarifmacht des Arbeitgeberverbandes gemacht werden. Für diese Konstellationen werden jedoch die Vorteile der Kombinationslehre[813] sichtbar, deren zusätzlicher delegatorische Ansatz über diese Problematik hinweghilft.

5. Bewertung

a) Erforderlichkeit der Rechtsfolge der Tarifbindung

Seit der grundlegenden Entscheidung des BAG aus dem Jahr 2006 wird die Zulässigkeit von OT-Mitgliedschaften als Frage der Tarifgebundenheit und nicht als Frage der Tarifzuständigkeit behandelt. Verbänden steht es frei, in ihren Satzungen OT-Mitgliedschaften im Stufenmodell anzubieten. Die Satzungsautonomie wird jedoch nicht einschränkungslos gewährt. Begrenzt eine Satzung nicht im ausreichenden Maße die Rechte eines OT-Mitglieds und besteht daher die Möglichkeit der unmittelbaren Einflussnahme auf die Tarif- oder Arbeitskampfpolitik des Arbeitgeberverbandes, so wird das OT-Mitglied wie ein Vollmitglied mit Tarifbindung behandelt. Der Verstoß gegen das Trennungsgebot begründet mithin unmittelbare Außenwirkung.

Diese Rechtsfolge ist aber aus verfassungsrechtlichen Gründen erforderlich: Sie soll das Gleichgewicht der Tarif- und Arbeitskampfbetroffenheit der Arbeitnehmer sowie der Vollmitglieder des Arbeitgeberverbandes herstellen. Wie bereits festgestellt[814] ist der Staat im Rahmen der Tarifautonomie zur Intervention befugt, wo es struktureller Voraussetzungen bedarf, um zu ermöglichen, dass Tarifverhandlungen einen fairen Ausgleich schaffen und angemessene Wirtschafts- und Arbeitsbedingungen hervorbringen können.[815]

Die Rechtsfolge der Tarifbindung steht auch nach der Rechtsprechung des Bundesverfassungsgerichts[816] im Einklang mit der Verfassung. Ein Verstoß gegen die individuelle Koalitionsfreiheit des Arbeitgebers, der nur formales OT-Mitglied ist, liegt nach Ansicht des Gerichts nicht vor. Zwar hat das BVerfG nicht abschließend entschieden, ob der Schutzbereich der Koalitionsfreiheit in solchen Konstellationen eröffnet ist und ob ein Eingriff in die Koalitionsfreiheit vorliegt, ein solcher wäre allerdings zur Erhaltung der Funktionsfähigkeit der Tarifautonomie, die einen Belang von Verfassungsrang darstelle, gerechtfertigt.

---

813 Vgl. dazu: B.III.2.b)dd)(iii).

814 B.III.2.c)cc).

815 BVerfG 11.7.2017 – 1 BvR 1571/15, 1 BvR 1588/15, 1 BvR 2883/15, 1 BvR 1043/16, 1 BvR 1477/16, NZA 2017, 915, 918.

816 BVerfG 1.12.2010 – 1 BvR 2593/09, NZA 2011, 60, 61.

Die Verhandlungsparität sei durch die Einflussnahme nicht tarifgebundener Mitglieder auf tarifpolitische Fragen gestört. Nur der Eingriff im Sinne einer Tarifbindung könne das strukturell gestörte Verhandlungsgleichgewicht wiederherstellen.

Zutreffend wird in der Literatur festgestellt,[817] dass eine unzulässige Satzungsgestaltung im Rahmen der OT-Mitgliedschaft im Außenverhältnis nicht dazu führt, dass der Tarifvertrag unwirksam ist, sondern eine *„erweiterte Wirksamkeit“* zur Folge hat, da Arbeitgeber entgegen ihrem Willen von der Tarifbindung betroffen sind. Die Gefahr eines Ungleichgewichts zwischen Verantwortlichkeit und Betroffenheit rechtfertigt diese Rechtsfolge jedoch, da eine unmittelbare Einflussnahme auf tarifpolitische Entscheidungen ansonsten sanktionslos wäre und nur die Position der Arbeitnehmer negativ beeinflussen könnte, da sie wegen des Ungleichgewichts von unsachgerechten Tarifverhandlungsergebnissen betroffen wären und die materielle Richtigkeit von Tarifverträgen nicht mehr gewährleistet wäre.

Zudem wäre auch die Position der Arbeitgeber, die im Verband eine Vollmitgliedschaft innehaben, negativ berührt. Auch sie könnten durch die Einflussnahme nicht tarifgebundener Arbeitgeber von unsachgerechten Tarifergebnissen betroffen sein, wenn sich etwa durch die Teilnahme von OT-Mitgliedern die im Tarifvertrag verfolgten Interessenschwerpunkte verschieben. Auch dies gefährdet die Funktionsfähigkeit der Tarifautonomie.

Möglich wäre jedoch, wie in den Fällen des Handelns außerhalb der satzungsmäßig vorgegebenen Tarifzuständigkeit auch im Rahmen der OT-Mitgliedschaft – also in Fällen des Verstoßes gegen das Trennungsgebot wegen einer unzulässigen Satzungsgestaltung – ebenfalls die Rechtsfolge der Nichtigkeit des Tarifvertrages oder mit *Löwisch/Rieble*[818]den Verlust der Tariffähigkeit des Verbandes anzuerkennen statt einzelne Arbeitgeber unter die Tarifbindung fallen zu lassen, die an einer solchen nicht interessiert sind. Dies ist jedoch aus mehreren Gründen abzulehnen:

Zum einen existiert für die Rechtsfolge der Nichtigkeit des Tarifvertrags schon keine Rechtsgrundlage. Es besteht gar kein Bedürfnis dafür – wie im Falle des Handelns außerhalb der Tarifzuständigkeit[819] – eine solche Rechtsfolge aus Art. 9 Abs. 3 GG in Verbindung mit rechtsstaatlichen Grundsätzen zu folgern. Dort wurde durch ein Handeln außerhalb des tariflichen Zuständigkeitsbereiches

---

817 *Stoppelmann*, Tariffähigkeit und Tarifzuständigkeit, S. 161 f.

818 *Löwisch/Rieble*, TVG, § 3 Rn. 64, 156 ff.

819 Vgl. dazu: C.III.5.f)cc).

die demokratische Legitimationskette zur Tarifnormsetzung unterbrochen, daher war die Nichtigkeitsfolge des Tarifvertrages aus verfassungsrechtlichen Gründen konsequent. Durch die bloße Einflussnahme von OT-Mitgliedern auf Fragen der Tarifpolitik ist die Legitimationskette für die Tarifnormsetzung aber nicht unterbrochen, da es sich bei den an den Entscheidungen teilnehmenden OT-Mitgliedern schließlich um Verbandsmitglieder handelt und der tarifschließende Verband für den Abschluss des Tarifvertrages und für die damit verbundene Tarifnormsetzung durch seine Vollmitglieder demokratisch legitimiert wurde. Hingegen existiert für die Rechtsfolge der Tarifbindung von OT-Mitgliedern in § 3 Abs. 1 TVG eine Rechtsgrundlage. Außerdem wäre die Rechtsfolge der Nichtigkeit des Tarifvertrages den Arbeitnehmern und den Vollmitgliedern gegenüber unverhältnismäßig. Sobald ein OT-Mitglied unzulässige Einflussnahme ausübt oder eine unzulässige Satzungsausgestaltung vorliegt, wäre der Tarifvertrag unwirksam. Die Wirksamkeit des Tarifvertrages würde zum einen vom korrekten Verhalten einzelner OT-Mitglieder abhängen, zum anderen könnte – im Extremfall – nur eine einzige widersprüchliche oder unsauber formulierte Klausel, die zur Folge hat, dass OT-Mitglieder die abstrakte Einflussnahmemöglichkeit auf die Tarifpolitik des Arbeitgeberverbandes erlangen, zur Unwirksamkeit des Tarifvertrages führen. Dies hätte eine unzumutbare Rechtsunsicherheit zur Folge.

Denkbar wäre auch eine lediglich innerverbandliche Sanktionierung von OT-Mitgliedern, die an der tariflichen Willensbildung unmittelbar teilnehmen bzw. teilnehmen können. Dagegen spricht jedoch, dass hierdurch die Problematik des Ungleichgewichts zwischen Verantwortlichkeit und Betroffenheit und der gestörten Verhandlungsparität nicht behoben würde. Die Tarifbindung – also eine Rechtsfolge, die sich unmittelbar im Außenverhältnis auswirkt, ist einziges probates Mittel zur Wiederherstellung des Interessengleichgewichts und der Verhandlungsparität.

Als Zwischenergebnis lässt sich festhalten, dass die Rechtsfolge nicht zwingend in der Rechtswidrigkeit des Handelns – beispielsweise im Sinne eines unwirksamen Tarifvertrages – liegen muss. Vielmehr kann auch eine erweiterte Wirksamkeit eines Rechtsgeschäfts die Folge des Verstoßes gegen das satzungsmäßige Trennungsgebot sein.

b) *Erforderlichkeit der satzungsrechtlichen Manifestation des Trennungsgebots*

Auffällig ist, dass die Rechtsprechung sich so beharrlich auf die Satzung konzentriert und nicht erst dann die Rechtsfolge der Tarifbindung annimmt, wenn ein OT-Mitglied tatsächlich unmittelbaren Einfluss auf die Tarifpolitik ausübt. Schon die abstrakte unmittelbare Einflussnahmemöglichkeit durch Satzung reicht für die Annahme der Unzulässigkeit der OT-Mitgliedschaft aus. Wie oben bereits ausgeführt, hängt dies mit dem Verbindlichkeitscharakter der Satzung zusammen. Auf diese Weise wird ein optimaler Schutz der Arbeitnehmer und der Vollmitglieder vor sachwidrigen Tarifergebnissen gewährleistet, denn die Funktionsfähigkeit der Tarifautonomie fordert eine angemessene Interessenwahrnehmung.

Auch die Beweisnot der einzelnen Arbeitnehmer könnte eine Rolle spielen und maßgeblich zu dem Umstand beitragen, dass das Trennungsgebot satzungsrechtlich fixiert sein muss: Wie soll der einzelne Arbeitnehmer, der aus einem Tarifvertrag Ansprüche gegen seinen Arbeitgeber erhebt, beweisen, ob hinter verschlossenen Türen durch OT-Mitglieder tarifpolitisch relevanter unmittelbarer Einfluss ausgeübt wurde? Er wird gar nicht beweisen können, ob sein Arbeitgeber nur dem Anschein nach OT-Mitglied ist, also wegen einer tatsächlichen Beeinflussung der Tarifpolitik der Tarifbindung unterfällt oder tatsächlich von der Tarifpolitik ausgeschlossen wurde. Der einzelne Arbeitnehmer wird sich nur auf die Satzungsregelung des Arbeitgeberverbandes seines Arbeitgebers berufen können, die entweder zulässig oder eben unzulässig ausgestaltet ist bzw. nicht vorhanden ist, sodass in letzterer Konstellation sein Arbeitgeber der Tarifbindung unterfällt. Arbeitgeberverbände wählen grundsätzlich die Rechtsform des eingetragenen Vereins. Die Satzungen eingetragener Vereine sind ohne weiteres bei dem das Vereinsregister führenden Gericht und zwar für jedermann ohne besondere Voraussetzungen, einsehbar, § 79 Abs. 1 S. 1 BGB. Dies erleichtert dem Arbeitnehmer die Prüfung der Frage, ob sein Arbeitgeber wirklich die Rolle des OT-Mitglieds einnimmt oder vielmehr tarifgebunden ist. Zwar wird ein Auskunftsanspruch des einzelnen Arbeitnehmers hinsichtlich der Frage der Tarifbindung seines Arbeitgebers nach § 3 S. 1 NachwG diskutiert[820], jedoch müsste ein solcher Anspruch im Zweifel erst eingeklagt werden, wenn die Gegenpartei nicht kooperiert. Leichter dürfte ein Blick in die Satzung des Arbeitgeberverbandes sein, um diese Frage zu beantworten. Aus Sicht des Arbeitnehmerschutzes scheint es also sinnvoll, das Trennungsgebot in der Satzung zu fixieren.

Die satzungsrechtliche Fixierung des Trennungsgebots hat zudem eine weitere Schutzrichtung: Zum einen wird der Schutz der Vollmitglieder und der Arbeitnehmer vor einer Einflussnahme von OT-Mitgliedern durch eine Satzungsregelung intensiviert, weil sie nicht leicht zu ändern ist und einen hohen

---

820 Däubler/*Peter*, TVG, § 2 Rn. 142.

Grad an Verbindlichkeit aufweist. Zum anderen sorgt sie auch dafür, dass für Dritte – etwa für aufnahmeinteressierte Arbeitgeber – die Mitgliedschaftsverhältnisse transparent werden.

Auch die arbeitsgerichtliche Rechtsprechung ist der Ansicht, dass die satzungsmäßige Manifestation des Trennungsgebots auch dem Schutz Dritter dient. Dies hat das BAG[821] deutlich in seiner jüngsten Entscheidung zu den Voraussetzungen einer wirksamen Satzungsgestaltung im Hinblick auf die Begründung einer OT-Mitgliedschaft angesprochen:

> *„Ferner ist nur die Satzung selbst im Vereinsregister veröffentlicht und jedermann zugänglich. Auf diese vom Gesetz verlangte Publikation kann nicht nach den Umständen des Einzelfalls verzichtet werden. Die erforderliche Transparenz ist insbesondere für die Mitglieder selbst, für aufnahmeinteressierte Unternehmen, aber auch für die gegnerische Koalition von Bedeutung“.*[822]

Will ein Vollmitglied in die OT-Mitgliedschaft wechseln, bedarf es einer satzungsrechtlichen Grundlage. Sofern eine solche nicht vorliegt ist eine Satzungsänderung erforderlich, die erst mit Eintragung in das Vereinsregister wirksam wird (s.o.). Erst dann wird die Satzungsänderung sowohl im Innenverhältnis als auch im Außenverhältnis wirksam, d.h. sie wirkt ex nunc.[823] Hintergrund dieser Vereinsregistereintragung ist zum einen die nochmalige Prüfung der Zulässigkeit der Regelung durch das Registergericht.[824] Zum anderen sichert sie die notwendige Transparenz, da die Satzung für jedermann zugänglich ist, sodass ihre Änderungen ebenfalls publiziert werden müssen.[825]

6. Zwischenfazit

Es lässt sich zusammenfassen,

- dass das Trennungsgebot nicht nur dem Schutz der vom Tarifvertrag betroffenen Arbeitnehmer dient, sondern auch den „vollwertigen“ Verbandsmitgliedern, da beide Parteien der Gefahr sachwidriger Tarifergebnisse ausgesetzt sind.
- dass die satzungsrechtliche Manifestation des Trennungsprinzips wegen des Verbindlichkeitscharakters einer Satzung erforderlich ist, um eine Ernstnahme

821 BAG 21.1.2015 – 4 AZR 797/13, NZA 2015, 1521, 1525.

822 BAG 21.1.2015 – 4 AZR 797/13, NZA 2015, 1521, 1525.

823 MüKo BGB I 2015/*Arnold*, § 71 BGB Rn. 2 ff.

824 MüKo BGB I 2015/*Arnold*, § 71 BGB Rn. 2.

825 BAG 21.1.2015 – 4 AZR 797/13, NZA 2015, 1521, 1525.

des Trennungsgebots zu gewährleisten und, um ebenfalls den Transparenzerfordernissen gerecht zu werden.
- dass die unmittelbare Außenwirkung im Sinne der Tarifbindung von OT-Mitgliedern als Folge eines Verstoßes gegen das Trennungsgebot ebenfalls den Schutz der Vollmitglieder und der vom Tarifvertrag betroffenen Arbeitnehmer bezwecken soll, um das Interessengleichgewicht mit Blick auf die Betroffenheit der Tarifverhandlungen und die Verhandlungsparität herzustellen. Verfassungsrechtliche Gründe erfordern mithin, dass eine unzureichende Satzungsgestaltung eines Verbandes ausnahmsweise Außenwirkung entfaltet.

Für die Praxis wird daher eine sehr sorgfältig ausgearbeitete Satzung im Hinblick auf die Ausgestaltung der Rechte und Befugnisse der OT-Mitglieder von Relevanz sein, wenn Arbeitgeberverbände eine wirksame OT-Mitgliedschaft im Stufenmodell anbieten wollen. Wird der Arbeitgeberverband dem nicht gerecht, wirkt sich die unzulässige Ausgestaltung der Satzung unmittelbar im Außenverhältnis aus, da sich Arbeitnehmer auf die Tarifbindung einzelner formaler OT-Mitglieder berufen können.

7. Exkurs: „OT-Mitgliedschaft" in Gewerkschaften?

Löwisch und *Rieble*[826] diskutieren, ob die gleichen Wertungen, die für OT-Mitglieder in Arbeitgeberverbänden gelten, auch für das „Parallelproblem" in Gewerkschaften Anwendung finden. Beispielsweise können auch Beamte, Schüler, Studenten und Arbeitslose[827] Gewerkschaftsmitglied sein. Auch diese Mitglieder haben nach der Satzung umfangreiche Rechte – eine Beschränkung der Mitgliedschaftsrechte im Wege eines Trennungsprinzips ist in den Gewerkschaftssatzungen allerdings nicht vorgesehen. Dies sei mit Blick auf Art. 9 Abs. 3 GG bedenklich. Im Übrigen verfehle dies den vom BAG geforderten Gleichlauf von Verantwortlichkeit und Betroffenheit und sei undemokratisch und stelle einen Wertungswiderspruch dar.[828]

Das BAG[829] hat ebenfalls erkannt, dass OT-Mitgliedschaften in Gewerkschaften zu finden sind. Jedoch hat es die Existenz solcher OT-Mitgliedschaften

---

826 *Löwisch/Rieble*, TVG, § 2 Rn. 172 ff.

827 So z.B. § 2 Nr. 1, 2 der Satzung der IG Metall, online im Internet: https://www.igmetall.de/download/20191231_IGM_Satzung_2020_web_4bc0a0e0054f65e751cf12b6d4b17c76d0a01873.pdf, Stand: 1.1.2020, Abfrage: 2.8.2020.

828 *Löwisch/Rieble*, TVG, § 2 Rn. 172 ff.

829 BAG 4.6.2008 – 4 AZR 419/07, NZA 2008, 1366, 1369.

bedenkenlos hingenommen – dies sogar in derselben Entscheidung, in der es die hohen satzungsrechtlichen Anforderungen an die Zulässigkeit einer OT-Mitgliedschaft in Arbeitgeberverbänden aufstellte. Eine Begründung für die Ungleichbehandlung liefert die Rechtsprechung nicht. Vor diesem Hintergrund ist daher fraglich, weshalb auf Seiten der Gewerkschaften nicht differenziert und keine satzungsmäßige Beschränkung der Einflussnahmemöglichkeit ihrer OT-Mitglieder in Sachen Tarifpolitik und Arbeitskampf gefordert wird.

Dass die Konstellation der OT-Mitgliedschaft in Gewerkschaften anders behandelt werden muss als die OT-Mitgliedschaft in Arbeitgeberverbänden, hat den Hintergrund, dass beide Verbände funktionale Unterschiedlichkeiten[830] aufweisen, sodass die Rechtsprechung des BAG zu den satzungsrechtlichen Anforderungen der OT-Mitgliedschaft in Arbeitgeberverbänden keinesfalls unkritisch auf Gewerkschaften übertragen werden sollte.

Im Falle der Satzungsanforderungen an eine OT-Mitgliedschaft ist die Ungleichbehandlung der Verbände vielmehr geboten und zwar aus Sicht der Vollmitglieder, die von den Entscheidungen der OT-Mitglieder unmittelbar betroffen sind.

Wenn Gewerkschaftsmitglieder nicht der Tarifbindung unterfallen und dennoch an tarifpolitischen Abstimmungen der Gewerkschaft teilnehmen, ist die Gefahr der Erzielung von sachwidrigen Tarifergebnissen, wie es im Falle der OT-Mitgliedschaft bei Arbeitgeberverbänden der Fall ist, eher gering. Im Rahmen von Tarifverhandlungen geht es in der Regel darum die Arbeitsbedingungen der Arbeitnehmer zu verbessern und Mindestbedingungen zu ihren Gunsten zu schaffen.[831] Es ist äußerst unwahrscheinlich, dass gewerkschaftliche Vollmitglieder aufgrund der Einflussnahme von OT-Mitgliedern in derselben Gewerkschaft schlechter stehen könnten.

Betrachtet man hingegen die Konstellation der OT-Mitgliedschaft in Arbeitgeberverbänden, ist die Situation der betroffenen Vollmitglieder eine andere. Die Position der einzelnen Arbeitgeber wird im Rahmen von Tarifverhandlungen grundsätzlich verschlechtert, da sie den Arbeitnehmern entgegenkommen, indem sie die gesetzlichen Mindestarbeitsbedingungen aufbessern. Daher ist bei Arbeitgeberverbänden die Gefahr der Erzielung sachwidriger oder vielmehr – aus Sicht der einzelnen tarifgebundenen Arbeitgeber – nicht wünschenswerter Tarifergebnisse höher, wenn ihre OT-Mitglieder unmittelbaren Einfluss auf die

830 Eine umfassende Diskussion zu den Unterschieden zwischen Arbeitgeberverbänden und Gewerkschaften liefert: *Stoppelmann*, Tariffähigkeit und Tarifzuständigkeit, S. 65.

831 MüKo BGB IV 2016/*Müller-Glöge*, § 611, Rn. 355.

Tarifverhandlungen nehmen können. Im Zweifel werden OT-Mitglieder intuitiv ihre eigenen politischen Interessen verfolgen, ohne Rücksicht auf die Interessen der Vollmitglieder zu nehmen, auch wenn OT-Mitglieder nicht an den Tarifvertrag gebunden sind. Erst in dieser Konstellation wirkt sich das Ungleichgewicht zwischen Verantwortlichkeit und Betroffenheit tatsächlich negativ auf diejenigen Arbeitgeber aus, die tarifgebunden sind.

Zudem ist zu berücksichtigen, dass in beiden Verbänden Unterschiede im Abstimmungsverhalten bestehen. Bei Gewerkschaften zählt jede einzelne Stimme gleich, wohingegen es bei Arbeitgeberverbänden üblicherweise auf das Stimmgewicht ankommt.[832] Große Unternehmen haben mithin ein erhöhtes Stimmgewicht. Das bedeutet, dass ein einziges großes OT-Unternehmen im schlimmsten Fall die Vollmitglieder des Arbeitgeberverbandes überstimmen könnte. Eine derartige Gefahr besteht bei Gewerkschaften nicht.

Die Anforderungen an eine OT-Mitgliedschaft im Arbeitgeberverband – insbesondere die Pflicht zur satzungsrechtlichen Manifestation des Trennungsgebots – können daher nicht pauschal auf Gewerkschaften übertragen werden, da sich ihre Ausgangssituationen erheblich voneinander unterscheiden.

8. Exkurs: Gastmitgliedschaft in Arbeitgeberverbänden

Im Rahmen der Gastmitgliedschaft als weitere Form der Mitgliedschaft ohne Tarifbindung findet sich die gleiche Problematik, die auch bei OT-Mitgliedern „im klassischen Sinne" bezüglich ihrer Mitwirkung bei tarifpolitischen Angelegenheiten auftaucht, wieder.

Gastmitglieder werden in der Regel durch Satzung von allen verbandsinternen Entscheidungsprozessen ausgeklammert.[833] Ihnen fehlen insgesamt die wesentlichen Mitgliedschaftsrechte (Stimmrecht, aktives und passives Wahlrecht), weshalb sie auch keine Mitglieder im vereinsrechtlichen Sinne sind.[834] Im Unterschied zur „gewöhnlichen" OT-Mitgliedschaft werden bei der Gastmitgliedschaft die Stimm- und Teilhaberechte grundsätzlich nicht lediglich auf tarif- und arbeitskampfpolitischen Fragen, sondern vollumfänglich beschränkt.[835]

Das BAG hat bereits im Jahr 1962 entschieden:

832 *Löwisch/Rieble*, TVG, § 2 Rn. 146 ff.

833 HMB/*Höpfner*, Der Tarifvertrag, Teil 2 Rn. 153.

834 Kempen/Zachert/*Stein*, TVG, § 2 Rn. 129; BAG 26.8.2009 – 4 AZR 285/08, NZA 2010, 230, 232.

835 HMB/*Höpfner*, Der Tarifvertrag, Teil 2 Rn. 153.

„Das Gastmitglied ist jedenfalls dann nicht tarifgebunden, wenn ihm nach der Satzung die mit der Mitgliedschaft verbundenen wesentlichen Mitgliedschaftsrechte (Stimmrecht in der Mitgliederversammlung, aktives und passives Wahlrecht zu den Vereinsorganen) nicht zustehen“.[836]

Es begründet seine These damit, dass die normative Wirkung des Tarifvertrages voraussetze, dass die betroffenen Mitglieder entweder unmittelbar oder durch selbst frei gewählte Organe des Verbandes beim Tarifabschluss repräsentiert würden. Die Tarifbindung beruhe *„darauf, dass der Tarifabschluß auf einem Beschluß der Mitgliederversammlung oder einem Willensakt des durch Satzung oder konkreten Mitgliederbeschluß dazu ermächtigten Vereinsorgans erfolgt.“* Nur dies rechtfertige *„die Tarifautonomie der ihre Mitglieder repräsentierenden Verbände“*:[837] Sofern einem Gastmitglied ausnahmsweise durch Verbandssatzung die Teilnahmerechte eines Vollmitglieds eingeräumt werden, könne von einer Tarifbindung auszugehen sein.[838]

Das BAG verfolgt hier bereits einen Begründungsansatz, der der Theorie, wonach die tarifliche Rechtsetzungsmacht als kollektiv ausgeübte Privatautonomie zu bewerten ist, entspricht: Sofern einem Mitglied nicht die wesentlichen Verbandsrechte – wie etwa das Wahlrecht – zukommen, fehlt dem Verband die hinreichende Legitimation zur Normsetzung für dieses Mitglied, da Gastmitglieder nicht an der Willensbildung des Verbandes teilhaben. Folglich muss für diese Mitglieder die Tarifbindung ausscheiden.

Eine ähnliche Argumentation fand sich schon in dieser Ausarbeitung als es um die Tarifzuständigkeit als Wirksamkeitsvoraussetzung eines Tarifvertrages ging. Hier wurde festgestellt, dass die Normsetzungsbefugnis (neben dem staatlichen Geltungsbefehl) eine Legitimation der Verbandsmitglieder erfordert, die grundsätzlich im Verbandsbeitritt gesehen wird. Dieser Unterwerfungsakt kann jedoch nur Geltungsgrund der Rechtsetzung sein, wenn die Mitglieder vollumfänglich über die Reichweite der Tarifmacht des Verbandes (insbesondere im Hinblick auf die Tarifzuständigkeit) informiert sind. Die Legitimation gilt nur hinsichtlich des vorab definierten Organisationsbereiches, weshalb eine Überschreitung der Zuständigkeitsgrenzen die Unwirksamkeit der erlassenen Normen zur Folge hat. Im Rahmen der Gastmitgliedschaft soll mit Eintritt in

836 BAG 16.2.1962 – 1 AZR 167/61, BeckRS 9998, 153951.

837 BAG 16.2.1962 – 1 AZR 167/61, BeckRS 9998, 153951; so auch: 23.9.2009 – 4 AZR 346/08, BeckRS 2010, 87029.

838 BAG 16.2.1962 – 1 AZR 167/61, BeckRS 9998, 153951; 26.1.2005 – 10 AZR 299/04, NJOZ 2005, 2293, 2296 f.; HMB/*Höpfner*, Der Tarifvertrag, Teil 2 Rn. 153.

den Verband eine Tarifbindung aber gar nicht entstehen. Der Verbandsbeitritt kann daher – anders als bei „gewöhnlichen Mitgliedern" – nicht als Legitimationsgrundlage für eine tarifliche Normsetzung herangezogen werden. Zudem ergibt sich bei Gastmitgliedern eine schwerwiegendere Hürde: Gastmitglieder haben in keiner Weise die Möglichkeit, an der Willensbildung des Verbandes teilzunehmen. Dies betrifft insbesondere die Befugnis, auf die tarifpolitischen Entscheidungen des Verbandes Einfluss zu nehmen. Schon deshalb fehlt auf Seiten der Tarifparteien die Legitimation zur Nutzung der Tarifmacht für ihre Gastmitglieder.

Jedoch kann davon ausgegangen werden, dass das BAG auch bei Gastmitgliedern eine Tarifbindung annehmen würde, wenn nicht durch Satzung sichergestellt ist, dass sie keine unmittelbare Einflussnahme auf die Tarifpolitik des Arbeitgeberverbandes ausüben können. Zum einen wäre durch ihre Teilnahmemöglichkeit an der tarifpolitischen Willensbildung die Legitimationskette zur Tarifnormsetzung hergestellt und damit die Tarifbindung gerechtfertigt. Zum anderen wäre auch hier die angemessene Interessenwahrnehmung der Vollmitglieder sowie die Funktionsfähigkeit der Tarifautonomie – insbesondere, wenn es um den Schutz der Arbeitnehmer geht – gestört, wenn „Außenstehende" unmittelbaren Einfluss ausüben können. Daher kann auf die bereits diskutierten Grundsätze verwiesen werden, die auch schon im Rahmen der OT-Mitgliedschaft galten.

Bei der Gastmitgliedschaft besteht allerdings der Unterschied, dass die meisten Verbandssatzungen ihren Gastmitgliedern ohnehin die Einflussnahme auf die gesamte Tarifpolitik verbieten, indem sie ihnen wesentliche Verbandsrechte nicht einräumen[839], sodass die Frage nach den Konsequenzen einer unzulässigen Satzungsgestaltung von geringer praktischer Relevanz ist.

839 Etwa: § 10 Abs. 1 S. 3 der Satzung des Kommunalen Arbeitgeberverbandes Sachsen-Anhalt e.V. in der Fassung vom 5.12.2014: „*Gastmitglieder dürfen mit je einem Vertreter ohne Stimmrecht an der Mitgliederversammlung teilnehmen.*" Ebenfalls: § 8 Abs. 5 der Satzung des kommunalen Arbeitgeberverbandes Bayern e.V. in der Fassung vom 10.5.2016: „*Das Gastmitglied kann an der Mitgliederversammlung als Gast teilnehmen und hat ein Fragerecht, jedoch kein Antragsrecht, kein Stimmrecht, kein aktives und passives Wahlrecht und keinen Anspruch auf Vertretung in den Verbandsorganen.*"

VI. Fallbeispiel 5: Satzungsrechtliche Fixierung der Tarifwilligkeit als Voraussetzung der Tariffähigkeit von Verbänden

1. Einleitung

Tarifverbände müssen, um wirksam am Tarifleben teilnehmen zu können, tariffähig sein. Hierbei handelt es sich - grob zusammengefasst - um die Fähigkeit Tarifvertragspartei zu sein. Die Tarifautonomie soll jedoch nur solchen Koalitionen zustehen, „*die in der Lage sind, den von der staatlichen Rechtsordnung freigelassenen Raum des Arbeitslebens sinnvoll zu gestalten*".[840] Daher stellt die Rechtsprechung an die Tariffähigkeit von Gewerkschaften und Arbeitgeberverbänden einige Mindestanforderungen auf, die die Verbände erfüllen müssen, um rechtsgültige Tarifverträge schließen zu können. Ein Kriterium, welches ein Verband für die Anerkennung seiner Tariffähigkeit erfüllen muss, ist die Tarifwilligkeit. Hiernach muss der Verband willens sein für seine Mitglieder an Tarifverhandlungen teilzunehmen. Die Rechtsprechung verlangt jedoch, dass dieser Wille bereits in der Satzung des Verbandes zu verankern ist, ansonsten mangelt es dem Verband an seiner Tarifwilligkeit und somit an der Fähigkeit wirksame Tarifverträge schließen zu können.

Gegenstand dieses Abschnitts ist die Untersuchung der Frage, weshalb es nach der Rechtsprechung und der herrschenden Ansicht in der Literatur der zwingenden satzungsrechtlichen Fixierung der Tarifwilligkeit bedarf und wieso dieselben annehmen, dass eine ungenügende Satzungsgestaltung unmittelbar im Außenverhältnis dazu führt, dass die vom Verband abgeschlossenen Tarifverträge unwirksam sind. Die grundlegende These dieser Ausarbeitung war bis dato, dass die Satzung grundsätzlich nur innerverbandlich wirkt, sodass sich Rechtsfolgen - etwa wegen unzulässiger Satzungsgestaltung - im Regelfall nicht außerhalb dieses Kreises bewegen.

Die Beantwortung der Frage, wieso ausnahmsweise von diesem Grundsatz abgewichen wird, soll Inhalt der Untersuchung des Fallbeispiels sein. Dazu bedarf es des konkreten Eingehens auf die Anforderung der Tariffähigkeit und seiner Komponente der Tarifwilligkeit. Hierbei soll auch eine verfassungsrechtliche Bewertung erfolgen.

840 BAG 5.10.2010 - 1 ABR 88/09, NZA 2011, 300, 303.

2. Grundlagen der Tariffähigkeit

Tarifverbände haben aufgrund ihrer verfassungsrechtlich gewährleisteten Tarifautonomie als Teil der Koalitionsbetätigungsfreiheit die Befugnis zur tariflichen Rechtsetzung. Die Regelungen in Tarifverträgen wirken normativ und haben unmittelbaren Einfluss auf die tarifgebundenen Arbeitsverhältnisse. Tarifverträge gleichen die Disparität individueller Arbeitsverhältnisse aus und begründen im Allgemeinen ein Vertrauen auf „*Richtigkeitsgewähr*".[841] Wegen der Tarifmacht der Verbände bedarf es einer „*Zugangskontrolle*" zur Normsetzungskompetenz, um ihre Zuverlässigkeit und Verantwortung zu gewährleisten.[842] Dieser Bestrebung zur Sicherstellung der Verlässlichkeit der Tarifvertragsparteien aber auch zur Unterbindung des Missbrauchs der Tarifmacht dienen die zusätzlichen Voraussetzungen, die an die Tariffähigkeit – also die Fähigkeit zum Abschluss von Tarifverträgen – von Tarifvertragsparteien gestellt werden.[843] Die Tariffähigkeit hat mithin „*Ordnungsfunktion*" und grenzt den Kreis der zum Tarifabschluss Berechtigten ein.[844] Sie hat zum Ziel die Funktionsfähigkeit der Tarifautonomie zu sichern.[845]

Die Tariffähigkeit ist Voraussetzung für die verfassungsrechtliche Bestands- und Betätigungsgarantie der Koalitionen und ist daher unabdingbar für das Recht zum Abschluss von Tarifverträgen und Voraussetzung für die Wirksamkeit derselben.[846] Sie ist nicht gesetzlich definiert, wird aber unter anderem in § 97 ArbGG vorausgesetzt. Das BVerfG[847] definiert die Tariffähigkeit als:

> *„die Fähigkeit, durch Vereinbarung mit dem sozialen Gegenspieler unter anderem die Arbeitsbedingungen des Einzelarbeitsvertrags mit der Wirkung zu regeln, daß sie für die tarifgebundenen Personen unmittelbar und unabdingbar wie Rechtsnormen gelten."*

Diesem Verständnis der Tariffähigkeit schließt sich auch die Rechtsprechung des BAG an.[848]

---

841 HMB/*Greiner*, Der Tarifvertrag, Teil 2 Rn. 35 f.

842 HMB/*Greiner*, Der Tarifvertrag, Teil 2 Rn. 33, 40.

843 HMB/*Greiner*, Der Tarifvertrag, Teil 2 Rn. 33.

844 Wiedemann/*Oetker*, TVG, § 2 Rn. 14.

845 BAG 5.10.2010 – 1 ABR 88/09, NZA 2011, 300, 303.

846 BAG 31.1.2018 – 10 AZR 695/16 (A), NZA 2018, 876, 878; 14.12.2010 – 1 ABR 19/10, NZA 2011, 289, 295.

847 BVerfG 19.1.1966 – 1 BvL 24/65, NJW 1966, 2305.

848 Z.B. BAG 31.1.2018 – 10 AZR 695/16 (A), NZA 2018, 876, 878; 14.12.2010 – 1 ABR 19/10, NZA 2011, 289, 295.

Die Einordnung als Tarifvertragspartei erfolgt grundsätzlich nicht einschränkungslos. Es werden teilweise sehr hohe und teilweise gar keine Anforderungen an die Tariffähigkeit der möglichen Tarifparteien gestellt.

So kann nach dem gesetzgeberischen Willen der einzelne Arbeitgeber uneingeschränkt Partei eines Tarifvertrages sein, § 2 Abs. 1 TVG. Er ist immer tariffähig und zwar unabhängig von seinem Willen Tarifvertragspartei zu sein. Damit ist sichergestellt, dass Arbeitnehmern immer ein Verhandlungspartner gegenübersteht – auch, wenn der Arbeitgeber nicht in einem Arbeitgeberverband organisiert ist.[849] Notfalls müssen die Tarifverhandlungen mittels Streiks erzwungen werden, was bei nicht tariffähigen Gegenspielern insofern problematisch ist, als für die Rechtmäßigkeit eines Arbeitskampfes erforderlich ist, dass er auf den Abschluss eines wirksamen Tarifvertrages zielt.[850] Die Tariffähigkeit beider Tarifvertragsparteien ist aber Wirksamkeitsvoraussetzung des Tarifvertrages (hierzu sogleich). Daher bestimmt das Gesetz die grundsätzlich uneingeschränkte Tariffähigkeit von Arbeitgebern, um den Arbeitnehmern wenigstens den Abschluss von Firmentarifverträgen zu ermöglichen.[851]

Die Tariffähigkeit von Gewerkschaften und Arbeitgeberverbänden erfordert hingegen das Vorliegen mehrerer Komponenten, die kumulativ vorliegen müssen und größtenteils richterlich aufgestellt wurden, um eine funktionierende Tarifautonomie zu gewährleisten. Tarifverbände müssen zunächst die Koalitionseigenschaft des Art. 9 Abs. 3 GG erfüllen, mithin frei gebildet, gegnerfrei, unabhängig und auf überbetrieblicher Grundlage organisiert sein, eine gewisse Stabilität aufweisen und ihr besonderer Zweck muss in der Wahrung und Förderung der Arbeits- und Wirtschaftsbedingungen liegen.[852] Darüber hinaus verlangt die Rechtsprechung das Vorliegen zusätzlicher Attribute, die über die Koalitionseigenschaft des Art. 9 Abs. 3 GG hinausgehen. Berufsverbände müssen, um tariffähig zu sein das geltende Tarifrecht als verbindlich anerkennen sowie ein Mindestmaß einer demokratische Binnenstruktur aufweisen.[853] Für Gewerkschaften wird zusätzlich die Durchsetzungskraft gegenüber dem sozialen Gegenspieler – auch bekannt als soziale Mächtigkeit – verlangt.[854] Das

849 Kempen/Zachert/*Stein*, TVG, § 2 Rn. 99.

850 Däubler/*Peter*, TVG, § 2 Rn. 195.

851 ErfK/*Franzen*, § 2 TVG Rn. 21.

852 BAG 31.1.2018 – 10 AZR 695/16 (A), NZA 2018, 876, 878 ff., 884; 28.3.2006 – 1 ABR 58/04, NZA 2006, 1112, 1114 ff.; ErfK/*Linsenmaier*, GG, Art. 9 Rn. 22 ff.

853 BAG 31.1.2018 – 10 AZR 695/16 (A), NZA 2018, 876, 878; 28.3.2006 – 1 ABR 58/04, NZA 2006, 1112, 1114, 1117 f.

854 Vgl. dazu: C.V.4.c).

Mächtigkeitserfordernis existiert auf Seiten der Arbeitgeber und Arbeitgeberverbände hingegen nicht.[855]

Schließlich erfordert die Tariffähigkeit, dass die Verbände tarifwillig sind.

3. Tarifwilligkeit als Voraussetzung der Tariffähigkeit und als satzungsmäßige Aufgabe des Verbandes

Tarifverbände sind dann tarifwillig, wenn sie zum Abschluss von Tarifverträgen bereit sind.[856] Das bedeutet insbesondere, dass die Verbände zur Förderung der Arbeits- und Wirtschaftsbedingungen ihrer Mitglieder gegenüber dem sozialen Gegenspieler willens sind und somit die Tarifautonomie für sich beanspruchen.[857] Die Tarifwilligkeit gewährleistet aber auch, dass Verbände selbständig entscheiden, ob sie Tarifverträge schließen.[858]

Schon in den 20er Jahren machte das Reichsarbeitsgericht die Tarifwilligkeit zur Voraussetzung der Tariffähigkeit und forderte, dass diese einerseits in der Praxis tatsächlich gelebt wird und andererseits aus der Satzung – zumindest mittelbar – hervorgehen muss.[859]

a) Allgemeine Anforderungen

Ein Tarifverband ist mithin nur dann tariffähig, wenn er sich satzungsmäßig die Wahrnehmung der Interessen seiner Mitglieder zur Aufgabe gemacht hat und zum Tarifvertragsabschluss bereit ist.[860] Die Tarifwilligkeit eines Verbandes muss also bereits durch Satzung feststehen.

Für Spitzenverbände – mithin für Zusammenschlüsse von Gewerkschaften und Arbeitgeberverbänden, vgl. § 12 TVG – ist dies ausdrücklich im Gesetz geregelt. Nach § 2 Abs. 3 TVG können Spitzenorganisationen selbst Partei eines Tarifvertrages sein, wenn der Abschluss von Tarifverträgen zu ihren satzungsgemäßen Aufgaben gehört. Voraussetzung ist aber, dass die Mitgliederverbände, die unmittelbaren Einfluss auf die Tarifpolitik der Spitzenorganisation ausüben, ebenfalls tariffähig sind und gleichermaßen die Satzungsanforderungen erfüllen,

855 BAG 6.6.2000 – 1 ABR 10/99, NZA 2001, 160, 162.
856 *Kempen*/Zachert/*Stein*, TVG, § 2 Rn. 15, 34, 112.
857 *Kempen*/Zachert/*Stein*, TVG, § 2 Rn. 15, 34, 112.
858 *Löwisch/Rieble*, TVG, § 2 Rn. 215.
859 RAG 10.11.1928 – RAG 395/28, ARS 4, S. 231, 235.
860 BAG 10.9.1985 – 1 ABR 32/83, NZA 1986, 332; 25.11.1986 – 1 ABR 22/85, NZA 1987, 492, 493; 26.6.2018 – 1 ABR 37/16, NZA 2019, 188, 194.

da Spitzenverbände keine originäre Tariffähigkeit besitzen, sondern diese und die damit verbundene Rechtsetzungsbefugnis von ihren Mitgliedern ableiten.[861]

Nach der bundesarbeitsgerichtlichen Rechtsprechung[862] und allgemeiner Ansicht im Schrifttum[863] wird die satzungsrechtliche Verankerung der Tarifwilligkeit unabhängig von einer gesetzlichen Regelung ebenfalls für Arbeitgeberverbände und Gewerkschaften gefordert. Sofern der Verband den Zweck zum Abschluss von Tarifverträgen später von der Satzung streicht, verliert er seine Eigenschaft als Tarifvertragspartei.[864]

In der Rechtsprechung wurden beispielsweise folgende Formulierungen in der Satzung als ausreichend betrachtet, um von der Tarifwilligkeit des Verbandes auszugehen:

- Die Gewerkschaft hat folgende Mittel zur Erreichung ihrer festgelegten Zwecke vorgesehen: *„Regelung der Arbeitsbedingungen durch Abschluß von Tarifverträgen, durch Schlichtungsverfahren sowie über Durchführung von Arbeitskämpfen“*.[865]
- *„Zweck des nachfolgend als Organisation bezeichneten Vereins ist: Förderung und Wahrung der Belange des Flugbegleiterpersonals in Deutschland und die Verfolgung der berufs- und tarifpolitischen Interessen, insbesondere durch Abschluss von Tarifverträgen, erforderlichenfalls unter Einsatz von Maßnahmen des Arbeitskampfes […]“*.[866]
- *„Zu ihren Aufgaben und Zielen gehören nach § 2 der Satzung ua. die „Herbeiführung einer gerechten Entgeltregelung und einer Mitarbeiterbeteiligung“, die „Regelung der sonstigen Arbeitsbedingungen durch Tarifverträge“ und die*

861 BAG 14.12.2010 – 1 ABR 19/10, NZA 2011, 289, 296 – die tariffähigen Mitglieder des Spitzenverbandes müssen ihre Rechtsetzungsbefugnis allerdings vollständig vermitteln und können diese nicht auf einzelne Teile beschränken. Der Beschluss des BAG bezog sich allerdings auf Spitzenverbände auf Gewerkschaftsseite, ob diese Rechtsprechung auch auf Spitzenverbände auf Arbeitgeberseite Anwendung findet, ist bislang offengeblieben; dies verneinend: HMB/*Greiner*, Der Tarifvertrag, Teil 2 Rn. 203.

862 Etwa: BAG 10.9.1985 – 1 ABR 32/83, NZA 1986, 332; 25.11.1986 – 1 ABR 22/85, NZA 1987, 492, 493

863 ErfK/*Franzen*, TVG, § 2 Rn. 8; HMB/*Greiner*, Der Tarifvertrag, Teil 2 Rn. 53; HWK/*Henssler*, § 2 TVG Rn. 15; JKOS/*Schubert*, Tarifvertragsrecht, § 2 Rn. 7; *Kempen*/Zachert, TVG, § 2 Rn. 17; *Löwisch/Rieble*, TVG, § 2 Rn. 214 f.

864 *Kempen*/Zachert, TVG, § 2 Rn. 17.

865 LAG Düsseldorf 6.11.1984 – 3 TaBV 41/83, BetrR 1985, 208; an diese Feststellung gebunden: BAG 25.11.1986 – 1 ABR 22/85 (Revision), NZA 1987, 492.

866 BAG 14.12.2004 – 1 ABR 51/03, NZA 2005, 697, 698.

„Unterstützungen bei gewerkschaftlich anerkannten Streiks, bei Aussperrung und Maßregelung“.[867]

Es ist allerdings nicht zwingend erforderlich, dass die Satzung des Verbandes den Abschluss von Tarifverträgen ausdrücklich zu seinen Aufgaben zählt. Ausreichend ist, wenn eine Auslegung der Satzung diese Zwecksetzung ergibt.[868] Beispielsweise folgt aus der Festlegung der Tarifzuständigkeit, dass ein Verband willens ist Tarifverträge zu schließen.[869] Von Belang ist ebenfalls nicht, ob der Abschluss von Tarifverträgen alleiniger Hauptzweck des Verbandes ist.[870]

b) Dogmatische Herleitung und Erforderlichkeit einer satzungsrechtlichen Fixierung

Nach einer dogmatischen Herleitung sowie einer genauen Begründung für die Annahme der Erforderlichkeit einer satzungsrechtlichen Fixierung der Tarifwilligkeit sucht man in den bundesarbeitsgerichtlichen Entscheidungen jedoch vergebens. Im Schrifttum hat man sich punktuell hierzu geäußert.

aa) Erforderlichkeit

Die herrschende Ansicht in der Literatur hält es für erforderlich, dass die Bereitschaft zum Abschluss von Tarifverträgen in der Satzung des Verbandes festgelegt ist.[871] Dies wird mit dem Schutzbedürfnis der potentiellen Mitglieder begründet. Diese müssen schon im Zeitpunkt des Beitritts des Verbandes wissen, ob ihr Verband willens ist, für sie Tarifverträge abzuschließen und damit einhergehend, ob sie sich der tariflichen Rechtsetzungsmacht unterwerfen.[872] Ein Blick in die Satzung verschafft Kenntnis hierüber. Es wird aber auch vertreten, dass der soziale Gegenspieler ein Interesse daran habe zu erfahren, ob sein möglicher Tarifpartner tarifwillig ist.[873] Ob der soziale Gegenspieler allerdings wirklich zum Kreis der Schutzbedürftigen gehört und der Grund dafür ist, dass die

---

867 BAG 28.3.2006 – 1 ABR 58/04, NZA 2006, 1112.

868 Wiedemann/*Oetker*, § 2 TVG Rn. 485, zu den Auslegungsgrundsätzen bei Verbandssatzungen: C.III.3.a)

869 Wiedemann/*Oetker*, § 2 TVG Rn. 485.

870 Wiedemann/*Oetker*, § 2 TVG Rn. 486.

871 *Hromadka/Maschmann*, Arbeitsrecht, § 12 Rn. 28; JKOS/*Schubert*, Tarifvertragsrecht, § 2 Rn. 7; *Kempen*/Zachert, TVG, § 2 Rn. 16.; *Löwisch/Rieble*, TVG, § 2 Rn. 217; Wiedemann/*Oetker*, § 2 TVG Rn. 23.

872 *Hromadka/Maschmann*, Arbeitsrecht, § 12 Rn. 28; *Löwisch/Rieble*, TVG, § 2 Rn. 217.

873 *Kempen*/Zachert, TVG, § 2 Rn. 16.

Tarifwilligkeit in der Satzung stehen muss, scheint insoweit fraglich, als er diese Kenntnis bereits dann besitzt, wenn er in Tarifverhandlungen mit dem in Rede stehenden Verband einsteigt.

Teilweise wird das Erfordernis der satzungsrechtlichen Verankerung der Tarifwilligkeit im Ganzen verneint.[874] Sie sei insbesondere dann sinnwidrig, wenn der betreffende Verband den satzungsrechtlichen Anforderungen zwar nicht gerecht wird, aber bereits Tarifverträge abgeschlossen hat oder den Abschluss von Tarifverträgen ernsthaft verfolgt.[875] Außerdem folge aus dem Umkehrschluss zu § 2 Abs. 3 TVG, dass für alle anderen Tarifparteien eine satzungsrechtliche Verankerung der Tarifwilligkeit eben nicht erforderlich sei, sonst hätte der Gesetzgeber dies entsprechend für diese festgelegt.[876]

Der erstgenannten Ansicht ist zuzustimmen. Zwar kann man ihr entgegenhalten, dass die satzungsrechtliche Verankerung der Tarifwilligkeit bloße „Förmelei" ist, wenn ein Verband im konkreten Fall zum Tarifvertragsabschluss bereit ist. Andererseits leistet sie einen erheblichen Beitrag zur Transparenz. Der Transparenzgrundsatz ist insbesondere vor dem Hintergrund erforderlich, als sich die Mitglieder durch Verbandsbeitritt der tariflichen Normsetzung ihres Verbandes unterwerfen. Dieser Beitrittsakt begründet – neben dem staatlichen Geltungsbefehl – die Normsetzungsbefugnis der Tarifparteien.[877] Die Verbandsmitglieder müssen schon zum Zeitpunkt des Verbandseintritts wissen bzw. zumindest die Möglichkeit der Kenntniserlangung darüber haben, ob der Verband die Absicht hat, für sie Tarifverträge zu schließen und ob sie in dieser Folge ihre Entscheidungsgewalt hinsichtlich ihrer Arbeitsbedingungen in fremde Hände geben. Wussten sie das zu diesem Zeitpunkt nicht und ergibt sich dies auch nicht aus der Satzung, dann fehlt es den Verbänden an der Legitimation zur Tarifnormsetzung für ihre Mitglieder. Zwar geht das BAG davon aus, dass der bloße Verbandsbeitritt hinreichender Legitimationsgrund ist[878], dies kann aber nur gelten, wenn das Mitglied von Anfang an über die Absicht der Tarifnormsetzung informiert war bzw. die Möglichkeit der Kenntniserlangung hierüber hatte. Das erfordert das Vorhandensein einer satzungsrechtlichen Regelung, die

874 Däubler/*Peter*, TVG, § 2 Rn. 61 f.; siehe auch: LAG Köln 20.4.2004 – 9 TaBV 73/03, BeckRS 2004, 42122: Hiernach reicht als Indiz auch eine 30-jährige Übung, aus der die Tarifwilligkeit ersichtlich wird.

875 Däubler/*Peter*, TVG, § 2 Rn. 62.

876 Däubler/*Peter*, TVG, § 2 Rn. 61.

877 Vgl. dazu: B.III.2.b)dd)(v).

878 BAG 18.7.2006 – 1 ABR 36/05, NZA 2006, 1225, 1231.

die Tarifwilligkeit zum Ausdruck bringt, auch weil Berufsverbände über Koalitionsmittelwahlfreiheit verfügen und somit ebenfalls die Möglichkeit besteht, dass diese ihre Mitgliederinteressen anders als durch den Abschluss von Tarifverträgen verfolgen.[879]

Aus der Regelung des § 2 Abs. 3 TVG ergibt sich keine dem widersprechende gesetzgeberische Ansicht. Hintergrund der Regelung ist die ausdrückliche Klarstellung der Tatsache, dass die hohen Satzungsanforderungen, die für Tarifverbände angenommen werden, auch für Spitzenverbände gelten müssen, insbesondere weil sie ihre Tariffähigkeit von ihren Mitgliedern ableiten. Mithin dürfen sie nicht den Interessen der ihr zugehörigen Mitgliedsverbände zuwider handeln. Aus diesem Grund muss durch Satzung sichergestellt werden, dass die betreffende Spitzenorganisation diesen Zweck erfüllt.[880]

Die satzungsrechtliche Verankerung der Tarifwilligkeit als Voraussetzung der Tariffähigkeit kann – die Verhältnismäßigkeit erst einmal Außer gelassen – im Extremfall dazu führen, dass trotz jahrelanger Übung – der Verband beispielsweise bereits ein Dutzend Tarifverträge abgeschlossen hat – die Tariffähigkeit des Verbandes bestritten wird. Andererseits ist es unmöglich eine Anzahl abzuschließender Tarifverträge festzulegen oder einen Zeitraum zu bestimmen, indem mindestens ein Tarifvertrag geschlossen werden muss, um rechtssicher festzustellen, dass ein Verband tarifwillig ist. Deutlich einfacher ist es für die Mitglieder einen Blick in die Satzung zu werfen.

bb) Dogmatische Herleitung

Obige Diskussion setzt sich jedoch nur mit der Frage der Erforderlichkeit einer satzungsrechtlichen Verankerung der Tarifwilligkeit auseinander. Sie liefert noch keine Rechtsgrundlage für eine derartige Verpflichtung.

Diese findet sich auf einfachrechtlicher Ebene im Vereinsrecht wieder. Die Regelung des § 25 BGB bestimmt: *„Die Verfassung eines Vereins wird, soweit*

---

879 Zu den Transparenzerfordernissen im Hinblick auf die satzungsmäßige Festlegung der Tarifzuständigkeit siehe unter: C.III.3.

880 Siehe auch: Referenten-Entwurf einer Tarifvertragsordnung des Zentralamtes für Arbeit aus dem Jahre 1946: Nach § 1 Abs. 2 dieses Entwurfes sind Spitzenverbände nur tariffähig, wenn der Abschluss von Tarifverträgen zu ihren satzungsmäßigen Aufgaben gehört. Nach der Begründung zu diesem Entwurf sollte die Norm sicherstellen, dass *„die Verbände nicht durch die Spitzenverbände vergewaltigt werden. Deshalb wird die Tariffähigkeit der Spitzenverbände von einer entsprechenden Bestimmung der Satzungen abhängig gemacht. Das erschien als notwendig, aber auch als ausreichend.“*; abgedruckt in: Wiedemann/*Oetker*, TVG, Geschichte Rn. 22 f.

sie nicht auf den nachfolgenden Vorschriften beruht, durch die Vereinssatzung bestimmt.“ Als Teil der Vereinsverfassung muss die Satzung alle Grundentscheidungen enthalten, die für das Vereinsleben bestimmend sind.[881] Zwar ist nicht abschließend geklärt, welche Aspekte unter den Begriff der Grundentscheidung fallen, der Vereinszweck gehört aber in jedem Fall dazu und fällt somit unter die das Vereinsleben bestimmenden Entscheidungen.[882] Die Tarifwilligkeit - also die Tatsache, dass ein Verband den Abschluss von Tarifverträgen ernsthaft verfolgt - ist zentrale Zweckbestimmung des Vereins und damit notwendiges Element der Verfassung.[883]

Sofern ein Abstellen auf § 25 BGB nicht möglich wäre, käme Art. 9 Abs. 3 GG - wie im Falle der Tarifzuständigkeit[884] - als Rechtsgrundlage für das Erfordernis der satzungsmäßigen Fixierung der Tarifwilligkeit in Betracht. Denn auch das richterrechtlich entwickelte Merkmal der Tarifwilligkeit dient der Sicherung einer funktionierenden Tarifautonomie und soll die Verbandsmitglieder folglich vor der Verbandstarifmacht schützen.[885] Wissen[886] die Mitglieder zum Zeitpunkt des Beitritts nicht, ob der Verband überhaupt beabsichtigt, für sie Tarifverträge zu schließen, kann der Beitritt nicht als privatautonomer Unterwerfungsakt unter die Tarifmacht der Verbände gewertet werden.

c) Anforderungen außerhalb der Satzung

Für eingetragene Vereine - mithin regelmäßig für Arbeitgeberverbände - gilt zusätzlich, dass Satzungsänderungen erst mit Vereinsregistereintragung wirksam werden, § 71 Abs. 1 S. 1 BGB. Sofern also ein Verband bislang nicht willens war an Tarifverhandlungen teilzunehmen und diese Absicht ändern möchte, muss er zur Begründung der Tariffähigkeit nicht nur die Satzung um eine Regelung zur Tarifwilligkeit erweitern, sondern auch eine Vereinsregistereintragung veranlassen.

Zur Erfüllung der Eigenschaft als tariffähiger Verband genügt jedoch nicht ausschließlich, dass die Tarifwilligkeit Satzungsinhalt geworden ist. Erforderlich ist vielmehr auch, dass sie tatsächlich in der Praxis wahrgenommen und gelebt

---

881 BGH 20.2.1984 - II ZR 228/83, BeckRS 1984, 31071916; vgl. dazu bereits: B.IV.3.a) bb).

882 Jauernig/*Mansel*, BGB, § 25 BGB Rn. 1; JKOS/*Schubert*, Tarifvertragsrecht, § 2 Rn. 7.

883 *Löwisch/Rieble*, TVG, § 2 Rn. 217.

884 Vgl. dazu: C.III.5.f)cc).

885 Vgl. hierzu ausführlich unter: C.VI.5.b).

886 Die abstrakte Kenntnisnahmemöglichkeit genügt hierbei - vgl. dazu: B.IV.3.a)dd).

wird, also der Verband an Tarifverhandlungen teilnimmt und Tarifverträge schließt.[887] Ist die Tarifwilligkeit nicht ernsthaft gewollt und stellt sich die Satzungsklausel als Leerformel dar, so fehlt dem Verband trotzdem die Tariffähigkeit.[888] Eine nur „*auf dem Papier stehende Formulierung*" genügt mithin nicht.[889]

Diese Folge ist konsequent, da die satzungsmäßige Absicherung der Tarifwilligkeit nicht alleinig ausreicht, um die Existenz von Scheinverbänden vorzubeugen. Sofern also sichergestellt werden soll, dass die Tarifautonomie durch zuverlässige und verantwortliche Berufsverbände wahrgenommen wird, darf sich die Zugangskontrolle nicht nur auf die Satzung konzentrieren, sondern bedarf auch einer Begutachtung der tatsächlichen Verhältnisse.

Für nicht rechtsfähige Vereine – also regelmäßig für Gewerkschaften – ist zusätzlich zu beachten, dass die Vereinsverfassung nicht nur förmlich aufgrund der Satzung, sondern auch als Vereinsgewohnheitsrecht – sogenannte Observanz – entstehen kann.[890] Das bedeutet, dass die Vereinsverfassung durch bloße Übung rechtsverbindlich verändert werden kann.[891] Sofern die Gewerkschaft also auf lange Sicht keine Tarifverträge mehr schließen möchte und dies durch ihre Mitglieder so wahrgenommen und akzeptiert wird[892], kann sie – trotz satzungsrechtlicher Grundlage – ihre Tarifwilligkeit und somit die Tariffähigkeit verlieren.

4. Rechtsfolgen einer „unzureichenden" Satzungsgestaltung

Die Tariffähigkeit der Tarifvertragsparteien ist Voraussetzung für die Wirksamkeit des – zumindest normativ wirkenden Teils[893] – des Tarifvertrages.[894] Ist eine Partei des Tarifvertrages nicht tariffähig, so ist die Vereinbarung ohne Heilungsmöglichkeit von Beginn an nichtig.[895] Dies ist Folge des Bedürfnisses nur solchen Tarifparteien die Rechtsetzungsmacht zu gewähren, die diese

887 *Löwisch/Rieble*, TVG, § 2 Rn. 219.

888 Wiedemann/*Oetker*, § 2 TVG Rn. 486; *Hueck/Nipperdey* Arbeitsrecht II, S. 298.

889 BAG 15.3.1977 – 1 ABR 16/75, BAGE 29, 73, 87.

890 MüKo BGB I 2018/*Leuschner*, § 25 BGB Rn. 65 u. § 54 Rn. 25; *Löwisch/Rieble*, TVG, § 2 Rn. 265; vgl. hierzu: B.IV.3.a)bb).

891 MüKo BGB I 2018/*Leuschner*, § 25 BGB Rn. 65 u. § 54 Rn. 25; *Löwisch/Rieble*, TVG, § 2 Rn. 265.

892 *Löwisch/Rieble*, TVG, § 2 Rn. 219; JKOS/*Schubert*, Tarifvertragsrecht, § 2 Rn. 79.

893 HMB/*Greiner*, Der Tarifvertrag, Teil 2 Rn. 34.

894 St. Rspr des BAG, z. B.: BAG 31.1.2018 – 10 AZR 695/16 (A), NZA 2018, 876, 878.

895 HMB/*Greiner*, Der Tarifvertrag, Teil 2 Rn. 34; Wiedemann/*Oetker*, TVG, § 2 Rn. 17 f.

Aufgabe zuverlässig und verantwortungsvoll bewältigen können.[896] Diskutiert wird jedoch eine schuldrechtliche Wirksamkeit des Tarifvertrages im Wege einer Umdeutung nach § 140 BGB.[897] Dieser Gedanke widerspricht auch nicht dem Schutzzweck der „*Tariffähigkeitskontrolle*"[898], da die Regelungen eines rein schuldrechtlich wirkenden Tarifvertrages eben nicht unmittelbar und zwingend normativ für die tarifgebundenen Arbeitsverhältnisse – also wie materielles Gesetzesrecht – gelten, vgl. § 4 Abs. 1 S. 1 TVG.

Sofern die Satzung eines Verbandes die Tariffähigkeit auf bestimmte Bereiche beschränkt, die den Aufgaben einer Koalition typischerweise zugehörig sind, führt dies zur vollständigen Tarifunfähigkeit des Verbandes, da die Tariffähigkeit einheitlich und unteilbar ist.[899] Nach § 2 TVG sind Gewerkschaften, Arbeitgeber und Arbeitgeberverbände uneingeschränkt Tarifvertragsparteien – eine Teiltariffähigkeit ist dem Gesetz fremd.[900] Bestimmte Regelungsbereiche können daher nicht verbandsrechtlich ausgenommen werden, da der Verband sonst einseitig bestimmen könnte, was Gegenstand der Tarifverhandlungen ist und somit unliebsame Regelungsbereiche ausschließen könnte. Schon aus dem Wortlaut des Art. 9 Abs. 3 GG ergibt sich, dass die Tarifautonomie auf die Wahrung und Förderung der Arbeits- und Wirtschaftsbedingungen ausgerichtet ist, sodass auch die Verfassung die Fixierung auf einzelne Teilaspekte nicht vorsieht.[901] Eine Teiltariffähigkeit wäre auch deswegen problematisch, weil der Abschluss von Tarifverträgen einen Bereich betrifft, in dem der Staat seine Regelungsbefugnis weit zurückgenommen hat, sodass es den Tarifvertragsparteien überlassen ist, Lohn- und sonstige materielle Arbeitsbedingungen zu regeln.[902] Dieser Rolle müssen die Tarifverbände entsprechen.[903] Hiervon unberührt verbleibt dem Verband jedoch die Möglichkeit seine Tarifzuständigkeit auf einen bestimmten territorialen, fachlichen und persönlichen Bereich einzuschränken.[904] Für ihren

---

896 HMB/*Greiner*, Der Tarifvertrag, Teil 2 Rn. 34.

897 HMB/*Greiner*, Der Tarifvertrag, Teil 2 Rn. 34.

898 HMB/*Greiner*, Der Tarifvertrag, Teil 2 Rn. 34.

899 BAG 14.12.2010 – 1 ABR 19/10, NZA 2011, 289, 297.

900 *Kempen*/Zachert, TVG, § 2 Rn. 16.

901 *Kempen*/Zachert, TVG, § 2 Rn. 35.

902 So das BVerfG zur Tarifautonomie der Verbände: BVerfG 24.5.1977 – 2 BvL 11/74, NJW 1977, 2255, 2256; 1.3.1979 – 1 BvR 532/77, 1 BvR 533/77, 1 BvR 419/78, 1 BvL 21/78, NJW 1979, 699, 708 f.; 20.10.1981 – 1 BvR 404/78, NJW 1982, 815.

903 Gleiches gilt für die Tarifzuständigkeit, vgl. dazu: C.III.4.

904 Vgl. dazu: C.III.2.

beanspruchten Zuständigkeitsbereich besitzen Tarifverbände entweder ausnahmslose oder eben gar keine Tariffähigkeit.[905]

Bestehen Streitigkeiten hinsichtlich der Tariffähigkeit einer Koalition, so können diese im Beschlussverfahren nach §§ 2a Abs. 1 Nr. 4, 97 ArbGG geklärt werden. Hierzu kann auf die Ausführungen zum Abschnitt der gerichtlichen Feststellung der Tarifzuständigkeit[906] verwiesen werden, da dortige Ausführungen entsprechend für die Tariffähigkeit gelten.

Festzuhalten bleibt: Als unabdingbare Voraussetzung der Tariffähigkeit wirkt sich das Fehlen der satzungsrechtlich verankerten Tarifwilligkeit mithin unmittelbar auf die Rechtswirkung der tariflichen Regelungen aus. Die unzureichende Satzungsgestaltung hat mithin unmittelbare Außenwirkung.

5. Verfassungsrechtliche Erwägungen

Die Verfassung gibt in Art. 9 Abs. 3 GG vor, welche Vereinigungen unter den Koalitionsbegriff fallen. Nach dem Wortlaut des Grundgesetzes ist der Schutzbereich der Koalitionsfreiheit eröffnet, wenn eine Vereinigung vorliegt, die den Zweck der Wahrung und Förderung der Arbeits- und Wirtschaftsbedingungen verfolgt. Eine Vereinigung wird von der höchstrichterlichen Rechtsprechung dann als Koalition eingeordnet, wenn sie diesem Zweck dient, frei gebildet ist, ein gewisses Maß an organisatorischer Verfestigung aufweist, gegnerfrei und unabhängig ist und auf überbetrieblicher Grundlage organisiert ist.[907] Die Rechtsprechung stellt – wie bereits festgestellt – zusätzliche Anforderungen an die Eigenschaft als Tarifvertragspartei auf. Der Begriff der Koalition im Sinne des Art. 9 Abs. 3 GG und der Tarifvertragspartei nach § 2 TVG sind mithin nicht identisch, da für die Qualifizierung als Tarifvertragspartei die Tariffähigkeit des betroffenen Verbandes vorausgesetzt wird. Gleichzeitig bedeutet dies aber auch, dass gewollte Tarifunfähigkeit nicht zum Verlust des Grundrechtsschutzes aus Art. 9 Abs. 3 GG führt.[908]

---

905 BAG 14.12.2010 – 1 ABR 19/10, NZA 2011, 289, 297.

906 Vgl. dazu: C.III.6.

907 Vgl. dazu: C.VI.2.

908 Wiedemann/*Oetker*, § 2 TVG Rn. 489.

a) *Eingriffs- und Ausgestaltungsdogmatik*

Es stellt sich die Frage, wie die Bedingung der Tarifwilligkeit als unabdingbare Voraussetzung der Tariffähigkeit eines Verbandes und ihre zwingende satzungsrechtliche Verankerung verfassungsrechtlich zu bewerten ist.

Teils werden die zusätzlichen Anforderungen an die Tariffähigkeit von Verbänden als Ausgestaltung des Schutzbereiches des Grundrechts der Koalitionsfreiheit verstanden.[909] Dies wird damit begründet, dass den Tarifvertragsparteien eben nicht eine vollumfängliche Regelungskompetenz im Sinne eines Regelungsmonopols übertragen wurde mit der Folge, dass jede Ausgestaltung der Arbeits- und Wirtschaftsbedingungen durch den Gesetzgeber einen Eingriff in die Koalitionsfreiheit darstellt.[910] Vielmehr werde das Grundrecht zwecks Gewährleistung einer zuverlässigen tariflichen Rechtsetzung ausgestaltet[911], mithin ausgefüllt und konkretisiert. Die Erfüllung einer verfassungsrechtlichen Verpflichtung – im Sinne der Sicherung der Funktionsfähigkeit der Tarifautonomie – könne nämlich nicht gleichzeitig einen Eingriff in das Grundrecht darstellen.[912] Diese Folgerung ist jedenfalls dann konsequent, wenn man entweder der reinen Delegationstheorie oder der auch hier vertretenen Kombinationslehre folgt, wonach die tarifliche Normsetzung weder allein auf einer kollektiv ausgeübten Privatautonomie noch allein auf einer hoheitlichen Ermächtigung durch den Gesetzgeber, sondern vielmehr auf einer Kombination beider Ansätze beruht[913], da das Argument einen staatlichen Einschlag der Normsetzungsbefugnis benötigt.[914]

Eine andere Ansicht[915] bewertet die zusätzlichen Anforderungen der Rechtsprechung an die Tariffähigkeit von Verbänden als Eingriff in das Grundrecht der Koalitionsfreiheit, der einer verfassungsrechtlichen Rechtfertigung bedarf.

Es gilt zu erörtern, ob es nach beiden Ansätzen (Ausgestaltungsdogmatik bzw. Eingriffsdogmatik) zulässig ist, wenn die Rechtsprechung vorschreibt, was Inhalt der Satzung der Verbände sein muss. Die Koalitionsbetätigungsfreiheit

---

909 HMB/*Greiner*, Der Tarifvertrag, Teil 2 Rn. 43; ErfK/*Linsenmaier*, GG, Art. 9 Rn. 66a, 82 ff.; JKOS/*Schubert*, Tarifvertragsrecht, § 2 Rn. 15 ff., 36.

910 *Greiner*, Rechtsfragen, S. 227 ff.; HMB/*Greiner*, Der Tarifvertrag, Teil 2 Rn. 43 f.

911 *Greiner*, Rechtsfragen, S. 227 ff.; HMB/*Greiner*, Der Tarifvertrag, Teil 2 Rn. 43 f.

912 ErfK/*Linsenmaier*, GG, Art. 9 Rn. 66a, 86.

913 Vgl. dazu: B.III.2.b)dd)(iii).

914 HMB/*Greiner*, Der Tarifvertrag, Teil 2 Rn. 44.

915 BAG 28.3.2006 – 1 ABR 58/04, NZA 2006, 1112, 1114, 1117; *Bayreuther*, BB 2005, 2633, 2636; Sachs/*Höfling*, GG, Art. 9 Rn. 65.

umfasst nämlich sowohl die Gewährleistung der Tarifautonomie als auch die Gewährleistung der Satzungsautonomie. Wie aber bereits dargelegt, ist die Tarifwilligkeit satzungsgemäß zu verankern – der tatsächliche Abschluss von Tarifverträgen genügt für sich genommen noch nicht, damit die Tariffähigkeit der Verbände sichergestellt ist.

Eine Ausgestaltung der Koalitionsfreiheit ist freilich nicht im unbegrenzten Maße zulässig. Soweit der Staat gestaltend in das Grundrecht eingreift, muss er der Tarifautonomie sowie der Satzungsautonomie als Bestandteil der Betätigungsfreiheit der Verbände ausreichend Rechnung tragen, und hat diese zu respektieren. Daher kann er sie nur unter besonderen Voraussetzungen schmälern.[916] Zulässig ist dies insbesondere, um die Funktionsfähigkeit des Systems der Tarifautonomie herzustellen oder zu sichern.[917] Folglich darf die Tariffähigkeit nur von solchen Umständen abhängen, die die Aufgaben der Ordnung und Befriedung des Arbeitslebens erfordern.[918]

Auch die Vertreter der Eingriffsdogmatik lassen einen Eingriff in die Tarifautonomie (unter anderem) zur Sicherung der funktionierenden Tarifautonomie zu.[919] Für die Rechtfertigung eines Eingriffs kann das Begehren einer funktionierenden Tarifautonomie als verfassungsimmanente Schranke bewertet werden.[920]

Es ist mithin gar nicht entscheidend, ob die Ansicht, wonach die zusätzlichen Anforderungen der Rechtsprechung an die Tariffähigkeit von Verbänden eine Ausgestaltung des Schutzbereiches der Koalition darstellen oder diejenige, wonach diese Anforderungen einen verfassungsrechtlich zu rechtfertigenden Eingriff darstellen, vorzugswürdiger ist. Wichtig ist nur die Erkenntnis, dass eine staatliche Einmischung – egal, ob im Wege der Ausgestaltung oder im Wege des Eingriffs den Verhältnismäßigkeitsgrundsatz wahren und in jedem Fall die kollidierenden Verfassungsgüter im Wege einer praktischen Konkordanz zum Ausgleich bringen und dem Gebot des nach allen Seiten hin schonendsten Ausgleich berücksichtigen muss.[921]

---

916 ErfK/*Linsenmaier*, GG, Art. 9 Rn. 82.

917 BVerfG 11.7.2017 – 1 BvR 1571/15, 1 BvR 1588/15, 1 BvR 2883/15, 1 BvR 1043/16, 1 BvR 1477/16, NJW 2017, 2523, 2526; *Stoppelmann*, Tariffähigkeit und Tarifzuständigkeit, S. 61 f., 64.

918 *Wank*, FS ZVK, S. 141, 148.

919 BAG 28.3.2006 – 1 ABR 58/04, NZA 2006, 1112, 1115 ff.; HMB/*Greiner*, Der Tarifvertrag, Teil 2 Rn. 124.

920 HMB/*Greiner*, Der Tarifvertrag, Teil 2 Rn. 124.

921 *Scholz/Lingemann/Ruttloff*, NZA-Beilage 2015, 3, 4; vgl. dazu bereits: B.III.2.c)bb).

Sowohl die Ausgestaltung des Grundrechts als auch der Eingriff sind zulässig, soweit sie die Wahrung der Funktionsfähigkeit der Tarifautonomie bezwecken.

b) Sicherung der Funktionsfähigkeit der Tarifautonomie

Zwar beschäftigen sich Rechtsprechung und Literatur weitgehend mit der Frage, ob die zusätzlichen Anforderungen, die an die Tariffähigkeit von Berufsverbänden gestellt werden, zulässig sind. Hiervon ist aber die Frage zu unterscheiden, ob die Anforderungen, die an die Satzung der Verbände gestellt werden im Sinne des Art. 9 Abs. 3 GG gerechtfertigt werden können.

Der Untersuchung bedarf demnach, ob die satzungsrechtliche Manifestation der Tarifwilligkeit probates Mittel zur Wahrung der Funktionsfähigkeit der Tarifautonomie ist. Hierfür ist eine Prüfung der Anforderungen erforderlich, die ein funktionierendes Tarifsystem ausmachen.

Das Bundesverfassungsgericht bestimmt ihren Inhalt wie folgt:

> *„Zur Funktionsfähigkeit der von Art. 9 III GG geschützten Tarifautonomie gehört insoweit nicht nur die strukturelle Parität zwischen Arbeitgeber- und Arbeitnehmerseite. Zu ihr gehören, wo Gewerkschaften oder Arbeitgeber untereinander konkurrieren, auch Bedingungen der Aushandlung von Tarifverträgen, welche die Entfaltung der Koalitionsfreiheit selbst sichern, indem sie die Voraussetzungen für einen fairen Ausgleich der berührten Interessen schaffen".*[922]

Die Funktionsfähigkeit der Tarifautonomie bezweckt außerdem die sinnvolle Ordnung des Arbeitslebens durch Entgegenwirken der strukturellen Unterlegenheit der Arbeitnehmer hinsichtlich eines gleichwertigen Aushandelns ihrer Löhne und ihrer Arbeitsbedingungen.[923] Um gegen dieses Ungleichgewicht durch kollektives Handeln ankämpfen zu können, bedarf es daher einschränkender Voraussetzungen für die Tariffähigkeit[924], die die Zuverlässigkeit der Tarifvertragsparteien sicherstellen sollen.

Zu untersuchen ist, ob die satzungsrechtliche Verankerung der Tarifwilligkeit als einschränkende Voraussetzung der Tariffähigkeit wirklich notwendig ist, um die Funktionsfähigkeit der Tarifautonomie zu wahren. Schließlich garantiert Art. 9 Abs. 3 GG den Verbänden Satzungsautonomie – der Verband darf durch Satzung seine innere Ordnung selbst bestimmen.[925]

---

922 BVerfG 11.7.2017 – 1 BvR 1571/15, 1 BvR 1588/15, 1 BvR 2883/15, 1 BvR 1043/16, 1 BvR 1477/16, NZA 2017, 915, 919.

923 *Wank*, FS ZVK, S. 141, 147.

924 *Wank*, FS ZVK, S. 141, 148.

925 HMB/*Höpfner*, Der Tarifvertrag, Teil 2 Rn. 12.

Die Funktionsfähigkeit der Tarifautonomie kann nur dann gewahrt werden, wenn es den Verbänden tatsächlich gelingt, die Wahrung und Förderung der Arbeits- und Wirtschaftsbedingungen ihrer Mitglieder sinnvoll zu gestalten. Das bedeutet insbesondere, dass sie Tarifverträge schließen – dies ist der wichtigste Aspekt koalitionsmäßiger Betätigung.[926]

Daher müssen sich die dem Verband beitretenden Mitglieder von Anfang an darauf verlassen können, dass dieser willens ist, für sie in Tarifverhandlungen zu gehen. Dies ist auf Gewerkschaftsseite umso wichtiger als Gewerkschaften durch Tarifverhandlungen und den nachfolgenden Abschluss von Tarifverträgen die strukturelle Unterlegenheit des Arbeitnehmers tatsächlich ausgleichen können. Sofern der Wille zum Tarifabschluss auch in der Satzung fixiert wird, kann davon ausgegangen werden, dass der Verband auch tatsächlich von dieser Rechtsetzungsmacht Gebrauch machen wird.

Andererseits sollte solchen Verbänden die tarifliche Rechtsetzungsmacht verwehrt werden, die ihren diesbezüglichen Willen nicht hinreichend nach außen kundgetan haben. Die neueintretenden Mitglieder müssen wissen, ob (und inwieweit[927]) sie sich der Tarifmacht des Verbandes unterwerfen. Sofern die Mitglieder mangels satzungsrechtlicher Fixierung der Tarifwilligkeit bei Verbandseintritt, – der grundsätzlich als Unterwerfungsakt unter die Normsetzung des Verbandes klassifiziert wird – nicht wussten, dass der Verband beabsichtigt, für sie Tarifverträge zu schließen, fehlt es dem Verband an der mitgliedschaftlichen Legitimation zur tariflichen Normsetzung.

Auch ein anderer Aspekt ist an dieser Stelle von Relevanz: Nicht nur das Vertrauen der Mitglieder in ihren Verband macht die funktionsfähige Tarifautonomie aus; auch die Tatsache, dass potentielle Mitglieder dem Verbandsbeitritt wegen mangelnder Transparenz fernbleiben könnten, könnte die Tarifautonomie nachhaltig gefährden.[928] Aus einer Zusammenführung all dieser Gründe, ist die satzungsrechtliche Fixierung der Tarifwilligkeit unerlässlich.

Zwar ist es richtig, dass die Verbände aufgrund ihrer verfassungsrechtlich garantierten Satzungsautonomie durch ihre Satzung ihre innere Ordnung selbst bestimmen können. Allerdings darf nicht außer Acht gelassen werden, dass die Vorgabe, die Tarifwilligkeit in der Satzung kundzutun, kein enormer Eingriff ist bzw. keine Aushöhlung der Satzungsautonomie bedeutet. Bedenken im Hinblick auf die Verletzung des Übermaßverbotes bestehen mithin nicht. *Greiner*[929]

---

926 *Wank*, FS ZVK, S. 141, 148.

927 Dies ist eine Frage der Tarifzuständigkeit.

928 *Stoppelmann*, Tariffähigkeit und Tarifzuständigkeit, S. 79.

929 *Greiner*, Rechtsfragen, S. 190.

betitelt die Tarifwilligkeit zurecht als „*mildes Merkmal*" der Tariffähigkeit: Es steht den Verbänden schließlich frei, die Tariffähigkeit für sich zu beanspruchen, schließlich besteht Koalitionsmittelwahlfreiheit. Nur, wenn sie als Tarifvertragspartei von der tariflichen Rechtsetzungsmacht Gebrauch machen möchten, müssen sie die Tarifwilligkeit in der Satzung fixieren. Der Koalition verbleibt die Möglichkeit ihren Wirkungskreis lediglich auf die Wahrung und Förderung der Arbeits- und Wirtschaftsbedingungen zu begrenzen ohne an der Tarifpolitik teilnehmen zu müssen, so dass es ihr selbst überlassen bleibt, ob sie den Abschluss von Tarifverträgen zu ihrem Aufgabenkreis zählt.[930] Es existiert keine Pflicht die Tarifwilligkeit in der verbandsrechtlichen Satzungen vorzusehen.[931] Die Koalitionen müssen aber mit den Konsequenzen fehlender Tariffähigkeit leben. Eine derartige Verpflichtung würde einen Eingriff in die positive individuelle und kollektive Koalitionsfreiheit des Verbandes und seiner Mitglieder darstellen, da es in der Entscheidungsgewalt der Mitglieder liegt, ob der Verbandszweck im Abschluss von Tarifverträgen besteht.[932] Wegen der Entscheidungskompetenz hinsichtlich der Frage, ob der Berufsverband von seiner theoretischen Tarifmacht Gebrauch machen will, ist es der Transparenz geschuldet dies in der Satzung kenntlich zu machen.

Es bestehen im Übrigen keine Bedenken hinsichtlich der Tatsache, dass die Anforderungen an die Tariffähigkeit der Verbände nicht durch den Gesetzgeber, sondern höchstrichterlich entwickelt[933] wurden. Wie eingangs bereits dargelegt, obliegt die Ausgestaltung der Koalitionsfreiheit[934] in erster Linie der Gesetzgebung.[935] Sofern der Gesetzgeber dieser Aufgabe nicht nachkommt, liegt die Ausgestaltung in der Zuständigkeit der Gerichte, insbesondere dort, wo gesetzliche Regelungen wegen einer verfassungsrechtlichen Schutzpflicht notwendig, aber nicht vorhanden sind.[936] Die Gerichte sind daher befugt, die Voraussetzungen der Tariffähigkeit näher zu konkretisieren, um nur solchen Koalitionen die Teilnahme an der Tarifautonomie zu gewähren, „*die in der Lage sind, den*

930 HMB/*Greiner*, Der Tarifvertrag, Teil 2 Rn. 54, 123.

931 Explizit nur für die Tariffähigkeit, aber das Argument greift ebenfalls im Rahmen der Tarifwilligkeit: Wiedemann/*Oetker*, § 2 TVG Rn. 31.

932 Wiedemann/*Oetker*, § 2 TVG Rn. 31.

933 BAG 26.6.2018 – 1 ABR 37/16, NZA 2019, 188, 200.

934 Sofern man die richterlichen Anforderungen an die Tariffähigkeit als Ausgestaltung des Grundrechts versteht.

935 Vgl. dazu: B.III.2.c)bb).

936 BVerfG 26.6.1991 – 1 BvR 779/85, NJW 1991, 2549, 2550; 2.3.1993 – 1 BvR 1213/85, NJW 1993, 1379, 1380.

von der staatlichen Rechtsordnung freigelassenen Raum des Arbeitslebens durch Tarifverträge sinnvoll zu gestalten, um so die Gemeinschaft sozial zu befrieden."[937] Die zusätzlichen Voraussetzungen, die an die Tariffähigkeit gestellt werden (die satzungsmäßige Fixierung der Tarifwilligkeit inkludiert) dienen einer funktionierenden Tarifautonomie.[938]

6. Zwischenfazit

Mit den strengen Voraussetzungen der Tariffähigkeit stellt die Rechtsprechung ein Instrument der Zugangskontrolle auf. Nur solchen Verbänden, die die Wahrung und Förderung der Arbeits- und Wirtschaftsbedingungen zuverlässig wahrnehmen, soll die Eigenschaft als Tarifvertragspartei gewährt werden. Der Abschluss von Tarifverträgen ist hierbei wichtigstes Instrumentarium koalitionsmäßiger Betätigung und ist daher zwingende Voraussetzung für die Einordnung als Tarifvertragspartei.

Die genauere Prüfung zeigt, dass die satzungsrechtliche Manifestation der Tarifwilligkeit ihre Rechtsgrundlage schon im körperschaftlichen Recht der Verbände findet. Die das Vereinsleben bestimmenden Grundentscheidungen müssen in der Vereinsverfassung verankert sein, dazu zählt insbesondere der Vereinszweck. Sofern Berufsverbände willens sind, Tarifverträge zu schließen, gehört diese Zweckbestimmung wegen § 25 BGB in die Satzung.

Interessant ist, dass diese Rechtsgrundlage nicht in den bundesarbeitsgerichtlichen Entscheidungen, die sich inhaltlich mit der Tarifwilligkeit auseinandersetzen, zitiert wird. Vielmehr wird die satzungsrechtliche Verankerung begründungslos vorausgesetzt.

Sie ist allerdings auch aus verfassungsrechtlichen Gründen unabdingbar. Insbesondere vor dem Hintergrund, dass Tarifverträge normativ wirken, müssen die Mitglieder des Verbandes durch einen Blick in die Satzung erkennen können, ob sie sich der Tarifmacht ihres Verbandes unterwerfen.[939]

Ist die Tarifwilligkeit nicht in der Satzung verankert, ist ein Tarifvertrag, den der Verband schließt, unwirksam. Das hat den gravierenden Nebeneffekt, dass auch Verbandsexterne – wie der soziale Gegenspieler – von den Wirkungen der ungenügenden Satzungsgestaltung betroffen sind. Dass sich die unzureichende Satzungsgestaltung aber mit der Unwirksamkeit des Tarifvertrages zwingend

---

937 BVerfG 20.10.1981 – 1 BvR 404/78, NJW 1982, 815, 816.

938 BAG 5.10.2010 – 1 ABR 88/09, NZA 2011, 300, 303.

939 Ähnliche Überlegungen wurden in dieser Ausarbeitung auch schon im Rahmen der Tarifzuständigkeit angestellt, vgl. dazu: C.III.5.f)cc).

auch im Außenverhältnis auswirkt, ist aus verfassungsrechtlichen Gründen geboten. Dies gebietet der Transparenzgrundsatz, da von den Tarifnormen Betroffene wissen müssen, dass der Verband Normsetzungsmacht hat. Besteht eine mitgliedschaftliche Legitimation zur Tarifnormsetzung nicht, können die Mitglieder nicht von der Wirkung der Tarifverträge betroffen sein.

VII. Fallbeispiel 6: Gesetzlich vorgesehene Außenwirkung von Satzungsregelungen

1. Einleitung

Die Satzungen der Tarifparteien stellen die Regelungen für das verbandsinterne Leben auf. Sie sind – neben den zwingenden gesetzlichen Vorschriften – Dreh- und Angelpunkt und prägen das vereinsrechtliche Programm. Im BGB finden sich viele Vorschriften, die an die Satzung anknüpfen und aus ihrer jeweiligen Ausgestaltung bestimmte Rechtsfolgen und Handlungspflichten ableiten, die grundsätzlich den Verein, seine Organe oder seine Mitglieder treffen. Diese Regelungen betreffen regelmäßig den verbandsinternen Bereich. Der Gesetzgeber hat jedoch eine Ausnahmevorschrift geschaffen, die einer Satzungsregelung unmittelbare Außenwirkung beimisst. Dieser Ausnahmetatbestand soll hier näher beleuchtet werden.

2. Beschränkung der Vertretungsmacht des Vereinsvorstands

Da Gewerkschaften und Arbeitgeberverbände in der Rechtsform der rechtsfähigen und nichtrechtsfähigen Vereine organisiert sind, finden auf diese die vereinsrechtlichen Vorschriften des BGB Anwendung.[940] Das Gesetz bestimmt, dass der Verein von seinem Vorstand sowohl gerichtlich als auch außergerichtlich vertreten wird, siehe § 26 Abs. 1 S. 1 BGB. Die Willenserklärungen des Vorstands berechtigen und verpflichten den Berufsverband mithin unmittelbar.[941] § 26 BGB gilt unmittelbar nur für rechtsfähige Vereine, das bedeutet unter anderem auch für Arbeitgeberverbände. Für nicht rechtsfähige Vereine finden nach § 54 S. 1 BGB grundsätzlich die Vorschriften über die Gesellschaft bürgerlichen Rechts nach §§ 706 ff. BGB Anwendung.[942] Ausgewählte Vorschriften des Vereinsrechts, wie § 26 BGB, werden übereinstimmend von Lehre und Praxis

940 Vgl. dazu: B.IV.1.

941 Staudinger/*Schwennicke*, BGB, § 26 Rn. 48 ff.

942 *Schmidt*, Gesellschaftsrecht, S. 740.

jedoch auch auf den nicht rechtsfähigen Verein angewandt.[943] Daher ist die Vorschrift auch für Gewerkschaften anwendbar, bei denen es sich in der Regel um nicht rechtsfähige Vereine handelt.

Die Vertretungsmacht ist streng von der Geschäftsführungsbefugnis zu unterscheiden – ersteres betrifft das Außenverhältnis und somit das Verhältnis gegenüber Dritten, wohingegen die Geschäftsführungsbefugnis das Innenverhältnis zum Verband betrifft.[944] Die Vertretungsmacht des Vereinsvorstands ist grundsätzlich vollumfänglich und unbeschränkt.[945] In § 26 Abs. 1 S. 3 BGB eröffnet das Gesetz dem Verein jedoch die Möglichkeit, die gesetzliche Vertretungsmacht des Vorstandes durch Satzung mit Wirkung gegen Dritte zu beschränken. Handelt der Vereinsvorstand entgegen einer wirksamen Satzungsbeschränkung, ist er Vertreter ohne Vertretungsmacht und es gelten die §§ 177 ff. BGB.[946]

Daneben treten die allgemeinen Grundsätze, die die Grenzen der Vertretungsmacht definieren, zu denken ist etwa an Fälle des Missbrauchs der Vertretungsmacht im Falle der Kollusion oder der Evidenz.[947]

a) *Voraussetzungen einer wirksamen statutarischen Beschränkung*

Aufgrund der Tatsache, dass die Vertretungsmacht des Vorstandes nach dem Gesetz grundsätzlich vollumfänglich gewährt wird, sind die Voraussetzungen für ihre wirksame Beschränkung im Außenverhältnis streng. Die höchstrichterliche Rechtsprechung verlangt, dass sich eine Beschränkung eindeutig aus der Satzungsregelung ergeben muss[948] Es muss eindeutig zu erkennen sein, ob die Regelung lediglich die Beschränkung der Geschäftsführungsbefugnis oder auch die Vertretungsmacht betreffen soll – genügt die Vorschrift diesen Anforderungen nicht, bezieht sich die Beschränkung nur auf das Innenverhältnis, mithin auf die Geschäftsführungsbefugnis.[949] In Zweifelsfällen sind einschränkende

943 *Schmidt*, Gesellschaftsrecht, S. 741.

944 MüHandbuch GesellschR/*Wagner*, § 44 Rn. 1.

945 BeckOK BGB/*Schöpflin*, § 26 BGB Rn. 11; MüHandbuch GesellschR/*Wagner*, § 21 Rn. 11; MüKo BGB I 2018/*Leuschner*, § 26 BGB Rn. 24; Sauter/Schweyer/*Waldner/Wörle-Himmel*, Der eingetragene Verein, 1. Teil Rn. 233.

946 Schulze/*Dörner*, BGB, § 26 Rn. 5.

947 BeckOK BGB/*Schöpflin*, § 26 BGB Rn. 15; MüKo BGB I 2018/*Leuschner*, § 26 BGB Rn. 28 f.

948 BGH 28.4.1980 – II ZR 193/79, NJW 1980, 2799, 2800; vgl. dazu: C.III.5.f)aa).

949 BGH 22.4.1996 – II ZR 65/95, NJW-RR 1996, 866; OLG Nürnberg 20.5.2015 – 12 W 882/15, DStR 2015, 1698, 1700 f.

Satzungsregelungen daher nur als interne Schranken zu begreifen.[950] Neben der Beschränkung als solchen muss auch ihr Umfang klar zu erkennen sein.[951] Eine vollständige Entziehung der Vertretungsmacht durch Satzung ist allerdings nicht möglich, weil dies im Widerspruch zur Eigenschaft des Vorstandes als Vertretungsorgan des Vereins stünde.[952] Inhalt der Beschränkung kann beispielsweise die Untersagung bestimmter Geschäfte, die Zuweisung von bestimmten Aufgaben an andere Organe, ein vorheriges Beschlusserfordernis der Mitgliederversammlung oder die Begründung von sonstigen Zustimmungserfordernissen sein.[953] Zudem kann auch satzungsmäßig festgelegt werden, ob der Vorstand, wenn er aus mehreren Personen besteht, nur im Rahmen einer gesetzlich so vorgesehenen Gesamtvertretung („Mehrheit der Vorstandsmitglieder") agieren kann, siehe § 26 Abs. 2 BGB, oder ob nur bestimmten oder allen Vorstandsmitgliedern Einzelvertretungsmacht verliehen wird, § 40 S. 1 BGB.[954]

Für eingetragene Vereine besteht eine weitere Voraussetzung, die an die Wirksamkeit der Beschränkung der Vertretungsmacht im Außenverhältnis gestellt wird: Die Beschränkung muss dem Dritten entweder bekannt oder im Vereinsregister eingetragen sein, §§ 70, 68 S. 1, 2 BGB.[955]

b) Anwendungsbeispiele im Tarifrecht

Im Tarifrecht kann sich die satzungsmäßige Beschränkung der Vertretungsmacht des Vorstandes in vielseitiger Hinsicht auswirken. Insbesondere im Prozess des Tarifvertragsschlusses sind einige Fallkonstellationen möglich.

Denkbar ist, dass der Vorstand einen Verbandstarifvertrag in Überschreitung seiner Vertretungsmacht schließt, weil er z. B. den zustimmenden Beschluss der Mitgliederversammlung nicht eingeholt hat, obwohl dies statutarisch verankerte Bedingung für die Vertretungsmacht in tariflichen Angelegenheiten war. Welches Organ letztlich für die Verhandlungen über einen Tarifvertrag und für seinen Abschluss zuständig ist und, ob weitere Zustimmungserfordernisse

---

950 jurisPK-BGB/*Otto*, § 26 BGB Rn. 30; MüKo BGB I 2018/*Leuschner*, § 26 BGB Rn. 34.

951 OLG Nürnberg 20.5.2015 – 12 W 882/15, DStR 2015, 1698, 1700.

952 MüHandbuch GesellschR, § 21 Rn. 12, 15; Sauter/Schweyer/*Waldner/Wörle-Himmel*, Der eingetragene Verein, 1. Teil Rn. 225; *Schmidt*, Gesellschaftsrecht, S. 689 f.; Staudinger/*Schwennicke*, BGB, § 26 Rn. 7 f.

953 BGH 22.4.1996 – II ZR 65/95, NJW-RR 1996, 866; OLG Nürnberg 20.5.2015 – 12 W 882/15, DStR 2015, 1698, 1700.

954 jurisPK-BGB/*Otto*, § 26 BGB Rn. 34.

955 OLG Nürnberg 20.5.2015 – 12 W 882/15, DStR 2015, 1698, 1700.

erforderlich sind, liegt in der Entscheidungsgewalt des Verbandes. Zwar werden Tarifverhandlungen in der Regel von extra hierfür gebildeten Tarifkommissionen geführt, die Abschlussbefugnis liegt aber gewöhnlich in den Händen des Vorstands.[956] Da es sich beim Tarifvertrag um einen privatrechtlichen Vertrag handelt, unterliegt er den Vorschriften des Stellvertretungsrechts nach §§ 164 ff., 177 ff. BGB.[957] Ist die satzungsmäßige Beschränkung der Vertretungsmacht des Vorstandes in oben geschilderter Konstellation also wirksam, hinge die Wirksamkeit des geschlossenen Tarifvertrages zunächst einmal von der Genehmigung des Vertretenen ab[958], § 177 Abs. 1 BGB. Vertretener ist die Tarifvertragspartei[959], mithin die Gewerkschaft oder der Arbeitgeberverband. Ist die Vertretungsmacht des Vorstandes beschränkt, bedürfte es der Zustimmung des nach der Satzung für den Tarifabschluss zuständigen Organs[960] – das wäre in diesem geschilderten Fall die Mitgliederversammlung. Möglich wäre aber auch für solche Fallkonstellationen satzungsmäßig einen besonderen Vertreter zu bestimmen, siehe § 30 S. 1 BGB.

Die statutarische Ausgestaltungsmöglichkeit des Vertretungsrechts ist vielschichtig und liegt im Ermessen des Satzungsgebers. Es wäre daher auch möglich, durch Satzung den Abschluss des Tarifvertrags statt von der Zustimmung der Mitgliederversammlung von der Zustimmung des Tarifausschusses abhängig zu machen.[961] Möglich wäre auch, die Abschlussbefugnis allein in den Händen der Tarifkommission zu lassen und diesbezüglich die Vertretungsmacht des Vorstandes in der Satzung zu beschränken.[962] Diese Beschränkung würde sich unmittelbar im Außenverhältnis auswirken, weil eine Missachtung der statutarischen Beschränkung der Vertretungsmacht durch den Vorstand den Tarifvertrag (schwebend) unwirksam[963] machen würde – vorbehaltlich, dass die Satzungsbestimmung eindeutig ist und die Beschränkung im Vereinsregister steht, wenn es sich beim Verband um einen eingetragenen Verein handelt. Ansonsten ist die rechtsgeschäftliche Erklärung des Vorstands bezüglich des Abschlusses des

---

956 HMB/*Bepler*, Der Tarifvertrag, Teil 3 Rn. 35 f.

957 BAG 4.6.2008 – 4 AZR 419/07, NZA 2008, 1366, 1368; 24.11.1993 – 4 AZR 407/92, DB 1994, 1293; ErfK/*Franzen*, TVG, § 1 Rn. 23, 25; *Löwisch*, BB 1997, 2161.

958 BAG 9.9.2010 – 2 AZR 936/08, NJOZ 2011, 707, 709; 12.12.2007 – 4 AZR 996/06, NZA 2008, 892, 894.

959 ErfK/*Franzen*, TVG, § 1 Rn. 25; *Löwisch/Rieble*, TVG, § 1 Rn. 1522.

960 *Löwisch/Rieble*, TVG, § 1 Rn. 1523.

961 MüHandbuch ArbR/*Rieble/Klumpp*, 3. Aufl., § 165 Rn. 17.

962 HMB/*Höpfner*, Der Tarifvertrag, Teil 2 Rn. 28.

963 Däubler/*Nebe*, TVG, § 1 Rn. 138.

Tarifvertrags im Außenverhältnis wirksam.[964] Umgekehrt kann auch die Vertretungsmacht bezüglich der Kündigung von Tarifverträgen beschränkt sein, auch hier sind Zustimmungserfordernisse[965] oder die vollständige Delegation auf ein anderes Vereinsorgan denkbar.

In der Praxis hat zum Beispiel ver.di von der Möglichkeit der statutarischen Beschränkung der Vertretungsmacht des Vorstands Gebrauch gemacht. In § 68 ihrer Satzung[966] delegiert sie Aufgaben der Tarifarbeit vollständig auf die für diesen Zweck gebildete Tarifkommission[967]:

> *§ 68 Tarifarbeit*
> *1. Die Tarifarbeit der ver.di wird von den durch die Fachbereiche gebildeten Tarifkommissionen wahrgenommen. Die Tarifkommissionen führen die Tarifverhandlungen und entscheiden über die Tarifforderungen, die Annahme und Ablehnung von Verhandlungsergebnissen und über das Scheitern der Verhandlungen sowie den Abschluss und die Kündigung von Tarif-verträgen. Sie sind in ihren Entscheidungen eigenständig, dabei jedoch an die aufgrund von § 69 festgelegten tarifpolitischen Grundsätze gebunden.*
> *[…]*
> *§ 69 Tarifpolitische Grundsätze*
> *3. Um Verstöße gegen gemeinsame tarifpolitische Grundsätze zu verhindern, hat der Bundesvorstand ein Vetorecht gegen Tarifforderungen und –abschlüsse. […]*
> *[…]*

Die Zuweisung bestimmter Aufgaben an andere Organe dürfte in diesem Fall als eindeutige Beschränkung der Vertretungsmacht mit Wirkung nach außen zu verstehen sein.[968] Vereinssatzungen werden nach einem objektivierten Maßstab ausgelegt, das bedeutet, dass sie aus ihrem Inhalt heraus auszulegen sind und nur berücksichtigungsfähig ist, was auch für unbeteiligte Dritte erkennbar ist.[969] Die Satzung von ver.di überträgt ausdrücklich die vollständige Tarifarbeit samt Abschlussbefugnis auf die Tarifkommission. Dem Vorstand verbleibt lediglich ein Vetorecht. Sowohl die Tarifverhandlungen als auch der Abschluss des Tarifvertrages betreffen unmittelbar den Tarifpartner, mithin einen Verbandsexternen und damit das Außenverhältnis. Damit steht fest, dass andere Organe und

964 HMB/*Höpfner*, Der Tarifvertrag, Teil 2 Rn. 29.
965 HMB/*Höpfner*, Der Tarifvertrag, Teil 2 Rn. 28.
966 Online im Internet: https://www.verdi.de/++file++5073a207deb5011af9001810/download/ver.di-Satzung.pdf, Stand: 22.-28.9.2019, Abfrage 2.8.2020
967 HMB/*Höpfner*, Der Tarifvertrag, Teil 2 Rn. 28 (mit Verweis auf § 68 der Satzung von ver.di).
968 OLG Nürnberg 20.5.2015 – 12 W 882/15, DStR 2015, 1698, 1700.
969 Vgl. dazu: C.III.3.a).

Einrichtungen, insbesondere der Vorstand mit Wirkung gegenüber dem Tarifpartner von diesen Aufgaben ausgenommen werden sollen.

Auch, wenn nach hiesiger Auffassung die Satzung den Erfordernissen an eine wirksame Beschränkung der Vertretungsmacht genügt, weil sie sich aus dem Gesamtkontext und dem Zusammenspiel von § 68 (ausschließliche Zuständigkeit der Tarifkommission für die Tarifarbeit) und § 69 (lediglich Vetorecht des Vorstandes) ergibt, könnte man die Beschränkung der Vertretungsmacht etwas standfester formulieren. Rechtssicherer wäre die Hinzufügung eines Nebensatzes, der ausdrücklich auf die Beschränkung der Vertretungsmacht des Vorstandes in Sachen Tarifarbeit hinweist. Denkbar wäre folgende Formulierung:

> *Die uneingeschränkte und vollumfängliche Vertretungsmacht des Vorstandes gilt nicht in tarifpolitischen Angelegenheiten.*

oder (sofern nur Zustimmungserfordernisse verlangt werden):

> *Der Vorstand verfügt grundsätzlich über uneingeschränkte Vertretungsmacht in tarifpolitischen Angelegenheiten. Soweit es jedoch um den Abschluss oder die Kündigung eines Tarifvertrages geht, muss er die vorherige Zustimmung der Mitgliederversammlung einholen.*

3. Zwischenfazit

Genügt die Satzung den Anforderungen nicht, bleibt es bei der gesetzlich so vorgesehenen vollumfänglichen Vertretungsmacht des Vorstands. Handelt der Vorstand gegen innerverbandliche Beschränkungen, so berührt es grundsätzlich nicht das wirksame Handeln im Außenverhältnis – auch wenn er hierbei gegen die Verbandssatzung verstößt. Nur im Falle einer wirksamen – also eindeutigen – statutarischen Beschränkung der Vertretungsmacht wirkt sich die Satzungsregelung im Außenverhältnis aus.

Dass der Gesetzgeber die Außenwirkung einer Satzungsregelung, die die Vertretungsmacht des Vorstands wirksam beschränkt, ausdrücklich betont deutet darauf hin, dass es sich hierbei nicht um den Regelfall, sondern eben um eine absolute Ausnahme handelt. Würden sich satzungsrechtliche Beschränkungen immer im Außenverhältnis auswirken, müsste der Gesetzgeber dies nicht hervorheben. Zutreffend fassen daher einige Stimmen zusammen, dass die Satzung „*in diesem Falle, aber nur in diesem*" Außenwirkung gegenüber vereinsfremden Dritten entfaltet.[970] Dieses Beispiel bekräftigt die These, wonach

---

970 jurisPK-BGB/*Otto*, § 26 BGB Rn. 27; Staudinger/*Weick*, 2005, BGB, § 26 Rn. 11.

Satzungsverstöße grundsätzlich nur im verbandsinternen Bereich verbleiben, sodass sich der tarifliche Gegenspieler hierauf mangels Außenwirkung nicht berufen kann.

D. Zusammenfassende Thesen

I. Tarifliche Rechtsetzungsmacht

Die vorliegende Ausarbeitung nimmt zur Prämisse, dass die tarifliche Rechtsetzungsmacht nach der sog. Kombinationslehre zu erklären ist: Der Geltungsgrund tariflicher Normsetzungsbefugnis liegt hiernach in dem privatautonomen Verbandsbeitritt des Mitglieds der Tarifvertragspartei einerseits sowie im staatlichen Geltungsbefehl für die Normenwirkung andererseits.

Unter solcher Grundannahme erhellt sich, dass die legitimierende Funktion des Verbandsbeitritts eines Mitglieds nicht losgelöst von der Satzung der Verbände betrachtet werden kann. Der Beitritt als freiwillige Unterwerfungserklärung legitimiert die Tarifmacht des Verbandes nur, wenn der Wille zum Tarifabschluss (Tarifwilligkeit) sowie die Reichweite der Rechtsetzungsmacht (Tarifzuständigkeit) aus seiner Satzung hervorgeht. Dem beitretenden Mitglied muss es möglich sein, sich Kenntnis darüber zu verschaffen, wieweit die tarifliche Normsetzungsbefugnis reicht, der es sich durch eben diesen Beitritt unterwirft. Vor diesem Hintergrund ist es erforderlich, dass die Satzungen der betreffenden Verbände insoweit transparent gestaltet sind.

Auch wenn die Autonomie der Berufsverbände wesentlicher Aspekt des grundrechtlich garantierten Schutzbereichs der Koalitionsfreiheit ist und das Recht der Koalitionen, ihre Angelegenheiten in ihrer Satzung selbst zu ordnen / selbst zu gestalten umfasst, ist dieses Privileg nicht grenzenlos. Dieser Autonomiebereich wird zwar durch die in der Rechtsprechung postulierten Anforderungen an die Satzungen der Verbände beschnitten; doch ist dies unter den folgenden Gesichtspunkten indiziert:

Einerseits kommt den Tarifparteien eine herausragende Bedeutung bei der Ausgestaltung der Arbeitsbedingungen – nicht nur – ihrer Mitglieder zu: Mit der ihnen eingeräumten Rechtsetzungsmacht wird ihnen nicht nur eine bedeutsame Ordnungsfunktion auferlegt; sie repräsentieren als Interessenverband darüber hinaus auch den Willen ihrer Mitglieder und prägen so das Arbeitsleben insgesamt. Letztlich regeln sie die Lohn- und Arbeitsbedingungen im Wesentlichen frei von staatlicher Einflussnahme. Dieser überragenden Bedeutung der Tarifparteien für die tägliche Arbeitsrealität steht eine Zurückhaltung der Legislative gegenüber, was die nähere einfachgesetzliche Ausgestaltung der von Verfassungs wegen verbürgten Koalitionsfreiheit angeht. Dabei ist der Gesetzgeber eigentlich gerade dort zu einer näheren Ausgestaltung der Koalitionsfreiheit aufgerufen, wo es zur Wahrnehmung des durch die Koalitionsfreiheit gewährleisteten

Schutzbereiches unerlässlich ist, so dass die Tarifparteien ihrer verfassungsrechtlich vorgesehen Funktion gerecht werden können. Eine solche nähere Ausgestaltung ist vor allem dann erforderlich, wenn das Verhältnis der Tarifparteien zueinander berührt ist, weil insoweit beiden Seiten der Schutzbereich des Art. 9 Abs. 3 GG eröffnet ist. Den Staat trifft insoweit die Pflicht, koordinierend tätig zu werden, damit beide Grundrechtspositionen nebeneinander bestehen können.

Kommt der Gesetzgeber dieser Aufgabe nicht nach, fällt sie den Gerichten zu, die dann an seiner statt einen wirksamen Ausgleich schaffen müssen: Einer Entscheidung über eine gesetzlich nur unvollkommen geregelte Thematik können sie sich nämlich auf Grund des Justizgewährleistungsanspruchs der sie anrufenden Parteien nicht entziehen. Vor diesem Hintergrund sind die Gerichte insbesondere gehalten, im vorstehenden Sinne tätig zu werden, um die Funktionsfähigkeit der Tarifautonomie zu sichern. Insoweit muss namentlich gewährleistet sein, dass die tarifliche Rechtsetzung nur durch zuverlässig und verantwortungsvoll handelnde Parteien vollzogen wird, um die Qualität der Tarifnormen zu sichern, die ein „größeres Richtigkeitsvertrauen" im Vergleich zu individuell ausgehandelten Arbeitsverträgen genießen; Bedingung hierfür ist u.a. das Vorliegen eines ungefähren Gleichgewichts zwischen den Tarifparteien. Vor diesem Hintergrund erklärt sich, dass die Judikatur verschiedentlich sowohl Tariffähigkeitsvoraussetzungen als auch Satzungsanforderungen, die etwa an die Wirksamkeit der OT-Mitgliedschaft zu stellen sind, ausformuliert hat.

II. Vereinsrechtliche Aspekte

Obwohl die Berufsverbände in der Rechtsform des Vereins organisiert sind und daher die Vorschriften des bürgerlich-rechtlichen Vereinsrechts auf sie Anwendung finden, lässt sich über dieses keine letztverbindliche Lösung der in vorliegender Untersuchung aufgeworfenen Fragestellung erreichen.

Aus der Perspektive des Vereinsrechts ist grundlegendes Fundament verbandsrechtlichen Tätigwerdens die Gewährleistung der Vereins- und Satzungsautonomie. Die Vereine gestalten in ihren Satzungen das Vereinsleben selbständig, während das Gesetz hierzu wenige Vorgaben aufstellt. Aus vereinsrechtlicher Sicht muss die Satzung als Teil der Vereinsverfassung in erster Linie die das Vereinsleben bestimmenden Grundentscheidungen beinhalten; die Manifestation im unterrangigen Vereinsrecht genügt nicht, da nur die Satzung unter den strengen gesetzlichen Voraussetzungen änderbar ist. Nach vereinsrechtlichen Grundsätzen entfaltet die Satzung lediglich Wirkung im verbandsinternen Bereich. Ein Außenstehender hat demgegenüber keinen Anspruch gegen den Verein, der

Satzung entsprechend zu handeln. Die Satzung ist Grundlage des Vereinslebens, die den wechselnden Voraussetzungen des Vereinswohls ständig gerecht werden und dabei das Urteil der Mitgliedermehrheit berücksichtigen muss. Sie ist nicht darauf ausgerichtet, Drittbelangen nachzukommen. Daher können sich Dritte nicht auf die Satzung berufen. Etwas anderes gilt nur bei rechtsgeschäftlicher Erstreckung auf den Dritten oder wenn das Gesetz ausnahmsweise eine Außenwirkung vorsieht.

Diese Grundsätze des Vereinsrechts gelten – wegen ihrer Rechtsform – grundsätzlich auch für Berufsverbände. Wegen der funktionalen Unterschiede zwischen „gewöhnlichen" Vereinen einerseits und Berufsverbänden andererseits, kann jedoch in bestimmten Konstellationen eine andere Behandlung indiziert sein, insbesondere mit Blick auf die Außenwirkung von eventuellen Satzungsverstößen. Aufgrund der einschneidenden Wirkungen (auch für verbandsfremde Außenseiter), die Tarifnormen mit sich bringen, und der Tatsache, dass Arbeitnehmer die Ausgestaltung ihrer Arbeitsverhältnisse in die Hände der Koalitionen legen, kann namentlich in Fällen der koalitionsmäßigen Machtausübung ein besonderes Interesse an staatlicher Einmischung vorliegen. Hier besteht ein erhöhter Bedarf an der Ausgestaltung des Koalitionsrechts, insbesondere im Tarifwesen. Soweit der Gesetzgeber – anders als bei der Ausgestaltung der Vereinigungsfreiheit – hier untätig geblieben ist, fällt diese Aufgabe den Gerichten zu. Diese sehen sich vor diesem Hintergrund genötigt, Satzungsverstößen sowie unzulässigen Satzungsgestaltungen, etwa im Sinne einer funktionierenden Tarifautonomie, teils eine Außenwirkung beizumessen, während in anderen Sachverhaltsgestaltungen der Satzungsautonomie der Vorrang eingeräumt werden und eine Außenwirkung eines Satzungsverstoßes verneint werden kann.

III. Fallbeispiele

1. Verstoß gegen die satzungsmäßig geforderte Urabstimmung vor einem Streik

Sieht eine Satzung ein Urabstimmungserfordernis vor Aufnahme eines (Erzwingungs-)Streiks vor und wird diesem satzungswidrig nicht genügt, verbleibt es bei dem vereinsrechtlichen Grundsatz, dass Satzungsverstöße nur den verbandsinternen Bereich betreffen und keine Außenwirkung zeitigen. Die Aufgabe der strikten Trennung zwischen Warn- und Erzwingungsstreiks durch die Rechtsprechung spricht dafür. Die dahingehende Differenzierung in den Satzungen der Gewerkschaften würde im Ergebnis über die Rechtmäßigkeit eines Streiks entscheiden, obwohl eine terminologische Unterscheidung außerrechtlich nicht mehr vorhanden ist. Insbesondere kann eine Außenwirkung eines satzungsmäßig verankerten Urabstimmungserfordernisses nicht aus dem Verhältnismäßigkeitserfordernis, unter dem der Arbeitskampf steht, gefolgert werden: Jedenfalls seit das BAG das Verhältnismäßigkeitsprinzip nicht mehr im Sinne eines strengen Ultima Ratio Grundsatzes interpretiert, sondern sich in Bezug auf die Geeignetheit und Erforderlichkeit des Kampfmittels nur noch auf eine Art Exzesskontrolle beschränkt, wonach offensichtlich ungeeignete bzw. nicht erforderliche Kampfmittel ausgeschieden werden, wird man die Beachtung eines satzungsmäßigen Urabstimmungserfordernisses nicht zu den unabdingbaren Mindestvoraussetzungen eines rechtmäßigen Streiks zählen können.

Hiernach stellt die Nichtdurchführung bzw. nicht ordnungsgemäße Durchführung der satzungsrechtlich verankerten Urabstimmung eine rein verbandsinterne Angelegenheit dar, die nur innerrechtlich sanktioniert werden kann. Das Urabstimmungserfordernis dient primär dem Schutz der Mitglieder. Der von einem Streik betroffene Arbeitgeber kann sich demgegenüber nicht auf den Satzungsverstoß berufen, da er in der Regel nicht vom Schutzbereich der Satzungsregelung, die die Urabstimmung vorsieht, umfasst sein wird. Für eine gegenteilige Auffassung wäre zumindest ein dahingehender Wille des Satzungsgebers erforderlich, der in der Satzung manifestiert sein muss. Mithin bleibt es bei dem Grundsatz, dass Satzungsverstöße im verbandsinternen Bereich verbleiben.

2. Handeln außerhalb der Tarifzuständigkeit

Bei einem Handeln außerhalb der Tarifzuständigkeit zeigt der hierin liegende Satzungsverstoß demgegenüber Außenwirkung.

Durch die Bestimmung der Tarifzuständigkeit definieren Tarifparteien kraft ihrer Satzungsautonomie den Geschäftsbereich, innerhalb dessen sie wirksame Tarifverträge schließen können. Als maßgebliche Quelle für die Bestimmung der Tarifzuständigkeit muss die Satzungsregelung zur Tarifzuständigkeit bestimmt genug sein. Die Regelungen muss so eindeutig formuliert sein, dass sowohl für den potentiellen sozialen Gegenspieler als auch für Verbandsmitglieder eindeutig hervorgeht, wie weit die Tarifzuständigkeit greift. Diese erhöhten Transparenzanforderungen sind insbesondere deshalb relevant, weil der Verbandsbeitritt der Mitglieder ein maßgeblich legitimierender Faktor der tariflichen Normsetzungsbefugnis ist.

Die satzungsmäßige Tarifzuständigkeit auf Seiten aller Tarifpartner ist Wirksamkeitsvoraussetzung des Tarifvertrages. Liegt sie nicht vor, wirkt sich dies unmittelbar auf den Inhalt der individuellen Arbeitsverhältnisse aus, die vom unwirksamen Tarifvertrag betroffen sind. Ein Verstoß gegen die satzungsmäßig vorab definierte Tarifzuständigkeit hat mithin Außenwirkung.

Die in dem Erfordernis der Einhaltung der satzungsmäßig definierten Tarifzuständigkeit liegende Begrenzung der Tarifautonomie stellt sich als rechtmäßige Ausgestaltung derselben durch die Judikatur dar. Ihre Rechtfertigung findet sie darin, dass die tarifliche Rechtsetzungsbefugnis u.a. (neben dem staatlichem Geltungsbefehl) auf mitgliedschaftlicher Legitimation beruht. Die Legitimationskette ist aber unterbrochen, wenn der abgeschlossene Tarifvertrag außerhalb der satz-ungemäßen Tarifzuständigkeit liegt, da die Mitglieder nur ihr Einverständnis bezüglich dieser definierten Reichweite erteilt haben.

Selbiges gilt, wenn die Reichweite der Tarifmacht nicht bestimmbar ist, die Satzung insoweit also unbestimmt ist. Der Verbandsbeitritt kann nämlich nur legitimierend wirken, wenn in der Satzung erkennbar ist, wie weit die Legitimation reicht.

3. Abgrenzung der Tarifzuständigkeiten von DGB-Gewerkschaften

Ignoriert eine DGB-Gewerkschaft das in der Satzung des DGB vorgesehene Zustimmungsverfahren, wonach jede Änderung der Satzung der Mitgliedsgewerkschaft bezüglich der Tarifzuständigkeit der Zustimmung des DGB bedarf, hat dies nicht zur Folge, dass die Änderung der Tarifzuständigkeit gegenüber möglichen Tarifpartnern rechtsunwirksam ist. Ein Verstoß wirkt sich mithin nicht auf das Außenverhältnis aus. Aus der Vereinsautonomie entspringt zwar das Recht der Tarifparteien, Satzungsänderungen von der Zustimmung Dritter abhängig zu machen – die DGB-Gewerkschaften inkorporieren die Satzung des DGB häufig, sind ihr aber zumindest in ihrer Eigenschaft als DGB-Mitglied unterworfen –; jedoch darf die eigene Willensbestimmung dadurch nicht vollständig zum Erliegen gebracht werden. Aus der Organisationsautonomie, die aus der Koalitionsbetätigungsfreiheit der Tarifparteien entspringt, folgt zwingend, dass die Entscheidung über die Tarifzuständigkeit dem Verband vorbehalten sein muss, sodass ein Verstoß gegen das in der Satzung des DGB manifestierte Zustimmungserfordernis keine Außenwirkung entfaltet Der Verstoß betrifft lediglich das Innenverhältnis zwischen den Mitgliedgewerkschaften und der betroffenen Gewerkschaft zum DGB.

Vor Durchführung des in der DGB Satzung vorgesehenen außergerichtlichen Schiedsgerichtsverfahrens können Doppelzuständigkeiten vorliegen, wenn beide Tarifparteien nach ihrer Satzung Tarifzuständigkeit beanspruchen.

Richtigerweise muss das – entgegen der Ansicht des BAG – auch dann gelten, wenn ein in der DGB-Satzung vorgesehenes Schiedsverfahren durchgeführt wurde und die Zuständigkeitsüberschneidungen zwischen zwei konkurrierenden DGB-Gewerkschaften durch Schiedsspruch abgeschichtet worden sind. Nach Ansicht des BAG legt ein solcher Schiedsspruch die Tarifzuständigkeit einer Tarifpartei verbindlich fest und entfaltet eine erga-omnes Wirkung; die Frage der Tarifzuständigkeit soll mit dem Spruch auch für den tariflichen Gegenspieler bindend geklärt werden. Dem ist jedoch entgegenzutreten. Nicht nachvollziehbar ist die Behauptung des BAG, dass der Schiedsspruch nur eine authentische Auslegung bzw. Ergänzung der Satzungen der Gewerkschaften darstelle. Soweit eine Mitgliedsgewerkschaft sich kraft ausdrücklicher Satzungsänderung eine erweiterte Zuständigkeit geben will, scheint es nicht naheliegend es als Satzungsauslegung aufzufassen, wenn ihr diese angestrebte erweiterte Zuständigkeit kraft Schiedsspruchs abgesprochen wird. Weiterhin gilt, dass ein Fremdeinfluss hinsichtlich der Satzungs- und Organisationsautonomie nicht grundsätzlich ausgeschlossen ist, doch muss die Bestimmung der Tarifzuständigkeit zwingend in der Entscheidungsgewalt der Tarifverbände liegen; diese muss vor jeder Fremdbestimmung bewahrt werden. Dies würde konterkartiert, wenn man dem o.g. Schiedsspruch eine Außenwirkung dahingehend zuspricht, dass er geeignet ist, den Mitgliedsgewerkschaften ihre satzungsmäßig festgelegte Zuständigkeit mit Außenwirkung zu entziehen.

4. Satzungsanforderungen an OT-Mitgliedschaften in Arbeitgeberverbänden

Wird die Satzung eines Arbeitgeberverbandes dem Trennungsgebot nicht gerecht, das eine unmittelbare Einflussnahme von OT-Mitgliedern auf ein tarifpolitisches Wirken des Verbandes verhindern soll, wird das OT-Mitglied wie ein Vollmitglied mit Tarifbindung behandelt. Der Verstoß gegen das satzungsrechtlich zu manifestierende Trennungsgebot begründet mithin unmittelbare Außenwirkung.

Für die Wirksamkeit von OT-Mitgliedschaften verlangt das BAG, dass eine Kongruenz zwischen der Gruppe derjenigen Betroffenen, die bei einem Tarifabschluss Mitentscheidungsrechte haben und derjenigen, die an den Tarifvertrag gebunden sind, besteht. Die Funktionsfähigkeit der Tarifautonomie setzt einen Gleichlauf von Verantwortlichkeit und Betroffenheit hinsichtlich tarifpolitischer Entscheidungen voraus – nur dann besteht eine hinreichende Wahrscheinlichkeit für beiderseits angemessene Interessenwahrnehmung. Daher muss die Verbandssatzung sicherstellen, dass eine unmittelbare Einflussnahme auf tarifpolitische Entscheidungen ausscheidet. Hierdurch wird verhindert, dass im Rahmen von Tarifverhandlungen sachfremde Ergebnisse erzielt werden. Ein Verstoß gegen das Trennungsgebot führt zu einer Tarifbindung des vermeintlichen OT-Mitglieds. Dies stellt gegenüber der Auffassung, der Verband verliere seine Tariffähigkeit, die verhältnismäßige Lösung dar.

Die Rechtsprechung hat die Satzungen der Verbände als Plattform genutzt, um ihre richterrechtlich entwickelten Anforderungen für die Sicherung der Funktionsfähigkeit der Tarifautonomie zu manifestieren.

5. Satzungsrechtliche Fixierung der Tarifwilligkeit als Voraussetzung der Tariffähigkeit von Verbänden

Das Fehlen der satzungsmäßig zu verankernden Tarifwilligkeit als Voraussetzung der Tariffähigkeit wirkt sich mit der Unwirksamkeit eines vom tarifunfähigen Verband geschlossenen Tarifvertrages unmittelbar im Außenverhältnis aus.

Die Tarifautonomie soll nur solchen Koalitionen zustehen, die in der Lage sind, den von der staatlichen Rechtsordnung freigelassenen Raum des Arbeitslebens sinnvoll zu gestalten. Daher werden auf Seiten der Rechtsprechung Mindesterfordernisse an die Verbände aufgestellt. Sie können nur Tarifverträge schließen, wenn sie tariffähig sind. Ein Kriterium der Tariffähigkeit ist die Tarifwilligkeit: Der Verband muss willens sein, für seine Mitglieder an Tarifverhandlungen teilzunehmen und dieser Wille muss aufgrund des Transparenzerfordernisses in der Satzung der Verbände manifestiert sein. Die Mitglieder müssen wissen, ob sie sich der tariflichen Rechtsetzungsmacht unterwerfen und sich hierüber über die Satzung informieren können. Ergibt sich die Tarifwilligkeit der Verbände nicht aus der Satzung, fehlt den Verbänden die Legitimation zur Tarifnormsetzung.

Als unabdingbare Voraussetzung der Tariffähigkeit wirkt sich das Fehlen der satzungsrechtlich verankerten Tarifwilligkeit unmittelbar auf die Wirksamkeit der tariflichen Regelungen aus. Die unzureichende Satzungsgestaltung macht einen Tarifvertrag, den der Verband schließt, unwirksam. Das hat den gravierenden Nebeneffekt, dass auch Verbandsexterne – wie der soziale Gegenspieler – von den Wirkungen der ungenügenden Satzungsgestaltung betroffen sind. Dass sich die unzureichende Satzungsgestaltung aber mit der Unwirksamkeit des Tarifvertrages auch im Außenverhältnis auswirkt, ist zwingend geboten. Besteht eine mitgliedschaftliche Legitimation zur Tarifnormsetzung nicht, können die Mitglieder nicht von der Wirkung der Tarifverträge betroffen sein.

6. Gesetzlich vorgesehene Außenwirkung von Satzungsregelungen

Nach vereinsrechtlichen Grundsätzen verbleiben Satzungsverstöße im verbandsinternen Bereich, nur im Falle der Beschränkung der Vertretungsmacht sieht das Gesetz eine Sonderregelung vor.

Die Vertretungsmacht des Vereinsvorstandes ist grundsätzlich vollumfänglich und unbeschränkt. Nach § 26 Abs. 1 S. 3 BGB kann diese jedoch durch Satzung mit Wirkung gegen Dritte beschränkt werden. Diese Beschränkung ist nur wirksam, wenn sie sich eindeutig aus der Satzung ergibt. Ansonsten bezieht sich die Beschränkung nur auf das Innenverhältnis, also auf die Geschäftsführungsbefugnis. Dass der Gesetzgeber die Außenwirkung einer Satzungsregelung ausdrücklich betont, bedeutet, dass es sich hierbei um einen Ausnahmefall handelt. Würden sich satzungsrechtliche Beschränkungen immer im Außenverhältnis auswirken, müsste der Gesetzgeber dies nicht gesondert hervorheben.

IV. Ergebnis

Satzungsverstöße sowie unzulässige Satzungsgestaltungen von Tarifparteien wirken sich grundsätzlich nicht außerhalb des verbandsinternen Bereichs aus. Ausnahmen gelten für die folgenden drei Konstellationen: a) Das Gesetz lässt ausnahmsweise eine Außenwirkung zu, b) die Vereinssatzung lässt eine Außenwirkung zu, c) aufgrund der Tarifmacht der Verbände ist eine Außenwirkung ausnahmsweise erforderlich.

E. Literaturverzeichnis

Adams, Johannes Alexander, Streik ohne Urabstimmung, 1969 (*Adams*, Streik ohne Urabstimmung).

Bauer, Jobst-Hubertus/Röder, Gerhard, Streik ohne Urabstimmung?, DB 1984, 1096–1099.

Bayreuther, Frank, Gewerkschaftspluralismus im Spiegel der aktuellen Rechtsprechung – Abschied vom ‚Einheitstarifvertrag'?, BB 2005, 2633–2641.

Bayreuther, Frank, OT-Mitgliedschaft, Tarifzuständigkeit und Tarifbindung, BB 2007, 325–329.

Bayreuther, Frank, Tarifautonomie als kollektiv ausgeübte Privatautonomie, 2005 (*Bayreuther*, Tarifautonomie).

Bayreuther, Frank, Tarifzuständigkeit beim Abschluss mehrgliedriger Tarifverträge im Bereich der Arbeitnehmerüberlassung, NZA 2012, 14–19.

Beuthien, Volker/Gummert, Hans/Schöpflin, Martin (Hrsg.): Münchener Handbuch des Gesellschaftsrechts, Bd. 5, 4. Aufl. 2016 (MüHandbuch GesellschR/*Bearbeiter*).

Bötticher, Eduard, Wesen und Arten der Vertragsstrafe sowie deren Kontrolle, ZfA 1979, 3–61.

Brahmstaedt, Johanna, Die Mitgliedschaft im Arbeitgeberverband ohne Tarifbindung im Stufenmodell, 2013 *(Brahmstaedt*, OT-Mitgliedschaft im Stufenmodell*)*.

Brandner, Hans Erich, Streik und gewerkschaftliche Autonomie, BB 1957, 1281–1284.

Brecht-Heitzmann, Holger, Beteiligung des DGB bei der Änderung des Organisationsbereichs einer Mitgliedsgewerkschaft, in: Anforderungen an ein modernes kollektives Arbeitsrecht, Festschrift für Otto Ernst Kempen, 2013, S. 333–357 (*Brecht-Heitzmann*, FS Kempen).

Brox, Hans/Rüthers, Bernd/Henssler, Martin (Begr.): Arbeitsrecht, 19. Aufl. 2016 (Brox/Rüthers/Henssler, Arbeitsrecht).

Buchner, Herbert, Mitgliedschaft in Arbeitgeberverbänden ohne Tarifbindung, NZA 1994, 2–12.

Corzelius, Christoph, Grundlagen, Wirkungen und Grenzen des tarifdispositiven Rechts in der Arbeitnehmerüberlassung, 2018 (*Corzelius*, Grundlagen).

Däubler, Wolfgang (Hrsg.): Arbeitskampfrecht, 4. Aufl. 2018 (Däubler/*Bearbeiter*, Arbeitskampfrecht).

Däubler, Wolfgang (Hrsg.): Tarifvertragsgesetz, 4. Aufl. 2016 (Däubler/*Bearbeiter*, TVG).

Däubler, Wolfgang, Tarifausstieg – Erscheinungsformen und Rechtsfolgen, NZA 1996, 225–233.

Däubler, Wolfgang, Tarifvertragsrecht, 3. Aufl. 1993 (*Däubler*, Tarifvertragsrecht).

Däubler, Wolfgang/Hjort, Jens Peter/Schubert, Michael/Wolmerath, Martin (Hrsg.): Arbeitsrecht Handkommentar, 4. Aufl. 2017 (HK-ArbR/*Bearbeiter*).

Dieterich, Thomas, Die Grundrechtsbindung von Tarifverträgen, in: Tarifautonomie für ein neues Jahrhundert, Festschrift für Günter Schaub zum 65. Geburtstag, 1998, S. 117–134 (*Dieterich*, FS Schaub).

Ebenroth, Thomas, Das Verhältnis zwischen joint venture-Vertrag, Gesellschaftssatzung und Investitionsvertrag, JZ 1987, 265–271.

Ebert, Roger, Die Zuständigkeit der Tarifvertragsparteien zum Abschluß von Verbands- und Firmentarifverträgen, 2003 (*Ebert*, Zuständigkeit).

Epping, Volker/Hillgruber, Christian (Hrsg.): Beck'scher Online-Kommentar Grundgesetz, 43. Edition, Stand: 15.5.2020 (BeckOK GG/*Bearbeiter*).

Feudner, Bernd W., Tarifzuständigkeit der Gewerkschaften, BB 2004, 2297–2303.

Feudner, Bernd W., Zur Schiedsgerichtsbarkeit des DGB, DB 2006, 1954–1959.

Fischer, Ulrich, Zeitarbeit zwischen allen (Tarif-)Stühlen – oder: Gewerkschaften in den Untiefen der Tarifzuständigkeit, RdA 2013, 326–338.

Gamillscheg, Franz: Kollektives Arbeitsrecht Bd. 1, 1997 (*Gamillscheg*, Kollektives Arbeitsrecht).

Germelmann, Claas-Hinrich/Prütting, Hans/Matthes, Hans Christoph (Begr.): Arbeitsgerichtsgesetz, 9. Aufl. 2017 (Germelmann/Matthes/Prütting/*Bearbeiter*, ArbGG).

Giesen, Richard, Fremdbestimmung durch Tarifvertrag, ZfA 2016, 153–196.

Gitter, Wolfgang, Zur Rechtmäßigkeit eines ohne Urabstimmung durchgeführten Streiks, JZ 1965, 197–202.

Greiner, Stefan, Das arbeitskampfrechtliche Verhältnismäßigkeitsprinzip, HSI-Schriftenreihe Bd. 25, 2018 (*Greiner*, Das arbeitskampfrechtliche Verhältnismäßigkeitsprinzip).

Greiner, Stefan, Das Tarifeinheitsgesetz, NZA 2015, 769–778.

Greiner, Stefan, Das Tarifeinheitsgesetz – ein „Brandbeschleuniger" für Tarifauseinandersetzungen?, RdA 2015, 36–43.

Greiner, Stefan, Rechtsfragen der Koalitions-, Tarif- und Arbeitskampfpluralität, 2010 (*Greiner*, Rechtsfragen).

Greiner, Stefan, Stärkung der Tarifbindung durch Betriebsnormen?, ZfA 2017, 309–335.

Hanau, Peter, Verbands-, Tarif- und Gerichtspluralismus, NZA 2003, 128–132.

Hau, Wolfgang/Poseck, Roman (Hrsg.): Beck´scher Online-Kommentar BGB, 54. Edition, Stand: 1.5.2020 (BeckOK BGB/*Bearbeiter*).

Heinze, Meinhard, Tarifzuständigkeit von Gewerkschaften und Arbeitgebern/ Arbeitgeberverbänden, DB 1997, 2122–2126.

Hensche, Detlef/Wolter, Henner, Die verhältnismäßige Freiheit – zum Übermaßverbot des Streiks, in: Individuelle und kollektive Freiheit im Arbeitsrecht, Gedächtnisschrift für Ulrich Zachert, 2010, S. 544–560 (*Hensche/Wolter,* GS Zachert).

Henssler, Martin/Moll, Wilhelm/Bepler, Klaus (Hrsg.): Der Tarifvertrag, 2. Aufl. 2016 (HMB/*Bearbeiter,* Der Tarifvertrag).

Henssler, Martin/Willemsen, Heinz Josef/Kalb, Heinz-Jürgen (Hrsg.), Arbeitsrecht Kommentar, 9. Aufl. 2020 (HWK/*Bearbeiter*).

Herberger, Maximilian/Martinek, Michael/Rüßmann, Helmut/Weth, Stephan/ Würdinger, Markus (Hrsg.), jurisPK-BGB Bd. 1, 9. Aufl. 2020 (jurisPK-BGB/ *Bearbeiter*).

Heß, Harald, Rechtsfragen zum betriebsnahen Tarifvertrag unter Berücksichtigung von Tarifpluralitäten, ZfA 1976, 45–78.

Heßler, Rainer, Sind Kampfmaßnahmen ohne Urabstimmung dem Tarifpartner gegenüber rechtswidrig?, 1967 (*Heßler,* Kampfmaßnahmen ohne Urabstimmung).

Hettlage, Manfred C., Sind Streiks ohne Urabstimmung „wilde" Streiks?, NJW 2004, 3299–3301.

Höpfner, Clemens, Blitzaustritt und Blitzwechsel in die OT-Mitgliedschaft, ZfA 2009, 541–574.

Höpfner, Clemens, Die Tarifgeltung im Arbeitsverhältnis, 2015 (*Höpfner,* Tarifgeltung).

Hromadka, Wolfgang, Eingriff in die Koalitionsfreiheit oder Ausgestaltung der Betätigungsfreiheit?, NZA 2018, 961–965.

Hromadka, Wolfgang/Maschmann, Frank, Arbeitsrecht Band 2, 7. Aufl. 2016 (*Hromadka/Maschmann,* Arbeitsrecht).

Hueck, Alfred/Nipperdey, Hans Carl, Lehrbuch des Arbeitsrechts, Zweiter Band, 6. Auflage 1957 (*Hueck/Nipperdey* Arbeitsrecht II).

Hueck, Alfred/Nipperdey, Hans Carl, Lehrbuch des Arbeitsrechts, Zweiter Band, 1. Halbband, 7. Auflage 1967 (*Hueck/Nipperdey,* Lehrbuch II 1).

Hueck, Alfred/Nipperdey, Hans Carl, Lehrbuch des Arbeitsrechts, Zweiter Band, 2. Halbband, 7. Auflage 1970 (*Hueck/Nipperdey*, Lehrbuch II 2).

Jacobs, Matthias/Krause, Rüdiger/Oetker, Hartmut/Schubert, Claudia (Hrsg.): Tarifvertragsrecht, 2. Aufl. 2013 *(*JKOS/*Bearbeiter*, Tarifvertragsrecht).

Jarass, Hans/Kment, Martin: Grundgesetz, 16. Aufl. 2020 *(*Jarass/Kment/*Bearbeiter*).

Junker, Abbo, Die Tarifzuständigkeit als Wirksamkeitserfordernis des Tarifvertrages, ZfA 2007, 229–245.

Kalb, Heinz, Die Entwicklung des Arbeitskampfrechts durch das Bundesarbeitsgericht, RdA 1994, 385–394.

Käppler, Renate, Tarifvertragliche Regelungsmacht, NZA 1991, 745–754.

Kempen, Otto Ernst (Hrsg. u.a.)/*Zachert, Ulrich*, TVG Tarifvertragsgesetz, 5. Auflage 2014 (Kempen/Zachert/*Bearbeiter*, TVG).

Kempen, Otto Ernst, „Ein Betrieb – eine Gewerkschaft" Tarifeinheit als verbandliches Struktur-Prinzip im DGB, in: Festschrift für Gerrick Frhr. v. Hoyningen-Huene zum 70. Geburtstag, 2014, S. 191–200 (*Kempen*, FS Frhr. v. Hoyningen-Huene).

Kiel, Heinrich/Lunk, Stefan/Oetker, Hartmut (Hrsg.): Münchener Handbuch zum Arbeitsrecht, Bd. 3 Kollektives Arbeitsrecht I, 4. Aufl. 2019 (MüHandbuch ArbR/*Bearbeiter)*.

Kissel, Otto: Arbeitskampfrecht, 2002 (*Kissel*, Arbeitskampfrecht).

Kobler, Michael, Fremdeinflüsse auf die tarifliche Willensbildung, 2012 (*Kobler*, Fremdeinflüsse).

Konzen, Horst, Die Tarifzuständigkeit im Tarif- und Arbeitskampfrecht, in: Festschrift für Alfons Kraft zum 70. Geburtstag, 1998, S. 291–321 (*Konzen*, FS Kraft).

Kraft, Alfons, Abschied von der Tarifzuständigkeit als Wirksamkeitsvoraussetzung eines Tarifvertrages, in: Festschrift für Ludwig Schnorr von Carolsfeld zum 70. Geburtstag, 1973, S. 255–272 *(Kraft*, FS Schnorr von Carolsfeld*)*.

Kutscher, Stephan, die Tarifzuständigkeit, 1993 (*Kutscher*, Tarifzuständigkeit).

Lehna, Hans-Herbert, Zur Frage der Rechtsgültigkeit tariflicher Außenseiterklauseln, DB 1959, 916–918.

Lepsius, Oliver, Normenhierarchie und Stufenbau der Rechtsordnung, JuS 2018, 950–954.

Lieb, Manfred/Jacobs, Matthias, Arbeitsrecht, 9. Aufl. 2006 (*Lieb/Jacobs*, Arbeitsrecht).

Löwisch, Manfred, Arbeitskampf- und Schlichtungsrecht, 1997 (*Löwisch*, Arbeitskampfrecht).

Löwisch, Manfred, Das Übermaßverbot im Arbeitskampfrecht – Bemerkungen zum Beschluß des Großen Senats des Bundesarbeitsgerichts vom 21.4.1971 –, ZfA 1971, 319–345.

Löwisch, Manfred, Die Voraussetzungen der Tariffähigkeit, ZfA 1970, 295–318.

Löwisch, Manfred, Vertretung ohne Vertretungsmacht beim Abschluß eines Tarifvertrags, BB 1997, 2161.

Löwisch, Manfred/Rieble, Volker, Tarifvertragsgesetz, 4. Aufl. 2017 (Löwisch/Rieble, TVG).

Ludwig, Daniel/Ramcke, Oliver, Tarifpluralität innerhalb des DGB? – Handlungsoptionen für den Arbeitgeber, BB 2015, 2933–2938.

Maunz, Theodor/Dürig, Günter (Begr.): Grundgesetz, 90. Lieferung, Stand: Februar 2020 (Maunz/Dürig/*Bearbeiter*, GG).

Mayer-Maly, Theo, Der Warnstreik, BB 1981, 1774–1780.

Michlik, Frank F. J., Die gewerkschaftliche Urabstimmung vor einem Arbeitskampf – Eine Untersuchung zum deutschen und britischen Recht, 1995 (*Michlik*, Urabstimmung).

Mugdan, Benno (Hrsg.), Die gesamten Materialien zum Bürgerlichen Gesetzbuch für das Deutsche Reich: Einführungsgesetz und Allgemeiner Teil; Neudruck der Ausgabe Berlin 1899, Bd. 1, 1979 (*Mugdan*, Einführungsgesetz und Allgemeiner Teil).

Müller-Glöge, Rudi/Preis, Ulrich/Schmidt, Ingrid (Hrsg.): Erfurter Kommentar zum Arbeitsrecht, 20. Aufl. 2020 (ErfK/*Bearbeiter*).

Nikisch, Arthur, Arbeitsrecht, Bd. 2, 2. Aufl. 1959 (*Nikisch,* Arbeitsrecht, Bd. 2).

Niklas, Thomas/de Diego, Alexander/Weishaupt, Hagen, Erhöhte Anforderungen an die OT-Mitgliedschaft im Arbeitgeberverband, ArbRAktuell 2016, 158–160.

Oetker, Hartmut, Das private Vereinsrecht als Ausgestaltung der Koalitionsfreiheit, RdA 1999, 96–107.

Otto, Sven-Joachim, Die rechtliche Zulässigkeit einer tarifbindungsfreien Mitgliedschaft in Arbeitgeberverbänden, NZA 1996, 624–631.

Otto, von Gierke, Deutsches Privatrecht: Allgemeiner Teil und Personenrecht, Bd. 1, 1895 (*von Gierke*, Deutsches Privatrecht).

Palandt, Otto: Bürgerliches Gesetzbuch, 79. Aufl. 2020 (Palandt/*Bearbeiter*, BGB).

Papier, Hans-Jürgen/Krönke, Christoph, Gesetzliche Regelung der Tarifeinheit aus verfassungsrechtlicher Sicht, ZfA 2011, 807–866.

Picker, Eduard, Tarifmacht und tarifvertragliche Arbeitsmachtpolitik, ZfA 1998, 573–715.

Poscher, Ralf, Die Koalitionsfreiheit als ausgestaltungsbedürftiges und ausgestaltungsfähiges Grundrecht, RdA 2017, 235–245.

Posser, Herbert/Wolff, Heinrich Amadeus (Hrsg.): Beck´scher Online-Kommentar VwGO, 53. Edition, Stand: 1.10.2019 (BeckOK VwGO/*Bearbeiter*).

Preis, Ulrich/Greiner, Stefan, Arbeitsrecht, Kollektivarbeitsrecht, 5. Aufl. 2020 (*Preis/Greiner*, Kollektivarbeitsrecht).

Prütting, Hanns/Wegen, Gerhard/Weinreich, Gerd (Hrsg.): BGB Kommentar, 14. Aufl. 2019 (PWW/*Bearbeiter*).

Rauscher, Thomas/Krüger, Wolfgang (Hrsg.): Münchener Kommentar zur ZPO, Bd. 1, 5. Aufl. 2016 (MüKo ZPO/*Bearbeiter*).

Reichert, Bernhard (Begr.): Vereins- und Verbandsrecht, 14. Aufl. 2018 (Reichert/*Bearbeiter*, Vereins- und VerbandsR).

Reuter, Dieter, Grundfragen des Koalitionsverbandsrechts, in: Europas universale rechtsordungspolitische Aufgabe im Recht des dritten Jahrtausends, Festschrift für Alfred Söllner zum 70. Geburtstag, 2000, S. 937–956 (*Reuter*, FS Söllner).

Reuter, Dieter, Streik und Aussperrung, RdA 1975, 275–288.

Richardi, Reinhard, Arbeitsvertrag und Tarifgeltung, ZfA 2003, 655–689.

Richardi, Reinhard//Wlotzke, Otfried/Wißmann, Hellmut/Oetker, Hartmut (Hrsg.): Münchener Handbuch zum Arbeitsrecht, Bd. 2 Kollektivarbeitsrecht/Sonderformen, 3. Aufl. 2009 (MüHandbuch ArbR/*Bearbeiter*, 3. Aufl.).

Ricken, Oliver, Neues zur Tarifzuständigkeit?, RdA 2007, 35–44.

Ricken, Oliver, Autonomie und tarifliche Rechtsetzung, 2006 (*Ricken*, Autonomie und tarifliche Rechtsetzung).

Rieble, Volker, Der Tarifvertrag als kollektiv-privatautonomer Vertrag, ZfA 2000, 5–27.

Rieble, Volker, IG Metall als Universalgewerkschaft, RdA 2017, 26–34.

Rieble, Volker, Unbestimmte Tarifzuständigkeit, in: Festschrift für Herbert Buchner zum 70. Geburtstag, 2009, S. 756–776 (*Rieble*, FS Buchner).

Rieble, Volker, Urabstimmung als Streikvoraussetzung, in: Festschrift für Claus-Wilhelm Canaris zum 70. Geburtstag, 2007, S. 1439–1453 (*Rieble*, FS Canaris).

Sachs, Michael (Hrsg.): Grundgesetz, 8. Aufl. 2018 (Sachs/*Bearbeiter*, GG)

Säcker, Franz Jürgen/Rixecker, Roland/Oetker, Hartmut/Limperg, Bettina (Hrsg.): Münchener Kommentar zum Bürgerlichen Gesetzbuch, Bd. 1, 7. Aufl. 2015 (MüKo BGB I 2015/*Bearbeiter*).

Säcker, Franz Jürgen/Rixecker, Roland/Oetker, Hartmut/Limperg, Bettina (Hrsg.): Münchener Kommentar zum Bürgerlichen Gesetzbuch, Bd. 4, 7. Aufl. 2016 (MüKo BGB IV 2016/*Bearbeiter*).

Säcker, Franz Jürgen/Rixecker, Roland/Oetker, Hartmut/Limperg, Bettina (Hrsg.): Münchener Kommentar zum Bürgerlichen Gesetzbuch, Bd. 1, 8. Aufl. 2018 (MüKo BGB I 2018/*Bearbeiter*).

Säcker, Franz-Jürgen, Das neue Entgeltfortzahlungsgesetz und die individuelle und kollektive Vertragsfreiheit, ArbuR 1994, 1–12.

Säcker, Franz-Jürgen: Grundprobleme der kollektiven Koalitionsfreiheit, 1969 (*Säcker*, Grundprobleme).

Sauter, Eugen/Schweyer, Gerhard/Waldner, Wolfram, Der eingetragene Verein, 20. Aufl. 2016 (Sauter/Schweyer/Waldner/*Bearbeiter*, Der eingetragene Verein).

Schaub, Günter: Arbeitsrechts-Handbuch, 18. Aufl. 2019 (Schaub/*Bearbeiter*, Arbeitsrechts-Handbuch).

Schmidt, Karsten; Gesellschaftsrecht, 4. Aufl. 2002 (*Schmidt*, Gesellschaftsrecht)

Schneider, Hans, Autonome Satzung und Rechtsverordnung, in: Festschrift für Philipp Möhring zum 65. Geburtstag, 1965, S. 521–542 (*Schneider*, FS Möhring).

Scholz, Ripert/Lingemann, Stefan/Ruttloff, Marc, Tarifeinheit und Verfassung, NZA-Beilage 2015, 3–47.

Scholz, Rupert, Vergabe öffentlicher Aufträge nur bei Tarifvertragstreue?, RdA 2001, 193–292.

Schöpflin, Martin, Der nichtrechtsfähige Verein, 2003 (*Schöpflin*, Verein).

Schulze, Reiner (Schriftl.): Bürgerliches Gesetzbuch, 10. Aufl. 2019 (Schulze/*Bearbeiter*, BGB).

Schüren, Peter, Die Legitimation der tariflichen Normsetzung, 1990 (*Schüren*, Legitimation der tariflichen Normsetzung).

Schwab, Norbert/Weth, Stephan (Hrsg.): Arbeitsgerichtsgesetz, 5. Aufl. 2017 (Schwab/Weth/ *Bearbeiter*, ArbGG).

Seeger, Silke, Organisationskonflikte und Tarifvertrag, 2005 (*Seeger*, Organisationskonflikte).

Seiter, Hugo, Streikrecht und Aussperrungsrecht, 1975 (*Seiter*, Streikrecht).

Soergel, Theodor (Begr.): Bürgerliches Gesetzbuch mit Einführungsgesetz und Nebengesetzen, Bd. 1, 13. Aufl. 2000 (Soergel BGB/*Bearbeiter*).

Söllner, Alfred, Der verfassungsrechtliche Rahmen für Privatautonomie im Arbeitsrecht, RdA 1989, 144–150.

Stöber, Kurt/Otto, Dirk-Ulrich, Handbuch zum Vereinsrecht, 11. Aufl. 2016 (*Stöber/Otto*, Vereinsrecht).

Stoppelmann, David, Tariffähigkeit und Tarifzuständigkeit von Arbeitgeberverbänden – Verfassungs- und tarifrechtliche Anforderungen an Arbeitgebervereinigungen als Parteien wirksamer Tarifvertragsschlüsse, 2014 (*Stoppelmann*, Tariffähigkeit und Tarifzuständigkeit).

Stürner, Rolf (Hrsg.): Jauernig, Bürgerliches Gesetzbuch, 17. Aufl. 2018 (Jauernig/*Bearbeiter*, BGB)

Thüsing, Gregor/Braun, Axel (Hrsg.), Tarifrecht, 2. Aufl. 2016 (Thüsing/Braun/*Bearbeiter*, Tarifrecht).

Thüsing, Gregor/Stelljes, Volker, Verbandsmitgliedschaft und Tarifgebundenheit, ZfA 2005, 527–579.

Van Venrooy, Gerd J., Auf der Suche nach der Tarifzuständigkeit – Ein Beitrag zur sinnvollen Ordnung des Arbeitslebens, ZfA 1983, 49–82.

von Staudinger, Julius (Begr.): Kommentar zum Bürgerlichen Gesetzbuch mit Einführungsgesetz und Nebengesetzen, Buch 1: §§ 21–79 (Allgemeiner Teil), 2005 (Staudinger/*Bearbeiter*, 2005, BGB).

von Staudinger, Julius (Begr.): Kommentar zum Bürgerlichen Gesetzbuch mit Einführungsgesetz und Nebengesetzen, Buch 1: §§ 21–79 (Allgemeiner Teil), 2019 (Staudinger/*Bearbeiter*, BGB).

Vorderwülbecke, Martin, Die Pflicht zur Urabstimmung – Ein Beitrag zur Grundlegung des Arbeitskampfrechts, BB 1987, 750–758.

Vorderwülbecke, Martin, Rechtsform der Gewerkschaften und Kontrollbefugnisse des Gewerkschaftsmitglieds, 1988 (*Vorderwülbecke*, Rechtsform der Gewerkschaften).

Waltermann, Raimund, Arbeitsrecht, 19. Aufl. 2018 (*Waltermann*, Arbeitsrecht).

Waltermann, Raimund, Zu den Grundlagen der Rechtsetzung durch Tarifvertrag, in: Europas universale rechtsordnungspolitische Aufgabe im Recht des dritten Jahrtausends, Festschrift für Alfred Söllner zum 70. Geburtstag, 2000, S. 1251–1277 (*Waltermann*, FS Söllner).

Waltermann, Raimund, Zu den Grundlagen der Tarifautonomie, ZfA 2000, 53–86.

Wank, Rolf, Die Funktionsfähigkeit des Tarifvertragssystems, in: Soziale Sicherheit durch Sozialpartnerschaft, Festschrift zum 50-jährigen Bestehen der Zusatzversorgungskasse des Baugewerbes, 2007, S. 141–164 (*Wank*, FS ZVK).

Wiedemann, Herbert (Hrsg.): Tarifvertragsgesetz, 7. Aufl. 2007 (Wiedemann/*Bearbeiter*, TVG, 7. Aufl.).

Wiedemann, Herbert (Hrsg.): Tarifvertragsgesetz, 8. Aufl. 2019 (Wiedemann/*Bearbeiter*, TVG).

Wiedemann, Herbert, Die deutschen Gewerkschaften – Mitgliederverband oder Berufsorgan?, RdA 1969, 321–336.

Wiedemann, Herbert, Tarifautonomie heute, BB 2013, 1397–1402.

Wiedemann, Herbert, Zur Architektur der Tarifautonomie, NZA 2018, 1587–1593.

Wiedemann, Herbert, Zur Tarifzuständigkeit, RdA 1975, 78–84.

Winter, Max-Reinhard, Die Rechtsfolgen eines Streiks, der ohne die satzungsmäßig erforderliche Urabstimmung durchgeführt wird, 1971 (*Winter*, Streik ohne Urabstimmung).

Zachert, Ulrich, Aufhebung der Tarifautonomie durch „freiwillige Regelungen" im Arbeitsvertrag?, DB 1990, 986–989.

Zachert, Ulrich, Tarifeinheit durch Satzungsrecht der Gewerkschaften, 2009 (*Zachert*, Tarifeinheit).

www.ingramcontent.com/pod-product-compliance
Ingram Content Group UK Ltd.
Pitfield, Milton Keynes, MK11 3LW, UK
UKHW021937290926
8980IPUK00016B/1676

9 783631 837382